Wolfgang Kleespies

W0071561

Licht am Ende des Tunnels

Vom Sinn der Depression

Königsfurt

Gewidmet
Sieglinde, Mathias
und Axel

Die Deutsche Bibliothek – CIP-Einheitsaufnahme
Ein Titeldatensatz für diese Publikation ist bei der
Deutschen Bibliothek erhältlich.

Taschenbuchausgabe
Krummwisch 2001

Königsfurt Verlag
D-24796 Krummwisch bei Kiel
www.koenigsfurt.com

© 1998 by Ernst Reinhardt, GmbH & Co KG, Verlag München

Umschlaggestaltung: Zembsch' Werkstatt, München

Satz: Satzbüro Noch, Witten
Gesetzt aus der Sabon

Druck und Bindearbeiten: Elsnerdruck, Berlin

ISBN 3-89875-017-5

Inhalt

Geleitwort 9
Vorwort 12
Einleitung 14

Was verstehen wir unter einem Symbol? 25

1.   Die Archetypische Dimension 29
Behandlungsbeispiel für eine archetypische
Übertragungskonstellation des Großen Vaters bei
einer Depression 35

1.1   Komplexe 36

1.2   Quellen der Inspiration: Mythen und Märchen . . . 38

2.   Tiefenpsychologische Zugänge 42

2.1   Jungs Gedanken zum Depressionsproblem 42
Affektive Störungen und Libido 43
Behandlungsbeispiel: Ein Minderwertigkeits-
komplex mit Depression 46
Normale und pathologische Depression 49
Der verborgene Schatz 51

2.2	Andere Autoren	56
	Depression als Selbstwertstörung	60
	Autoaggression	61
	Projektion	62
	Die Persona bei Depressionen	64
	Der Neid der Götter: Beispiel für depressive Persona	66
2.3	Diagnostische Probleme	67
	Der alte Begriff der Melancholie	71
	Typus melancholicus	72
2.4	Therapeutische Konzepte	74
	Manisch-depressive Erkrankungen	74
	Saisonelle Depressionen	76
	Drei Behandlungssettings	77
	Behandlungsbeispiel	78
	Umgang mit der Depression	80
	Psychopharmaka	83
3.	Ich-Selbst-Beziehung und Depression	84
	Primärer Narzißmus, Begriffsbestimmung in der Psychoanalyse	86
	Sekundärer Narzißmus	86
	Behandlungsbeispiel	89
	Wie haben wir uns das »Selbst« im Sinne der Analytischen Psychologie C. G. Jungs vorzustellen?	92
	Fragen der Identität	92
	Verschiedene Störmöglichkeiten im Selbst	97
	Identitätsstörungen und Sinnkrisen	97
	Sinnfragen	99
	Behandlungsbeispiel	103
3.1	Der Mythos vom Narziß	106
	Ein Beispiel	116
3.2	Depression und Selbstsymbolik	121
	Die verlorene Ganzheit	123
	Zerstückelung als Wandlungsmotiv	125
	Das Octogon, ein Ganzheitstraum	128

4.   Archetypische Themen und Motive
der Depression 133

4.1   Der Schatten: Nicht nur unsere dunklen Seiten ... 134

Was gehört landläufig zu unseren dunklen Seiten? 136
Die Leiche im Keller 138
Beispiel für ein Schattensymbol im Traum 139
Animus und Anima 141
Beispiel 144
Der Animus in einem Gegenübertragungstraum 145
Die Annahme des Schattens 149
Alchemistische Wandlungen: Nigredo
und Albedo, von der Dunkelheit zum Licht 151
Nigredo als Melancholie 156
Behandlungsbeispiel 157

4.2   Magie der Bindungen:
Autonomie versus Abhängigkeit 158

Machtvolle Götter 162
Behandlungsbeispiel: Die große Spinne 163

4.3   Verschlungenwerden und Abstieg:
Die Nachtmeerfahrt 168

Entwicklungspsychologie 170
Behandlungsbeispiel 172
Verschlungenwerden als spontan-mythologisches Motiv 173
Beispiele 176
Die Nachtmeerfahrt 177
Die Jona-Geschichte 180
Behandlungsbeispiel 183
Drei Modifikationen 185
Beispiel für eine Verschlingung mit Wandlung 186
Beispiel für eine Nachtmeerfahrt
mit vorübergehendem Seelenverlust 188
Der oral-aggressive Aspekt 189

4.4   Verlust und Trennung 193

Substanz und seelische Energie 195
Einsamkeit 196
Vergänglichkeit und Zeit 197

4.5 Ablösung und Verselbständigung:
Jorinde und Joringel 201

Jorinde und Joringel 202
Eine moderne Verzauberung 209

4.6 Versündigung und Schuld:
Moralische Depression 214

Die Dämonen sind in uns 216
Behandlungsbeispiel für einen Schuldwahn 219
Das Böse 226
Typologische Aspekte 230

4.7 Das Opfer:
Regressive und progressive Aspekte 233

*Die Opferung des schwarzen Stiers,
ein Behandlungsbeispiel* 235

5. Verlockung zur Freiheit, die Welt der Manien 239

Beispiel 241
*Behandlungsbeispiel für eine
bipolare affektive Psychose* 244
Bellerophon 246
Heroische Aspekte 250

5.1 Dionysos: Symbol des unzerstörbaren Lebens 251

Ekstase und Enthusiasmus 256

6. Resümee und Ausblick:
Depression als Chance? 259

Die Chance 262

Literaturverzeichnis 264

GELEITWORT

Dieses Buch von Wolfgang Kleespies konnte ich von der ersten bis zur letzten Seite nicht mehr aus der Hand legen, da ich so interessiert und gefesselt von dieser diffizilen Materie war. Kleespies versteht es wirklich, das umfangreiche und schwierige Material der Depression mit ihren vielen Verzweigungen, Schichten und unterschiedlichen Erscheinungsformen so darzustellen, daß es sich nicht nur für den ausgebildeten Psychoanalytiker lohnt, das Buch zu lesen, sondern auch für den interessierten Laien. Bekanntlich ist es viel schwerer, einen sehr komplizierten wissenschaftlichen Bereich einfach und gut lesbar zu schreiben, als etwas weniger Kompliziertes so theoretisch und fachsprachlich auszudrücken, daß es selbst der Fachmann nur schwer versteht. Ich kann nur sagen, daß dem Autor das Erstere gut gelungen ist und ich dieses Buch auch allen Menschen, die sich für das Krankheitsbild interessieren, zu lesen empfehlen kann.

Besonders gefreut hat mich, daß der Autor erstmalig auf der von mir theoretisch ins Klinische und Praktikable entwickelte Komplextheorie C. G. Jungs in eines der großen und heute so gehäuften neurotischen und psychotischen Krankheitsbilder wie der manisch-depressiven Erkrankungen übertragen hat. Übersieht man die heutige Lage der Welt, so wird es den meisten Menschen offensichtlich, daß depressive Verstimmungen selbst bei den nicht neurotischen Menschen naheliegen und so diese Erkrankungen eine große Rolle in unserer Zeit spielen. Dem Autor Wolfgang Kleespies kommt es zugute, daß er außer einer jahrzehntelangen Erfahrung in Psychiatrie eine ebenso umfangreiche in der Analytischen Psychologie C. G. Jungs hat. So hat er es sehr gut verstanden, das Kollektive mit dem Persönlichen zu vereinen und damit die tiefen Schichten der Komplexe offenzulegen. In unserem Unbewußten sind ja alle die menschlichen Erfahrungen seit Urzeiten gespeichert und stellen sich in mythologischen Bildern dar, die in unseren Träumen und Phantasien auftauchen. Man kann nur die umfangreichen Kenntnisse von Kleespies bewundern, sei es aus dem Bereich der Mythologie, der Religionen, der Alchemie, des Schamanismus oder anderer kollektiver Bereiche, die er in den Assoziationen der Patienten findet oder in den eigenen Amplifikationen, die die jeweilige Situation beleuchten.

Bei meinen eigenen Untersuchungen über die Lieblingsmärchen der Kindheit (»Gelebte Märchen«, Königsfurt, Krummwisch 2001; Erstveröffentlichung 1991 unter dem Titel »Das Lieblingsmärchen der Kindheit«) war ich sehr erstaunt, wie viele von meinen Patienten ein solches Märchen erinnerten und in wie starkem Maße ihre Erlebnis- und Verhaltensweisen mit diesen Märchen übereinstimmten. Es scheint so, daß sich schon in relativ früher Kindheit ein Komplexkern ausgebildet hat, der ihr weiteres Leben dominiert. Ich habe dies in vielen Krankengeschichten dargestellt und beschrieben. Etwa 80 % meiner Patienten erinnerten solch ein Märchen und die Vielfalt der verschiedenen Märchen (keineswegs die üblicherweise bekannten). Meine Versuche, bestimmte Märchen bestimmten Krankheitsbildern zuzuordnen, scheiterte allerdings. Es gab aber eine Ausnahme, und meines Erachtens kann sie noch eine Facette zu diesem Buch beitragen. Es handelte sich hierbei um das Märchen von Andersen »Die Meermaid«, welches ziemlich häufig von weiblichen depressiven Patientinnen genannt wurde, die gleichzeitig unter deutlichen Beziehungsstörungen zum anderen Geschlecht litten. Andersen selbst litt ja auch unter schweren Depressionen, und seine Märchen haben im Gegensatz zu den üblichen Volksmärchen kein ausgesprochenes »happy end«, sondern wie bei der Seejungfrau eine Vertröstung auf eine ferne Zeit.

Das Lesen dieses Buches hat mich so angeregt, daß mir viele Situationen eingefallen sind, die auf meine Patienten zutreffen. Ich könnte an dieser Stelle viele Beispiele berichten. Ich fühle mich regelrecht verführt, dies auch zu tun, aber ich schreibe hier ein Vorwort für Wolfgang Kleespies und nicht einen eigenen Artikel. Ich möchte aber doch damit schließen, daß ich trotz meiner langen analytischen Erfahrung aus diesem Buch noch viel gelernt und viele wertvolle Anregungen erhalten habe.

Hans Dieckmann

Vorwort

Das Thema der emotionalen Störungen, das so eng verbunden ist mit gestörtem Selbstwert, mit Verlust, mit Einsamkeit und Trauer, ist aus der Sicht der Tiefenpsychologie so umfangreich, daß ich mich bei der Abfassung des Manuskriptes entscheiden mußte, welchen Schwerpunkt ich setzen möchte. So wendet sich dieser Band in erster Linie an den psychologisch interessierten Leser, der sich vielleicht auch als Betroffener informieren möchte über die Krankheitsbilder, die mit den emotionalen Störungen zusammenhängen. Ich denke, daß auch für den in der Praxis tätigen Psychotherapeuten Anregungen zu finden sind, zumal im vorliegenden Band schwerpunktmäßig Positionen aus der Analytischen Psychologie C. G. Jungs vertreten werden, die in manchen Bereichen eine eigenständige Sichtweise und einen eigenen Zugang zu depressiven und manischen Krankheitsbildern erlauben.

So steht im Mittelpunkt der Betrachtung ein Mythos. Es ist der Mythos vom Narziß, der hier eine neue Deutung erfahren hat und für mich in exemplarischer Weise das Grundproblem des Depressiven wiedergibt. Wir treffen auf ein gestörtes Selbstbild, das meist unbewußt und damit unso wirksamer dafür sorgt, daß die seelischen Energien gebunden bleiben und sich nicht entfalten können.

Die biologischen und pharmakologischen Aspekte zu diesen Krankheitsbildern konnten nur am Rande mit berücksichtigt werden und mußten sich auf kurzgefaßte Hinweise beschränken, um das Thema nicht zu sehr auszuweiten.

Vor allem fühle ich mich in der Auseinandersetzung mit dem Gebiet einer psychodynamischen und damit tiefenpsychologischen Betrachtungsweise verpflichtet. Psychodynamik beschreibt, wie Seelisches aus Seelischem entsteht. Es gehört zu den spannenden und auch dankbaren Aufgaben in der Psychotherapie, verfolgen und miterleben zu können, wie sich in Behandlungen die unbewußte Psyche zu entfalten beginnt, sich etwa über Träume meldet und wichtige Botschaften bereithält, die es in gemeinsamer Arbeit mit dem Patienten zu entschlüsseln gilt. Denn was uns begegnet ist die Sprache des Symbols, von der Erich Fromm meinte, daß dies die letzte Universalsprache der Menschheit ist, die es sich lohnt zu lernen.

So gebührt mein Dank meinen Patienten, die es mir ermöglicht haben, zu lernen, um besser zu verstehen, wie stark unser persönliches Leben auch von unbewußten Faktoren abhängt, die sich schon oftmals in der Kindheit gebildet haben. Und es gehört zu den beglückenden Umständen, wenn man auch als Patient den Hintergrund verstehen kann und erkennt, wo die ungenutzten Möglichkeiten liegen, um zu neuen Entwicklungen zu kommen.

Wolfgang Kleespies

Einleitung

Heiterkeit und Traurigkeit sind so selbstverständliche Ausdrucksformen unseres Gemütslebens, daß sie als seelische Phänomene nicht weiter beachtenswert erscheinen. Treten hier aber Störungen ein, dann können sie zu den empfindlichsten und schmerzlichsten Leidenszuständen gehören, die einem Menschen widerfahren können. »Himmelhochjauchzend« in der Manie, »zu Tode betrübt« in der Depression. Diese krassen Zustände sind wohl bekannt. Wo enden aber gedrückte Stimmung und Trauer und ab wann kann man von einer Depression als Krankheit sprechen? Ab wann hört eine euphorische Stimmung auf, nur eine heitere Befindlichkeit zu sein und ab wann ist sie als Ausdruck einer manischen Gemütsstörung zu werten? Die Übergänge sind fließend, so daß wir für eine präzisere Aussage neben der Selbsteinschätzung des Betreffenden die äußeren und inneren Zusammenhänge kennen müssen, in denen er sich befindet.

Sicherlich ist an eine depressive Störung zu denken, wenn sie länger als ein paar Tage anhält und wenn sie vom Betreffenden selbst als quälend, teilweise fremd und als nicht abschüttelbar erlebt wird und auch durch soziale Kontakte nicht moduliert werden kann (Helmchen et al. 1981). Immer bestehen eine mangelhafte Leistungsfähigkeit, ein gestörter Antrieb und eine gedrückte Stimmung. Bei ausgeprägteren Zuständen können Selbstanklagen und Selbstvorwürfe hinzukommen mit Gefühlen der Wertlosigkeit, die sich negativ-wahnhaft steigern können, bis hin zu der Überzeugung, unheilbar krank oder abgrundtief schlecht zu sein. Gerade diese negativen, zum Teil moralischen Selbstbeurteilungen sind ein Charakteristikum der schwereren sogenannten endogenen depressiven Störungen, die schon seit der Antike auch als Melancholie bezeichnet wurden.

Besser als jede nüchterne Wissenschaftssprache, drückt der Dichter den Zustand der Depression aus:

»Schwer-Mut, Schwere des Gemüts. Eine Last liegt auf dem Menschen, die ihn niederdrückt, daß er in sich zusammensinkt, daß die Spannung der Glieder und Organe nachläßt; daß Sinne, Triebe, Vorstellungen, Gedanken erlahmen, der Wille schlaff, Drang und Lust zu Werk und Kampf matt werden. Eine innere Fessel legt sich vom Gemüt her auf alles, was sonst frei entspringt, sich rührt und wirkt. Die Spannfrische des Entschlusses, die Kraft der klaren und scharfen Umreißung, der mutige Griff der Formung – das alles wird müde und gleichgültig. Der Mensch meistert das Leben nicht mehr. Er kommt im drängenden Voran nicht mehr mit. Die Ereignisse Knäueln sich um ihn; er sieht nicht mehr durch. Mit einem Erlebnis wird er nicht mehr fertig. Die Aufgabe türmt sich vor ihm wie ein Berg, unübersteiglich.« (Romano Guardini 1983)

Was die Häufigkeit der depressiven Störungen anbelangt, so gehören sie neben den Angststörungen zu den verbreitetsten psychischen Krankheiten unserer Zeit. Man muß sich aber vor Augen halten, daß den depressiven Störungen die vielfältigsten Ursachen zugrunde liegen und sie dementsprechend auch von ärztlich-psychologischer Seite differenziert betrachtet und behandelt werden müssen. Schwere körperliche Erkrankungen, etwa ein Krebsleiden oder Infektionskrankheiten, aber auch hirnorganische Abbauprozesse und Erschöpfungszustände können eine Depression genauso nach sich ziehen wie der Verlust eines geliebten Menschen.

Schwerer zu verstehen sind depressive Zustände, wenn sie etwa im Gefolge einer Beförderung auftreten, die eigentlich als Krönung eines erfolgreichen Berufslebens angesehen werden müßte, oder wenn Depressionen auftreten nach einer erfolgreich bestandenen Prüfung. Hier ist eine tiefergehende, eben tiefenpsychologische Betrachtungsweise angebracht, die die unbewußt zugrundeliegenden Konflikte und Motive erkennen und verstehen hilft, um eine befriedigende Erklärung zu liefern. Es zeigt sich in solchen Fällen oft, daß ein tiefsitzendes unbewußtes Verbot dafür sorgt, daß der Betreffende die mit der Beförderung verbundene Aufwertung seiner Person nicht annehmen darf. Die Analyse der Kindheit zeigt dann, daß er schon früh von einem Elternteil etwa die Botschaft in sich aufgenommen hat: Nimm dich nicht so wichtig. So stellt dann die Depression mit ihrer gedrückten Stimmung und ihrer Freudlosigkeit eine Rücknahme der erfahrenen Aufwertung, also eines positiven Selbstbezuges dar, der ja so nicht sein darf. Diese Introjekte, wie diese Verinnerlichungen im therapeutischen Sprachgebrauch genannt werden, sind von einer erstaunlichen Wirksamkeit und entziehen sich einer willentlichen Kontrolle.

Wie die Beispiele zeigen, müssen depressive Störungen wegen ihrer Vielfalt und Vielschichtigkeit als ein summativer Begriff verstanden werden, aus dem die jeweilige Form, der Typ der Depression, noch nicht sichtbar wird. Hinzu kommt, daß der geringere Teil der depressiven Störungen isoliert vorkommt. Viel häufiger sind Mischformen anzutreffen, etwa in Kombination mit Angst oder in Kombination mit zwanghaften, phobischen, hysterischen oder schizoiden Elementen, ja auch mit körperlichen Erkrankungen, so daß eine große Variabilität dieser Störungen festzustellen ist. Diese sogenannte Komorbidität, die Verbindung mit anderen Störungen und Erkrankungen, ist von erheblicher Tragweite. So haben Patienten mit einer Alkoholerkrankung mit bis zu 40% ein deutlich erhöhtes Risiko, eine Depression zu entwickeln. Noch höher nämlich bei 90% liegt die Komorbidität mit Angst und Panikstörungen (Wehr 1996). Ähnliches gilt auch für die Verbindung mit somatischen Erkrankungen wie Herzinfarkt, Diabetes oder bösartigen Erkrankungen.

Im vorliegenden Band geht es mir vor allem um die Beschäftigung mit depressiven Störungen hinsichtlich ihrer psychologisch verstehbaren Seite. Und dies kennzeichnet den allergrößten Anteil an depressiven Störungen, denn das Depressivsein ist im wesentlichen Ausdruck der Person, nämlich einer persönlichen Art zu erleben und zu erleiden, auch wenn im Einzelfall die Verwobenheit mit anderen seelischen oder körperlichen Störungen das Bild kompliziert.

Beschäftigt man sich tiefenpsychologisch an Einzelfällen mit dem Problem, dann entfaltet sich ein ganzes Bündel an individuellen Ursachen. Man kann häufig eine Reihe von speziellen und persönlichkeitstypischen Faktoren finden, deren Wurzeln bis in die Kindheit zurückgehen und gewissermaßen den Boden bereiten für eine spätere Möglichkeit, depressiv zu erkranken.

Neben diesen persönlichkeitstypischen individuell variierenden Motiven finden sich aber auch in der äußeren Welt liegende Faktoren, die in unserer modernen Massengesellschaft begründet sind, mit ihrer zunehmenden Anonymisierung, ihrer Entpersönlichung und ihren platten kommerziellen Werten. Hier scheint mir ein kollektiver Boden, ein spezifisches soziales Klima bereitet zu sein, auf dem die depressiven Zustände des Einzelnen sich besonders gut ausbreiten und gedeihen können. Unser soziales Leben ist oral betont und oral bestimmt. Das Gefüttert, ja Überfüttert werden mit allen nur erdenklichen Annehmlichkeiten, vorgefertigten Informationen und Meinungen führt zu einer passiv oralen Welt. Wir befinden uns im kollektiven Raum eines oral definierten Matriarchats, was nicht streng geschlechtlich zu sehen ist, sondern auf einen entpersönlichten Materialismus hinweist, dessen Überbetonung der oralen Versorgung mit den archetypischen Bildern eines nur versorgend-kontrollierenden Matriarchats gekennzeichnet werden soll. Diese Welt droht uns zu infiltrieren und zurückzuziehen in einen nicht mehr selbstbestimmten regressiven Raum. Es kommt zur Reinfantilisierung und damit zur tiefen Verunsicherung und Ratlosigkeit, die ein selbstbestimmtes Leben immer mehr erschwert. Wir finden eine Sehnsucht nach Werten, die die moderne Gesellschaft mit ihrer menschlichen Kälte nicht zu geben vermag. Hinzu kommt, daß die Endlichkeit der Dinge nicht mehr zugelassen wird. Äußere Werte werden verabsolutiert, ein physischer Optimismus kultiviert, so daß eine über das Persönliche hinausgehende Anbindung an eine Transzendenz sehr erschwert ist. Wir finden in unserer Kultur, die auch ein religiöses Erbe vorzuweisen hat, scheinbar keine Wurzeln mehr.

Ein »abaissement du niveau mental« ist die Folge, wie Jung in Anlehnung an Janet die darniederliegenden energetischen Zustände unserer Psyche etwa bei Depressionen beschrieben hat. Eine Sinnentleerung ist das Ergebnis, mit mangelhaftem Eigen-Sein, was dem Zustand einer kollektiven Lähmung entspricht. Dies ist nicht als bereits manifeste Depressivität zu verstehen, sondern beschreibt für mich einen Hintergrund, eine zeittypische Konstellation, die eine Depressivität als Ausdruck des inneren Mangels verstärkt provoziert.

So entsteht ein erhebliches Defizit an persönlicher Verwurzelung und Eigenständigkeit – denn beides wird uns kollektiv schwer gemacht – und ein Defizit an persönlichen Werten ist die Folge. Dies führt zu schlechten Voraussetzungen für eine notwendige positive Identitätsbildung, die so wichtig ist für eine innere Stabilität. Es ergeben sich Orientierungsstörungen. Sie tragen damit zu einer Selbstentfremdung bei, die die Menschen teilweise beschädigt.

Was zu fördern wäre, ist die Entwicklung oder Bewahrung von kritischer geistiger Selbständigkeit, die in den modernen Massengesellschaften immer mehr verloren geht, schon wenn man an das Überangebot von Informationen denkt, die es schwer macht die Orientierung zu finden. Aber es muß auch vermerkt werden, daß sich in der Gesellschaft gegenläufige Tendenzen zu regen beginnen. Ein untrügliches Zeichen dafür, daß sich das Unbehagen an unserer Welt zu mehren beginnt, kann man in einem scheinbar fernliegenden Bereich, nämlich in der parteipolitischen Landschaft ausmachen. Wie das Nachrichtenmagazin »Focus« (Märzausgabe 1997) in einer Untersuchung feststellt, klagen alle Parteien über einen Werteverfall, was darauf hinweist, daß sich mit dem Thema Wählerstimmen gewinnen läßt. Ein »come back der Werte« haben die Trendforscher ausgemacht: Ethik und Moral seien zentrale Themen des 21. Jahrhunderts. Genau um diese Bereiche geht es auch tiefenpsychologisch betrachtet. Es geht um Werte. Wenn man nämlich Depressionen (und Manien) tiefenpsychologisch untersucht, dann erhebt man den überraschenden Befund, daß als Auslöser für die emotionalen Störungen tief in der Person liegende Werte verletzt wurden, die etwas mit der eigenen Integrität, mit dem eigenen Selbstwert zu tun haben.

Aber noch ist es nicht soweit mit der Anerkennung und Pflege von Werten im Bereich des kollektiven Bewußtseins unserer Gegenwart. Zu finden ist ein immer noch unbefriedigt gebliebenes Verlangen und Fragen nach dem Sinn, deren Erfüllung und Beantwortung von außen nicht erwartet werden kann und zu der es von innen noch keine Antwort gibt. Gerade die Frage nach dem Sinn gehört für mich zu den kennzeichnenden Themen und Motiven der Depression, die wegen ihrer grundlegenden Bedeutung im Sinne C. G. Jungs als »archetypisch« bezeichnet werden kann.

Vor diesem skizzierten Hintergrund überrascht denn auch nicht das Ergebnis einer Erhebung der Weltgesundheitsorganisation WHO (Harrer 1988, 39), die als häufigste Ursache für die weltweite Zunahme der *psychogenen*, umweltbedingten Depression den Materialismus und die Vereinsamung nennt. Innere Einsamkeit und Verlassenheit sind die unsichtbaren Geißeln unserer Zeit, die manches Leben qualvoll erscheinen lassen. So ergibt sich eine enge Verwobenheit von inneren und äußeren Bedingungen, die zur Ausbildung depressiver Störungen führt.

Grundsätzlich kann jeder Mensch depressiv werden, die auslösenden Faktoren müssen nur stark genug sein. Es wird geschätzt, daß etwa 50% der Menschen in Europa und in Nordamerika wenigstens einmal in ihrem Leben – wenn auch nur kurzfristig – an einer depressiven Störung leiden.

Der kollektive Rahmen ist nur *ein* Bereich und wir gehen fehl, wenn wir nur unter gesellschaftlichen Bedingungen die Phänomene seelischen Krankseins studieren und erkennen wollen. Gerade der innere Kosmos ist von entscheidender Bedeutung: Es ist der leidende Mensch in seiner inneren Tiefenschichtung, den es zu verstehen gilt, denn ohne Berücksichtigung des subjektiven Faktors gehen wir an der unverwechselbaren Innerlichkeit des Menschen vorbei.

Die Vielschichtigkeit depressiver Störungen – um ein Beispiel zu nehmen – wird daran deutlich, daß Menschen nach einem langen und vielleicht komplikationsreichen Leben dennoch erst im Alter depressiv erkranken. Eine genauere Analyse zeigt dann im Einzelfall, daß etwa ein zunehmender Mangel an Attraktivität und ein Schwinden an Lebenskraft sich bemerkbar gemacht hat und ursächlich verantwortlich ist für eine sich einstellende Depression. Hier handelt es sich um Attribute, die gerade in unserer leistungs- und geltungsbetonten Gesellschaft eine hohe Wertschätzung genießen. Bei zu starker Identifikation mit den äußeren Normen und Werten kommt es zur Ausprägung einer einseitigen *Persona,* wie in der Analytischen Psychologie die Eigenpräsentation nach außen bezeichnet wird. Fallen die stabilisierenden Bedingungen weg, und kann die Persona nicht mehr einlösen, was sie versprach, kommt es zu einer Gefährdung des davon abhängig gewordenen Selbstbewußtseins (Benedetti 1974, 116), mit der Folge einer Depression. So betrachtet, ist eine Depression sogar ein sinnvoller Vorgang, wenn auch keine Lösung. Wird doch der reinen Äußerlichkeit die Energie entzogen. Die Betrachtung des »final-prospektiven« Anteils einer Störung, wohin sie also sinnhaft tendiert, ist eine der typischen Herangehensweisen der Analytischen Psychologie C. G. Jungs an psychische Krankheiten, legen diese doch Zeugnis ab von einer Werdensstörung, als die psychische Störungen auch aufgefaßt werden können.

Bei der Erforschung der depressiven Störungen hat sich ergeben, daß hierbei der *Beeinträchtigung des Selbstwertes* und des Selbstbewußtseins eine erhebliche Bedeutung bei der Entstehung depressiver Zustände zukommt. Ich favorisiere die Theorie der »Selbst-Störung«, genauer des gestörten Bezuges zu sich selbst – als eigentliche Ursache der depressiven Störungen, denn dies deckt sich voll mit meinen klinischen Beobachtungen. Worüber aber zum Beispiel der Selbstwert und letztlich der Selbstbezug beim Einzelnen vornehmlich »definiert« wird, ist ganz unterschiedlich und muß daher im diagnostischen Gespräch gesondert ermittelt werden.

Etwas schwieriger erscheint es, die *manischen Zustände* zu verstehen. Hier findet sich sicherlich ebenso wie etwa bei den zur Wiederkehr neigenden »phasischen«, endogenen Depressionsformen eine im Biologischen verankerte Prädisposition, gewissermaßen eine Neigung und »Fähigkeit«, mit oftmals lang anhaltender abnormer Antriebssteigerung und gehobenem, euphorischem Affekt zu reagieren. Auch bei diesen Zuständen läßt sich in einer Großzahl von Fällen ein psychogener Anteil ermitteln im Sinne eines speziellen Verarbeitungsmodus von bestehenden unbewußten Konflikten, die auch hier ähnlich dem Depressiven etwas mit der Störbarkeit des eigenen Selbstwertes zu tun haben.

Es spielt also nicht nur der »Zeitgeist«, im Sinne der jeweiligen gesellschaftlichen Situation bei der Entstehung von emotionalen Störungen eine Rolle. In meiner nervenärztlich-psychotherapeutischen Tätigkeit habe ich häufig die Gelegenheit, die unterschiedlichsten Formen depressiver und manischer Störungen zu sehen. Hier konnte ich lernen, daß es auch nach innen hin eine Tiefenschichtung gibt von bedingenden Faktoren, die hinter einer Depression stehen: Hinter den individuellen psychischen Gründen sind immer auch Wirkfaktoren mit angeordnet, die eine gewisse Allgemeingültigkeit beanspruchen und Grundstrukturen unseres Erlebens und Verhaltens darstellen. C. G. Jung nannte sie *Archetypen*. Sie stellen die Strukturdominanten unseres »kollektiven Unbewußten« dar, das neben jeder individuellen Erfahrung allen Menschen gemeinsam ist und die universell gültigen Erlebens- und Handlungsformen des Menschen beinhaltet.

Ein Ziel dieses Buches ist es, diese Grundkonstellationen menschlichen Erlebens und Handelns, wie sie bei depressiven und manischen Zuständen gefunden werden, sichtbar werden zu lassen. Hierzu bieten sich verschiedene Betrachtungsebenen und Zugänge an. In Anwendung der Analytischen Psychologie C. G. Jungs ist es überaus lohnend, die transpersonalen Manifestationen des kollektiven Unbewußten – und dazu zählen die Mythen und Märchen – auf typische Konstellationen und Motive zu untersuchen, wie sie bei depressiven und manischen Störungen zu finden sind. Von hierher eröffnet sich ein lebendiges Verständnis für diese Krankheitsbilder. Ich denke an typische Ablösungskonflikte und Selbstwertkrisen, in deren Gefolge sich eine Depression ausbilden kann und die sich in entsprechenden Motiven und Bildern äußert, etwa in einer »Erstarrung«, die einer gravierenden depressiven Antriebsstörung besteht und sich in Märchenmotiven als »Verzauberung« darstellt.

Hier zeigt sich, daß diese Motive in der Seele des Einzelnen wie im Erfahrungsgut der Menschheit sich gleichen, weil sie gleichen Ursprungs sind.

Gerade in Momenten tiefer Depression und Verzweiflung finden sich im Unbewußten Strebungen und Regungen, die den Selbstheilungstendenzen der Psyche entstammen. Es handelt sich, wie Jung es nannte, um kompensatorische Funktionen des Unbewußten, die sich oftmals in Bildern äußern. So ergibt sich der interessante Befund, daß nicht nur an der Auslösung depressiver oder manischer Krankheitsbilder ein archetypischer Hintergrund konstelliert ist, sondern sich auch zugleich im Unbewußten archetypische Bewältigungsmuster formieren zur Überwindung der persönlichen Krise. Hier werden Lösungs- und Handlungsmotive entworfen, als Ausdruck der psychischen Strebungen nach Bewältigung, Entwicklung und Reifung. Auch diese Bewältigungsmuster gehören zum Erfahrungsschatz der Menschheit, sind also archetypischen Ursprungs und können in ihren charakteristischen Erscheinungsformen, den Mythen und Märchen, studiert werden. So zeigt es sich, daß die »sagen-haften« Lösungen, die wir dort antreffen, im Grunde unserer aller Lösungen sind und von daher wertvolle Beiträge zu liefern vermögen zum Verständnis, wenn nicht sogar zur Überwindung der persönlichen Krisen.

Das Wissen um Zusammenhänge ist ein wichtiger, wenn nicht sogar ein entscheidender Schritt. Zur Bewältigung und zur Änderung sind aber auch Energien erforderlich. Gerade diese fehlen bei depressiven Zuständen. Es stellt eine Herausforderung an jede tiefenpsychologisch vorgehende Therapie dar, diese Ener-

22

gien aufzufinden, zu mobilisieren und damit wieder verfügbar werden zu lassen.

Das Schicksal seelischer Energien zu verfolgen und etwa die »Blockade der Energien« zu untersuchen und sie aufzusuchen hat mich immer angesprochen. Wir können hierfür entsprechende Ansätze auch bei C. G. Jung finden, der sich sonst wenig direkt mit dem Depressionsproblem auseinandergesetzt hat. Mit seinem Energiebegriff hat er aber gerade hier einen wertvollen Beitrag zur Erforschung des Depressionsproblems geliefert. Mythologisch betrachtet ist es der Schatz, der tief im Unbewußten schlummert und gehoben werden will. Und es kommt manchmal einem Heldenkampf gleich, an diese behüteten Energien heranzukommen und sie für die Persönlichkeit fruchtbar werden zu lassen. Psychologisch betrachtet sind es die Komplexe mit ihren negativ abwehrenden Assoziationen, die die Energien binden und sie nicht frei geben wollen. Eine hierauf gerichtete Psychologie liefert nach meiner Erfahrung ein gutes Rüstzeug, um sich fruchtbar mit dem Thema der emotionalen Störungen auseinanderzusetzen.

Ein Verständnis für das zu entwickeln, was sich im eigenen Unbewußten abspielt, stellt eine Herausforderung dar und bedeutet oftmals den ersten Schritt, um zu einer korrigierenden Erfahrung *über* sich selbst und damit zur heilsamen Änderung *in* sich selbst zu kommen. So verstanden, besteht eine der wesentlichen Aufgaben einer tiefergehenden Psychotherapie darin, zu einer intakten Wechselwirkung zwischen dem Ich und dem Unbewußten zu kommen, um so der Universalität der kollektiven Bilder und Motive zu ihrem Recht zu verhelfen.

Dem Traum kommt im therapeutischen Prozeß dabei eine hervorragende Rolle zu als einem Vermittler zwischen dem Unbewußten und dem Bewußtsein, indem er das Ich nicht nur anregt zu neuen Erkenntnissen sondern auch eine Funktion der Wandlung einnimmt, die geeignet ist zu neuen Standpunkten zu kommen.

C. G. Jung nannte den Prozeß, der sowohl einerseits zur Symbolbildung führt als auch den anschließenden Übergang von einer (alten) Einstellung des Bewußtseins in eine andere (neue) ermöglicht, die »transzendente Funktion«. Es handelt sich um eine komplexe Größe, die nichts mit Metaphysik oder Philosophie zu tun hat, sondern eng verbunden ist mit den Entwicklungs- und Reifungsvorgängen unserer Psyche. Die spezifischen inneren Strebungen im Einzelnen zu erkennen kann oft sehr hilfreich sein. Inhaltlich gesehen machen wir hier die Entdeckung, daß sich in den Träumen – eingekleidet in eine symbolische Sprache – Urthemen der Menschen wiederfinden, die von zeitloser Gültigkeit sind. Wir müssen es nur lernen, uns hierfür zu öffnen und zu sehen, was uns leitet.

Hierbei hilft zur Vertiefung des eigenen Verständnisses ein genaueres Eindringen in eine analoge archaische Bilderwelt, wie sie über Mythen, Märchen, Sagen und Legenden erfahren werden kann. Dieses Vorgehen entspricht einer Amplifikation, wie Jung diese erweiternde Betrachtungsweise genannt hat. Während sich durch die Assoziationen, die ein Patient etwa zu einem Traumereignis liefert, ein persönlicher Kontext entwickelt und sich ein persönlicher Themenkomplex entfaltet, ergibt sich durch eine *Amplifikation* eine Verbindung zu den kollektiven Vorstellungen der Menschheit und damit ein erweitertes Verständnis für die Sinnzusammenhänge, in denen jemand steht.

So läßt sich oftmals die Sprache des Symbols entschlüsseln, dessen Sinngehalt nicht immer auf Anhieb zu verstehen ist. Gerade aber diese Sprache gilt es auf sich wirken zu lassen und sich mit ihr auseinanderzusetzen. Die »Erweiterung des Wissens«, die Amplifikation, muß nach meiner Auffassung sich nicht nur in einem Verweis des Therapeuten auf Analogien aus der Kulturgeschichte beschränken. Hierzu gehört auch der konfrontierende Hinweis auf Material aus der bekannt gewordenen Kindheitsgeschichte des Patienten, was oft sogar erlebnisnäher verarbeitet wird. Insofern heißt für mich der Jungsche Begriff der Amplifikation einfach Erweiterung der Selbsterkenntnis durch Anreicherung mit analogem Material, sei es aus der eigenen Kindheit oder aus der Kulturgeschichte.

Die öfter zu hörende Befürchtung, daß es sich bei der Amplifikation lediglich nur um eine intellektuelle oder literarische

Aneinanderreihung von Motiven handelt, die sich vom Patienten entfernt, ist (Hark 1988, 15) unbegründet. Der erfahrene Therapeut wird in der Praxis ohnehin nur spärlich und sehr sorgfältig von amplifizierenden Hinweisen Gebrauch machen, um eben nicht vom Patienten »wegzukommen«. Vielmehr wird er von der Bereitschaft und Integrationsfähigkeit des Patienten ausgehen, um gegebenenfalls durch Amplifikation zu ihm »hinzukommen«.

Was verstehen wir unter einem Symbol?

Im Jungschen Sinne handelt es sich bei einem Symbol um einen aus dem Unbewußten stammenden Bedeutungsträger, der verschiedene Motive in sich dynamisch vereint. Hierbei übersetzt es die unanschaulichen psychischen Zustände in anschauliche Bilder (Dieckmann 1991a, 101).

Eine depressive Patientin träumte einmal von einer Schlange, die ein anderes Tier angriff und es verschlang. Es konnte bearbeitet werden, daß sie ihre Schwester schon immer als eifersüchtig und mißgünstig erlebt hatte (»falsche Schlange«) und oft im Leben das Gefühl hatte, ihr gegenüber benachteiligt zu sein (»Sie nahm mir immer alles weg«). Typische Themen der Depression sind gerade solche oral-verschlingenden Motive, wie überhaupt die Oralität ein bevorzugtes archetypisches Erleben bei Depressiven darstellt.

Brisant wird es, wenn man in der Therapie allmählich dahinter kommt, daß die Traumsymbolik der Patientin auch etwas zu tun hat mit ihrer eigenen »Latenz«, daß sie gewissermaßen selbst eine solche Schlange in sich trägt, die voller Mißgunst, Neid und Habsucht ist. Dann kommen wir an die Bearbeitung des *Schattens* heran, wie die Jungsche Psychologie die unentwickelten, dunklen und (noch) nicht integrierten Bereiche unserer Psyche bezeichnet. Die Schlange ist ein uraltes Symbol und vereinigt in sich viele unterschiedliche Aspekte. Man muß sich immer von den Einfällen und dem Kontext des Patienten leiten lassen, sonst entfernen wir uns und folgen nur unseren Einfällen als Therapeuten. Und hier stünden im Falle der Patientin zunächst einmal im Vordergrund die Erfahrungen und die Auseinandersetzung mit der Oralität.

Das in dem Beispiel sichtbar gewordene orale Problem wird in mythischer Sprache oft dargestellt als ein Verschlungenwerden von einem Ungeheuer, etwa von einer Hexe wie bei Hänsel und Gretel oder als Erstarren in einer Verzauberung, wie im Märchen von Jorinde und Joringel. Aber nicht nur das Ausgeliefertsein an ein Ungeheuer sondern auch die *Bezwingung* des Ungeheuers ist ein wichtiges Motiv. Es stellt, wie etwa im mythischen Drachenkampfmotiv, eine aktive Leistung des Helden dar, der als Figur psychologisch dem Ich zugeordnet werden kann. Es bedeutet die Überwindung eines gefährlichen und bedrohlichen Zustandes, der immerhin, wenn schon davon geträumt wird und am Erlebnishorizont des Ich – etwa in einem Traum – auftaucht, auf kommende Möglichkeiten und Fähigkeiten hinweist. Diese genannten Konstellationen sind typisch für depressive Zustände und werden in verschiedenen Variationen dort häufiger angetroffen.

Zu den *zentralen Mythen* der depressiven und manischen Krankheitsbilder zählt für mich die Geschichte vom Narziß, der sich selbst nicht findet, weil er sich nicht erkennt und annimmt und über die reine Selbstbespiegelung nicht wirklich zu sich vordringt. Aber auch eine Beziehungsaufnahme zum Anderen ist ihm verwehrt, weil er von sich nicht absehen kann und eigene Vorstellungsbilder in den anderen projiziert. Hierdurch erreicht er auch den anderen nicht. Der mächtige und auch in diesem Mythos sichtbar werdende Faktor der Projektion gehört zu den kennzeichnenden Beziehungsmodalitäten des Depressiven und gestaltet seine »Objektbeziehungen«, wie im analytischen Sprachgebrauch vereinfacht gesagt die Beziehungen zu anderen Menschen genannt werden. Dadurch ist der Zugang zu sich selbst und zum anderen versperrt. Was wir vorfinden ist ein verdunkeltes, unerkennbares »Selbst«, wie im Verständnis der Jungschen Psychologie das Zentrum unserer Persönlichkeit genannt wird. Der Depressive hat keinen klaren inneren Grund in dem er wurzelt und auf den er sich »selbst-sicher« beziehen kann. Er steht »allein« und isoliert da. Er ist zutiefst einsam.

Die Deutung des Mythos, die ich hier vorgenommen habe, weicht vom üblichen Schema der reinen Selbstverliebtheit des Narziß ab, gibt aber meines Erachtens das Grundproblem des Depressiven wieder: Es besteht kein Zugang zu sich selbst und auch nicht zum anderen. Die resultierende Vereinsamung macht die eigentliche Tragödie des depressiven Menschen aus. Im entsprechenden Kapitel wird die Thematik näher dargestellt und bearbeitet.

Bei einem so komplexen Krankheitsgeschehen wie bei den depressiven und manischen Krankheitsbildern finden sich natürlich auch weitere mythologische Themen, die bestimmte Situationen, Handlungsstrukturen oder Erlebnisweisen markieren, wie sie typisch sind für depressive und manische Erlebensweisen. So etwa die mythische Figur des *Dionysos*, der als *Sinnbild für das unzerstörbare Leben* gelten kann und einer Konstellation entspricht, die für einen Großteil der manischen Störungen steht. Dionysos kann als Personifikation der seelischen Energie schlechthin angesehen werden, die sich manchmal ungestüm, ja unbegrenzt und herausfordernd über alle Konventionen und Grenzen hinwegsetzt, gerade wenn sie sich krisenhaft auf das Individuum zuspitzen und zu einer »Selbst-Gefährdung« führen.

Zu einer Darstellung archetypischer Motive im Bereich depressiver und manischer Krankheitsbilder gehört sicher auch neben der Rolle des Selbst eine Betrachtung weiterer besonders prägnanter Archetypen, wie sie aus der Analytischen Psychologie bekannt sind, etwa dem Schatten, der Persona, Animus und Anima, hinsichtlich ihres Vorkommens und ihrer Bedeutung für manische und depressive Störungen.

Nicht zuletzt bietet sich auch eine Berücksichtigung und Betrachtung dieser Krankheitsbilder aus der Perspektive der *Alchemie* an. Dies mag zunächst überraschen. Der Zugang zu dieser Betrachtungsweise wird aber erleichtert, wenn man sich veranschaulicht, daß sich in einem gewichtigen Teil der Alchemie – nämlich ihrem naturphilosophischen Anteil – nach den tiefenpsychologischen Studien C. G. Jungs, letztlich Probleme der Selbstreifung und Selbstfindung des Menschen verbergen, die nur in einer philosophisch-spekulativen Weise an einem äußeren Objekt, dem »chemischen Stoff« abgehandelt werden. So entpuppt sich die Alchemie zu einem gewichtigen Teil als eine spekulative Wissenschaft, die letztlich in symbolischer Sprache grundlegende Vorgänge des psychischen Lebens des Menschen im Sinn hat, auch wenn sie scheinbar von äußeren chemischen Vorgängen redet. Gerade die beobachteten chemischen Erscheinungen stellten ein willkommenes Medium dar, um seelische Vorgänge etwa der Veränderung und Wandlung (von inneren Einstellungen und Haltungen) zu illustrieren. Die Alchemie erweist sich als eine überreiche Fundgrube für psychologische Symbolik und trägt wesentlich zur Erhellung wichtiger psychologischer Tatbestände bei, indem sie uns eine direkte Bilderwelt erschließt, die mehr als tausend Worte die Sachverhalte zu erhellen und zu klären vermag.

Zusammengefaßt ergibt sich über die genannten verschiedenen Betrachtungsweisen ein komplexer Zugang zum Verständnis der verschiedenen depressiven und manischen Krankheitsbilder, die eine so wichtige Rolle spielen in unserer heutigen Zeit.

I. DIE ARCHETYPISCHE DIMENSION

> »Archetypen waren und sind seelische Lebens-
> mächte, welche ernst genommen sein wollen
> und auf die seltsamste Art auch dafür sorgen,
> daß sie zur Geltung kommen. Sie waren immer
> die Schutz- und Heilbringer, und ihre Verlet-
> zung hat die aus der Psychologie der Primitiven
> wohlbekannten ›perils of the soul‹ zur Folge.
> Sie sind nämlich auch die unfehlbaren Erreger
> neurotischer und sogar psychotischer Störun-
> gen, in dem sie sich genau so verhalten wie ver-
> nachlässigte oder mißhandelte Körperorgane
> oder organische Funktionssysteme.«
>
> (Jung, GW 9/1 § 266)

Nach den Überlegungen C. G. Jungs haben die Archetypen eine
biologische Grundlage. Sie stellen biologisch präformierte
Grundformen des menschlichen Erlebens und Handelns dar. Es
sind die berühmten »patterns of behaviour«. Sie sind als solche
Bereitschaftssysteme unseres Unbewußten und aufs engste an
unsere ererbte Hirnstruktur gebunden. Hier müssen wir uns vergegenwärtigen, daß das menschliche Hirn ebenso eine Evolution
erfahren hat, wie unsere übrige physische Organisation und im
Laufe der stammesgeschichtlichen Entwicklung zu einem spezifischen – eben menschlichen Funktionsträger – geworden ist, mit
all seinen Eigentümlichkeiten, die uns von dem Tierreich unterscheidet.

So ist unser Gehirn in der Lage zu abstrahieren, das heißt
grundlegende Muster zu entwerfen, zum Beispiel über verschiedene Stadien und Motive unseres Lebens. Zu diesen Grunder-

fahrungen gehören etwa Geburt, Tod, Beziehungsanknüpfung, Vereinigung, innere Entwicklung und Wandlung. Hierzu gehören aber auch archetypische Themen, wie sie für emotionale Störungen typisch sind: etwa Trennung, Verlust, eigene Autonomie und Selbstachtung versus Abhängigkeit bis zum Verschlungenwerden, sowie Schuld und Sühne, aber auch die Frage nach dem Sinn, die um so drängender gestellt wird, je heftiger etwa eine Depression sich auszubreiten beginnt.

Ich möchte diese Motive ohne Anspruch auf Vollständigkeit als grundlegende archetypische Themen der Depression – und mit gewissen Einschränkungen gilt dies auch für die Manien – bezeichnen. Diese Themen haben alle etwas mit Beziehung zu tun. Die archetypischen Themen der Depression erweisen sich damit zugleich als grundlegende Themen der Beziehung zwischen Menschen und rühren an Urbedürfnisse. Letztlich geht es hierbei um Wertesysteme, die berührt werden. Werden sie verletzt oder in Frage gestellt, dann sind emotionale Störungen die Folge. Aber nicht jeder Verlust, nicht jede Trennung, nicht jede Schuld und nicht jede Sinnkrise führen zu emotionalen Störungen und Erkrankungen. Wie wir sehen werden, hängen die Auslösebedingungen für solche Störungen von einer Reihe weiterer Faktoren ab, die in der Persönlichkeit des Einzelnen zu suchen sind. Hierzu gehört insbesondere die Verknüpfung bestimmter Selbstwertvorstellungen mit bestimmten Themen, etwa mit Leistungsansprüchen an sich, mit Bedürfnissen nach Nähe und Zuwendungen oder mit Ordnungsvorstellungen. Kommt es zu Versagungen in diesen Bereichen, dann kommt es zu beachtlichen Störungen des inneren Gleichgewichts und depressive Störungen können die Folge sein.

Die Archetypen werden vor allem dort konstelliert, wo es um diese zentralen bedeutsamen Motive des Lebens und Erlebens geht. Nachweisbar sind sie auch in unseren Träumen, zum Beispiel in Form von Symbolen. Der Archetypus selbst ist hierbei im höchsten Grade unanschaulich; er ist ein Prinzip. Aber er manifestiert sich in Form von archetypischen Bildern und Vorstellungen. Hierin kann er »sichtbar« werden.

In psychoanalytischen Behandlungen kann es bei der inneren Auseinandersetzung mit den Elternbildern, etwa mit der Mutter, zum Auftreten solcher archetypischen Bilder in den Träumen kommen. Hat ein Patient in einer Behandlung etwa bislang einseitig – zum Beispiel aus Angst – »nur Gutes« von seiner Mutter berichtet, so kann in den Träumen eine Hexenfigur auftreten, mit einem versteckten Hinweis des Unbewußten, etwa: »Sie trug einen Mantel, wie ihn meine Mutter zu tragen pflegte«, um den Träumer auf die geheime Identität der Hexe mit der Mutterfigur aufmerksam zu machen, die im Traumbild nun ihre anderen »Qualitäten« zeigt. Das archetypische Bild der Hexe spiegelt also negative und bedrohliche Aspekte des Mütterlich-Weiblichen wider.

Wesentlich wird archetypisches Material auch dort, wo die Psyche des Betreffenden keine persönlichen Erfahrungen gemacht hat, auf die er zurückgreifen könnte. Hier steht dann archetypisches Material bereit. Ein einprägsames Beispiel hierfür hat Dieckmann angeführt (2000): Ein vorbeikommender Mann bekommt zufällig mit, wie ein kleines Mädchen ins Wasser fällt und zu ertrinken droht. Kurz entschlossen zieht er sich die Jacke aus und springt ins Wasser, um das kleine Mädchen zu retten. Hier hat eine kurzfristige Identifizierung des Ichs mit dem Archetyp des Helden stattgefunden, in dessen Dienst sich das Ich also stellt. Dies ist sicherlich ein sinnvoller, für das Mädchen glückbringender und lebensrettender Vorgang.

Ganz verkehrt wäre es nun, wenn die Identifikation anhielte, ja ohne besondere auslösende Situation zustande käme, wenn also der Mann ständig den Helden spielen wollte. Dies wäre ein Zustand, den Jung Inflation genannt hat. Hier würde eine Überschwemmung des Ichs durch archetypische Größenvorstellungen stattfinden.

Wie schon dargelegt wurde, sind die Archetypen selbst höchst unanschaulich, vergleichbar einem von Jung geprägten Beispiel einer salzigen Lösung als Mutterlauge, in der die Kristallstruktur der einzelnen Kristalle schon präformiert ist, auch wenn die Lauge sich noch gar nicht auskristallisiert hat, sich also noch nicht »realisiert« hat (GW 9/1 § 155). Über dieses Bild wird auch der »potentielle« Charakter der Archetypen deutlich: Sie sind Bereitschaftssysteme.

Die Archetypen, sofern sie sich nicht wie im obigen Beispiel in direkte Handlungen umsetzen, äußern sich bevorzugt über Symbole. Hier wird, entsprechend ihrer Herkunft aus sehr alten und tiefen Schichten, eine sehr urtümliche Bildersprache gesprochen, wie wir sie in Mythen, Märchen, Träumen und Visionen antreffen. Dort können wir die Archetypen »sehen« und uns ein anschauliches Bild von ihnen machen. Hierzu zählt etwa auch das magische Denken, denn es ist nur eine Modifikation des Handhabens und des Umgehens mit dem Symbol. Magisches Denken heißt in verborgenen Sinnzusammenhängen denken, bei denen die Dinge noch miteinander verbunden erscheinen. Ein Kind befürchtet etwa, daß seine aggressiven Gedanken sich direkt umsetzen könnten. Es realisiert aufgrund seines Entwicklungsstandes noch nicht den Unterschied zwischen einer gedachten und einer wirklichen Handlung. Dieses Denken in archaischen Sinnzusammenhängen, wo Vorstellungen und Handlungen noch zusammenhängen ja eins sind, nennt man eine magische Denkform, sie entspricht also selbst einem Archetyp. Es ist der Archetyp des Magischen.

Mythisches, Magisches und Märchenhaftes gehören also wesensmäßig zusammen und haben ihr Fundament in archetypischen Strukturen. Die Sprache des Symbols dürfte hierbei, wie es Erich Fromm sagt (1980, 9) die einzige Universalsprache sein, die die Menschheit je entwickelt hat.

Hier ist zu vermerken, daß das Auftreten von archetypischen Bildern, etwa in unseren Träumen, schon für sich genommen eine regulatorische Aufgabe erfüllt, ohne daß das erkennende Bewußtsein sich damit konfrontieren, oder darüber reflektieren müßte. Ebenso, wie wir normalerweise im Alltag nichts von der Funktionsweise unserer Nieren oder unserer Leber spüren, »funktionieren« unsere seelischen Organe ebenso, ohne daß sie zum Gegenstand unserer Beachtung und Betrachtung werden müssen. Die Träume, über die sich unsere kollektiven und persönlichen

Komplexe äußern, erfüllen schon für sich genommen eine regulierende Aufgabe im seelischen Haushalt.

In analytischen Therapien machen wir uns als Therapeuten aber den Umstand des regelmäßigen Auftretens von Symbolen zunutze, indem über den therapeutischen Prozeß die Aufmerksamkeit ausdrücklich hierauf gelenkt wird.

So betrachtet, wird unser Ich ständig vom Unbewußten mit Symbolen »angespielt«, wie ein Spieler von einem Fußball. Ob man aber sich diesen symbolischen Angeboten des Unbewußten stellt und sich ihrer aktiv annimmt, im Rahmen einer Therapie, über freie Assoziationen, oder gestalterisch über aktive Imagination oder ob sie »ungehört verklingen«, bleibt unserer bewußten Entscheidung überlassen.

Archetypen sind keine statischen Monumente sondern bilden Konstellationen. Solche Konstellationen ereignen sich oft in Beziehungen (Kast 1990, 123) im Form von »Übertragungen« und »Gegenübertragungen«, in denen wir also frühe Erfahrungen mit wichtigen Bezugspersonen nun mit anderen Menschen wiederholen, weil sie uns an diese – vielleicht auch nur unbewußt – erinnern. Diese Gesetzmäßigkeiten gelten für den Therapeuten genauso wie für seinen Patienten. Solche Wiederholungsmuster sind energetisch hoch aufgeladen und zeigen sich etwa in starken Emotionen und müssen therapeutisch gehandhabt werden.

Ein Beispiel für eine *archetypische Gegenübertragung beim Therapeuten* wäre ein Märcheneinfall oder das Auftauchen von entsprechenden Gegenübertragungsträumen, worin sich hier allgemeingültige Bilder und Situationen widerspiegeln. So kann sich in Behandlungen auch ein Elternarchetyp konstellieren. Etwa in idealisierenden Übertragungen wird die Therapeutin dann als nur gute Mutter erlebt, oder was sogleich konfliktbesetzter ist: Sie wird vergeblich gesucht. Es kann in einem solchen Fall dann zu einem Umschlagen in »böse Qualitäten« kommen. Die Therapeutin wird dann als böse erlebt, ohne Abstriche und weitere Abwägung.

Diese scharf abgesetzten Übertragungsformen finden sich eindrücklich bei Menschen, die aus entwicklungspsychologischen

Gründen schlecht differenzieren können und denen es schwer fällt, »gute« und »schlechte« Eigenschaften an ein und derselben Person zugleich wahrzunehmen und auszuhalten, etwa mütterlich-gebende Qualitäten, zu erleben, dann aber auch aushalten zu können, daß die Therapeutin nicht immer für sie da sein kann. Es kann dann bei solchen Versagungserlebnissen zu einem Umschlag in der Einstellung kommen. Auf archetypischer Ebene betrachtet, wird dann zu diesem Zeitpunkt der Archetyp der Großen Mutter konstelliert mit ihren bösen Zügen. Die Therapeutin/Mutter wird dann gehaßt oder zutiefst gefürchtet.

Solche Prozesse sind besonders bei den sogenannten »Borderline Störungen« ausgeprägt, wo es schon in frühester Kindheit nicht gelang, zu einer geglückten Integration der »guten« und »bösen« Seiten der frühen Bezugsperson zu kommen.

Zum *Archetypus der Großen Mutter* existiert eine reichhaltige Literatur, die sich mit den verschiedenen Aspekten dieses Archetyps beschäftigt. Hier sei vor allem auf Erich Neumann (1974 a) verwiesen, der ein umfangreiches Werk zu diesem Thema hinterlassen hat. Für die Zielsetzungen dieses Bandes genügt es, auf einige Erscheinungsweisen dieses Archetyps in der menschlichen Kulturgeschichte hinzuweisen. Als Mutter Natur oder Mutter Erde wird der gebärende und fruchtbare Aspekt sichtbar. Aber so wie sie gebärt und neues Leben erschafft, kann sie auch das Leben vernichten und zurücknehmen. Als Göttin des Todes verkörpert sie unheilvolle und bedrohliche Aspekte, wie sie etwa in den menschenfressenden indischen Göttinnen Kali oder der Maha Devi zum Ausdruck kommen. Aber auch in elementarer Symbolik zeigt sich dieser Archetypus. Als Wasser und See repräsentiert er die Ursprünge des Lebens, als Mondgöttin steht er den Zyklen der Natur – so auch der weiblichen Natur – vor. Als göttliches Tier verkörpert er animalische Bereiche (Stevens 1994, 89f). Wie alle Archetypen verkörpert die Große Mutter positive und negative Aspekte.

In der Analytischen Psychologie sind *zwei Hauptcharakteristica des Mutterarchetyps* bedeutsam. Nach Neumann (ebda) unterscheidet man einen sogenannten Elementarcharakter von einem Wandlungscharakter. Der Elementarcharakter beinhaltet Ernährung, Versorgung und Behütetsein. Sein Hauptsymbol ist das Gefäß, das seine körperliche Entsprechung im uterus hat, als »Prototyp« für Ernährung und Geborgenheit. In Träumen begegnet uns hin und wieder ein solches Gefäßsymbol, das auf diesen spezifischen mütterlich – weiblichen Aspekt hinweist. Der negative Anteil dieses Archetyps läge etwa in einem Mangel, in einer »Unterversorgung« hinsichtlich dieser Qualitäten. Aber auch ein übermäßiges Festhalten der Mutter an ihren Kindern, ein Nicht Loslassen hin zur Veränderung und zum Wachstum entspräche einem »negativen Elementarcharakter« des Mutterarchetyps. Analog verhält es sich mit dem »Wandlungscharakter«, der die Entwicklung und Wandlung der Kinder fördert, aber sie im negativen Fall auch behindert. Entsprechende Gesichtspunkte gelten für den Archetyp des Großen Vaters, für das nachfolgend ein Beispiel gebracht wird.

Behandlungsbeispiel für eine archetypische
Übertragungskonstellation des Großen Vaters
bei einer Depression:

In einer Gruppentherapie erlebte ein vaterlos aufgewachsener depressiver Patient in mir eine willkürliche Autoritätsperson, die ihn bald aus der Gruppe rausschmeißen würde wegen seiner spärlichen Beiträge in den Sitzungen. Er träumte daraufhin, daß er auf einer Klassenfahrt von seinem Lateinlehrer von einem Ausflug ausgeschlossen wurde, worauf er sich vehement, ja leidenschaftlich mit ihm auseinandersetzte.

Es konnte herausgearbeitet werden, daß sich der Patient immer einen Vater gewünscht hatte, mit dem er sich hätte gut verstehen können, aber mit dem er sich auch hätte reiben und seine Kräfte hätte messen können. Der Patient war nämlich bei einer Großmutter aufgewachsen, die ihn ständig damit drangsalierte, daß er auf sich aufpassen solle, weil er krank werden könnte. Der Patient konnte es nicht lernen, sich in Aggressionen zu üben. Der Aggressionskomplex schlummerte also tief in seinem Unbewußten und war dorthin verbannt, was dem Ich die aktive Energie entzog, was auch zur Ausbildung einer depressiven Struktur geführt hatte: Er hatte schon früh eine »depressive Formel« gebildet, etwa der Art: »*Ich darf für mich nichts beanspruchen und schon gar nicht darf ich etwas durchsetzen*«. Durch die Begegnung mit mir wurde ein archetypisches Bild des *Großen Vaters* (mit negativem Elementarcharakter) aktiviert, wie er es in seinem persönlichen Erleben nicht erfahren hatte, nun mit der Möglichkeit sich in aggressiven Auseinandersetzungen zu profilieren. Dies war auch von Bedeutung für seine männliche Identitätsbildung, die bislang nur unvollständig geglückt war und schuf eine Chance, sich von seiner depressiven Position – die in einer Abwehr des aggressiven Potentials bestand – zu distanzieren.

1.1 Komplexe

Die Struktur unseres persönlichen Unbewußten erscheint in bestimmter Weise organisiert. Es enthält wie eine Landkarte wichtige Zentren (Seifert 1981, 285). Es sind Bedeutungszentren, um die sich hinzugehörige Assoziationen scharen. Ein Komplex kann sich prinzipiell um jeden wichtigen seelischen Inhalt bilden und enthält den Niederschlag der *persönlichen* Erfahrungen, die auch oftmals wegen ihrer unangenehmen Seiten verdrängt sind. Diese können dann als abgesprengte Persönlichkeitsanteile wie »Teilpsychen« (Jung, GW Bd. 8, § 203f) wirken und bei Gelegenheit das Ich so stark besetzen und steuern, daß ein Zustand entsteht, den man im Mittelalter Besessenheit nannte. Die Kobolde, Hexen, Dämonen und Geister kann man psychologisch als Projektionen solcher »Teilpsychen« ansehen.

In solchen Fällen, in denen das Ich gewissermaßen aufgesogen, oder »assimiliert« wird von einem Komplex, spricht man von Komplexidentität. Erkennbar wird eine solche *Komplexidentität* am veränderten Verhalten. Wird etwa ein abgespaltener Aggressionskomplex, der ins Unbewußte verdrängt war, aktiviert, dann kann ein Zustand entstehen, von dem die Umwelt sagt: »Ihn hat heute der Teufel geritten.« Die Komplexe enthalten also nicht nur eine statische Qualität, sind also nicht nur formale Strukturelemente des persönlichen Unbewußten, sondern von ihnen geht vor allem eine dynamische Wirkung aus, weil sie auch mit Emotionen versehen sind, die gegebenenfalls freigesetzt werden. Daher spricht Jung auch von »*gefühlsbetonten Komplexen*«. Es genügt manchmal nur ein Reizwort, um eine solches Phänomen hervorzurufen. So kennt man an sich selbst, daß manchmal kleine Anlässe aus der Umwelt geeignet sein können, mit einemmal eine tiefe Rührung hervorzurufen. Vielleicht tauchen sogar Erinnerungsbilder an frühere Ereignisse auf. Das Außenereignis hat dann offenbar einen Komplex getroffen und ihn angeregt, was dann zur Freisetzung des entsprechenden Stimmungszustandes führt. Jung spricht an solchen Stellen summarisch von »Affekten«, die freigesetzt werden.

Unter dem Begriff der *Komplexidentität* können auch manche Wahnphänomene besser verstanden werden. Wenn im Rahmen einer schweren Depression sich ein tiefsitzender Schuldkomplex auflädt und das Ich total »besetzt«, dann entsteht ein Schuldwahn (»Ich bin ein Teufel«), der den Betreffenden unzugänglich macht für jegliche Art von Argumenten. Hier findet dann eine Überflutung mit der kollektiven Vorstellung des »Bösen« statt. Der Betreffende ist so stark inflationiert von der depressiven Überzeugung, schlecht und minderwertig zu sein, daß sich diese Vorstellungen unmäßig – bis in kollektive Bereiche unserer Psyche – auf die ganze Persönlichkeit ausdehnen. Hieran kann man erkennen, daß *sich persönliche Komplexe und archetypische Inhalte durchdringen.* Ich bin der Meinung, daß sich immer beide Anteile manifestieren, mit persönlichen Bereichen der eigenen Lebensgeschichte und kollektiven, allgemein gültigen Bedeutungen, jeweils von wechselhafter Intensität und Gewichtung, so daß eine strenge Geschiedenheit zwischen Komplex und Archetyp nicht besteht. Ein Mutterkomplex enthält also die unverwechselbaren persönlichen Erfahrungen mit eben dieser Mutter, während der darin enthaltene archetypische Kern die typischen, allgemeingültigen Aspekte des Mütterlich-Weiblichen enthält, wie sie zum Beispiel Neumann

(1974 a) beschrieben hat. Der prinzipielle psychologisch wirksame Aspekt ist immer im individuellen Erlebnismuster mit enthalten.

Hinsichtlich des in diesem Band häufig vorkommenden Begriffs des »Selbstwertes« ist vor dem Hintergrund der gemachten Ausführungen über den Komplex festzuhalten, daß es sich genauer um einen »Selbstwertkomplex« handelt, denn er stellt einen höchst wichtigen Inhalt der Psyche dar. Er enthält einen Bedeutungsmittelpunkt mit den sich hierum rankenden Assoziationen, also den gemachten Erfahrungen, mit bremsenden und antreibenden Qualitäten, die einen Selbstwertkomplex zu dem werden lassen was er ist, nämlich zu einer höchstpersönlichen Angelegenheit.

1.2   Quellen der Inspiration: Mythen und Märchen

> Der Traum ist verpersönlichter Mythos, der Mythos entpersönlichter Traum.
>
> (Campbell 1978)

Wenn man sich mit Lebensschicksalen beschäftigt, so bekommt man bald den Eindruck, daß viele von ihnen wie nach einem inneren Plan verlaufen, als ob unsichtbare Wirkkräfte am Werke wären, die unverwechselbar dieses Schicksal prägen. Für die alten Griechen waren es Schicksalsgöttinen, die den Verlauf des Schicksals bestimmten, indem sie den Faden des Schicksals spannen. Aber auch in der antiken Mythologie war das Schicksal selten unentrinnbar vorherbestimmt. Meistens gab es eine Möglichkeit, ihm zu begegnen, wenn man etwa über ein Orakel die Konstellation kannte, unter der man stand. Genau betrachtet setzt sich ein Schicksal aus zwei Bereichen zusammen: Aus dem, was einem widerfährt und einen prägt, und aus dem, was man daraus macht. Wir haben in unserem Leben einen gewissen Spielraum, so daß unser Leben auch in weiten Teilen selbstbestimmt verlaufen kann. So sehr wir auch geprägt werden, durch Erziehung, durch Vererbung, so sehr ist das seelische Leben auch offen für neue Horizonte und Perspektiven. Die Kombination von beiden Bereichen macht unser unverwechselbares, persönliches Gleichnis, unser Schicksal aus. Bestimmte Motive des Lebens können hierbei im Vordergrund stehen und einen vielleicht durch das ganze Leben begleiten, wie ich es im vorliegenden Band anhand einiger Themen und Motive bei Depressionen beschrieben habe.

Beschäftigt man sich tiefenpsychologisch mit Schicksalen, so stößt man unweigerlich auf die *unbewußten* Wirkkräfte, die unser persönliches Leben bestimmen. Es sind vor allem die Komplexe, die wir in früher Kindheit erworben haben, geformt von den frühen Erfahrungen mit den wichtigsten Bezugspersonen. Die grundlegenden Motive unseres Lebens sind aber nicht grenzenlos variabel, sondern entsprechen bestimmten archetypischen Mustern, wie wir sie in den kollektiven Geschichten der Menschen, den Mythen und Märchen wiederfinden können. Wir können uns hier Drewermann (1991 Bd. 1, 152) anschließen, der ausgehend vom Archetypenbegriff über die Mythen und Märchen sagt:

»Der Mythos tendiert zum Göttlichen, Ewigen, das er aussagt, indem er eine Geschichte erzählt, die keine ist, sondern im Geschehen, im Kult ein ewig Geschehendes, niemals Geschehenes sein will – er ist im Wesen ungeschichtlich; ebenso will das Märchen jenseits aller Zeit und Geschichte eine ewige Wahrheit ausdrücken, die allerdings »nur menschlich, nicht transzendent (im anthropologischen Sinne) ist«.

C. G. Jung hat oft darauf hingewiesen, daß die Menschen unbewußt einen persönlichen Mythos leben. Es lohnt sich in Therapien, diese Lebens-Geschichten zu erkunden. Die Mythen der Völker sind mit schöpferischer Phantasie versehene Selbstdarstellungen psychischer Prozesse und können von daher psychologische Anregungen geben für eine fruchtbare Auseinandersetzung mit psychologischen Problemen. Denn was uns im Mythos begegnet hat zum großen Teil einen symbolischen Wert, dessen Sinn sich erst erschließt, wenn man sich innerlich darauf einläßt. Dies haben Mythen mit Märchen und auch Träumen gemeinsam: Es ist die Sprache des Symbols, die einen Bedeutungsreichtum vermittelt, der nie zu Ende reflektiert werden kann (Jacoby 1985, 17).

Als Psychotherapeuten arbeiten wir alle mit Mythen, oder ich will es erweitern: begegnen wir mythischen Strukturen, auch wenn wir es zunächst nicht so benennen oder gleich als solche erkennen würden. Ich denke nur an den Mythos vom Narziß, der von der mangelhaften Selbstannahme handelt, wie es uns bei narzißtisch Gestörten und vor allem auch bei der Depression begegnet. Oder denken wir an den Ödipus-Mythos: Wie oft begegnen uns ödipale Konflikte, die etwas mit einer nicht geglückten Ablösung von beiden Elternteilen zu tun haben und »schicksalshaft« auch das spätere Verhalten in Partnerschaften bestimmen können. So treffen wir in den Mythen auf grundlegende Muster des Erlebens und Handelns, mit dem ihnen eigenen Spielraum, den die darin enthaltenen Symbole haben.

Bei Depressionen begegnet uns häufig das Phänomen, daß die Betreffenden ihr Schicksal beklagen, als wollten sie damit ausdrücken, wie übel ihnen mitgespielt wurde und wie wenig sie nun in ihrem Leben ändern könnten. Ist denn alles tatsächlich so unabänderlich? Gewiß nicht, wir dürfen uns als Therapeuten nur nicht von der Depression des Patienten anstecken lassen. Denn wir können sagen, sobald wir bestimmte, persönlichkeitstypische (»mythische«) Konstellationen im Leben der Betreffenden in Beziehung setzen können zu ihrem jetzigen Verhalten und speziellem Verarbeitungsmodus, um so größer ist die Chance, etwas im eigenen Leben zu ändern. Wichtig für den therapeutischen Prozeß ist immer das Einzelschicksal des Betreffenden. Das macht seine unverwechselbare Individualität aus.

Wie ich schon in der Einleitung zu diesem Band ausgeführt habe, sollte man als Therapeut mit Amplifikationen, also mit Hinweisen etwa auf Mythen und Märchen sehr vorsichtig umgehen. Sie dienen manchmal der Bereicherung des Wissens und können die Reflexion anregen, sie können manchmal aber auch gar nichts bewirken oder hinterlassen nur eine Ratlosigkeit beim Patienten. Eine ausführliche Darstellung der hiermit verbundenen Problematik auch auf technischem Gebiet findet sich bei Dieckmann (2000).

In Therapien geht es in erster Linie darum, den »persönlichen Mythos«, die persönlichen Konstellationen des Patienten zu ergründen, wobei die *Kenntnis* der archetypischen Erzählungen, wie Mythen und Märchen, für den Therapeuten hilfreich sein kann und kollektive Lösungsmöglichkeiten erkennen lassen, die sich fruchtbar bei der therapeutischen Arbeit auswirken können; denn die »sagenhaften Lösungen« sind die Lösungen von uns allen.

2. TIEFENPSYCHOLOGISCHE ZUGÄNGE

> »Die Depression ist wie eine alte schwarze
> Dame, die man zu Tisch bitten muß.«
>
> (C. G. Jung)

2.1 Jungs Gedanken zum Depressionsproblem

C. G. Jung hat zum Thema der Depression keine ausführlichen Beiträge geliefert, aber doch verstreut über sein Werk bemerkenswerte Gedanken geäußert, sowohl hinsichtlich der Depressionsentstehung als auch hinsichtlich therapeutischer Zugänge. Jung geht hierbei von seiner Libidotheorie aus und folgt damit einer energetischen Betrachtungsweise. Für Jung befindet sich nämlich das gesamte psychische System in dauernder energetischer Bewegtheit (J. Jacobi 1967, 77). Es hat viel für sich, sich seelische Vorgänge auf der Energieebene anzusehen, denn seelische Vorgänge sind Energie verbrauchende Prozesse und Energie steht nicht unbeschränkt zur Verfügung. Sie kann zudem aus psychologischen Gründen gedrosselt oder wie bei schweren Depressionen zum Erliegen kommen. Energie und Libido sind als psychologische Begriffe bei Jung weitgehend austauschbar (GW 6, § 850). Hierbei steht die psychische Energie dem Ich nicht unbegrenzt zur Verfügung. Sie ist zwar während des Lebens unzerstörbar aber auch erschöpfbar. Insofern ähneln sich die Auffassungen Jungs und Freuds zum Libidobegriff. Allerdings ist

dieser Begriff bei Freud ausschließlich auf die Sexualtriebe bezogen geblieben, wobei er in einem späteren Ansatz den Sexualtrieb
im Sinne eines Lebenstriebs verstand (Libido) und einem Todes-
trieb (destrudo) gegenüberstellte. Einige Psychoanalytiker halten
an diesen Auffassungen heute noch fest, während ein größerer
Teil anstelle des Todestriebes nunmehr den Aggressionstrieb als
zweiten essentiellen Triebbereich – im Sinne eines dualistischen
Triebmodells – neben dem Sexualtrieb für wesentlich erachtet
(Mentzos, 1984, 24).

Affektive Störungen und Libido

Im Sinne des Jungschen Energiebegriffs lassen sich psychische
Konflikte fassen, als Ausdruck einer Störung im Fluß der seelischen Energie. Hier ergeben sich interessante Ansatzpunkte
zur Betrachtung depressiver und manischer Störungen. Was sich
bei Jung nicht oder nur in Ansätzen findet ist eine Behandlung
des Problems etwa vonseiten der Objektbeziehungstheorie,
des Objektverlustes und der Separation (Samuels et al. 1986, 54)
und der Strukturtheorie, die von einer durch Erziehungseinflüsse
erworbenen spezifisch depressiven Reaktionsbasis ausgeht.
Ferner finden sich kaum Überlegungen zur Psychodynamik der
auslösenden Momente affektiver Störungen, so daß mancher
Jungianer sich zusätzlich von den genannten Bereichen leiten
läßt.

Zum Greifen nahe liegt im Werke Jungs hingegen ein Bezug
einerseits zur *Selbstpsychologie* in ihrer Verzahnung mit dem
modernen Narzißmuskonzept und andererseits zu den affektiven
Störungen, also den Manien und Depressionen, wie sie heute
psychoanalytischerseits (etwa Mentzos 1995; Battegay 1991)
vertreten wird. Wie ich zeigen werde, lieferte Jung schon früh –
nämlich bereits in den Zwanziger Jahren – wichtige Überlegungen zu einem basalen Verständnis für das, was in Depressionen
und Manien abläuft. Da Jungs Interesse sich nicht auf die Erstel-
lung einer speziellen Neurosentheorie und Neurosenlehre, mit
einhergehenden spezifischen Krankheitsbildern richtete, finden
sich konkrete Angaben etwa zu depressiven und manischen Stö-

rungen nur sehr verstreut in seinem Werk. Die Bausteine liegen aber bereit, die es auch ermöglichen, zu einer einheitlichen Betrachtung der affektiven Störungen zu kommen und die sich vor allem auf eine Psychologie des Selbst gründet, was näher im Kapitel über Selbst und Narzißmus ausgeführt wird. Untersucht man diese Krankheitsbilder auf ihren Bezug zu den psychologischen Faktoren der Ich-Selbst-Beziehung insbesondere hinsichtlich des Selbstwertes, dann zeigt sich, daß dem gestörten Selbstbezug eine zentrale, ja entscheidende Rolle zukommt beim Zustandekommen dieser Störungen. So kann zugleich der interessante Befund erhoben werden, daß eine Konvergenz der Schulrichtungen in der Auffassung dieser seelischen Störungen auftritt: Die Psyche stellt eine unteilbare Wirklichkeit dar, auch wenn man sich aus verschiedenen Begriffshorizonten darauf zubewegt.

Aus Gründen einer besseren Übersichtlichkeit ist es mir wichtig, zunächst Jungs direkte Gedanken zum Depressionsproblem zu referieren, um dann in einem weiteren Kapitel die Selbstpsychologie und die damit verbundene Narzißmustheorie aus der Sicht der verschiedenen Schulen einzuführen, die letztlich den entscheidenden Ansatzpunkt zum Verständnis der affektiven Störungen liefern.

Nach meiner Auffassung begegnet uns in der Depression als erstes eine Störung im Ich. Das Ich kann sich schlecht verhalten, verfügt über keinen Antrieb, erlebt die Welt aus einer gedämpften Perspektive und kann schlecht handeln und entscheiden. Das Ich erscheint energielos und leer und ist erfüllt von gedrückter Stimmung. Das Affektleben ist eingeengt. Diese Einschränkung der Ich-Leistungen ist nicht zu verwechseln mit einer sogenannten »ich-strukurellen Störung«, einem wichtigen Begriff aus der psychoanalytischen Literatur. Diese Störung entspricht einer schon früh in der Ich-Entwicklung einsetzenden Behinderung der Entscheidungsfähigkeit und der Fähigkeit, Prioritäten zu setzen, eigene Probleme zu lösen und eigene Interessen zu vertreten. Die ich-strukturelle Störung ist permanent. Die Ich-Schwäche der Depression ist vorübergehend und besteht in Abhängigkeit von der ablaufenden Depression.

Nach Jung ist das Ichbewußtsein mit einem bestimmten Quantum an Energie versehen, um handeln zu können. In depressionsauslösenden Situationen wird die Energie vom Unbewußten angezogen und entleert das Ich, das sich dann in einem energetisch gedrückten, »depressiven« Zustand befindet. Jung hierzu:

In diesem Fall hat das Unbewußte einfach ein unangreifbares Übergewicht, d. h. es verfügt über eine Attraktivkraft, welche imstande ist, den bewußten Inhalten allen Wert zu nehmen, mit anderen Worten die Libido von der bewußten Welt abzuziehen und dadurch eine »Depression«, ein »abaissement du niveau mental« (Janet) zu erzeugen. In diesem Fall müssen wir – nach dem Energiegesetz eine Anhäufung von Wert (= Libido) im Unbewußten erwarten. (GW 7, § 344)

Wie haben wir uns diese Vorgänge genauer vorzustellen? In seinem Übersichtsreferat zu Jungs Positionen in der Depressionsfrage macht Steinberg (1989) darauf aufmerksam, daß zum Verständnis der Dynamik depressiver Zustände bei Jung die Begriffe der *Kompensation* und *Introversion* eine hervorragende Bedeutung haben. Die kompensatorische Funktion der Psyche entspricht einer Tendenz des Unbewußten, zu einseitige Einstellungen des Bewußtseins auszugleichen. Ist zum Beispiel jemand in seiner bewußten Haltung sehr kühl und rational, dann ist er in seinem Unbewußten emotional, ja sentimental. Diese kompensatorische Funktion kann aber nur fruchtbar wirksam werden, wenn das Ich sich aktiv darauf einstellt und sich damit auseinandersetzt, wie dies über Introversion (die Hinwendung zu und Orientierung an inneren Objekten) etwa im Rahmen einer Therapie geschieht.

Wir können uns jetzt eine depressive Situation vorstellen, in dem das Ich eines Menschen erfüllt ist von Vorstellungen der Minderwertigkeit, sich nichts zutraut und um nichts kämpft. In diesem depressiven Zustand ist nach den Vorstellungen C. G. Jungs die seelische Energie, die Libido, abgezogen vom Ich und verweilt in einem kompensatorisch unbewußten Zustand bei einer Gegenvorstellung, die etwa kämpferisch aktiv und selbstbewußt ist. Die seelische Energie ist aber dort – tief im Unbewußten – gebunden, sie verweilt in der »Latenz« und führt, wie im obigen Zitat Jungs ausgedrückt wurde, zu einem depressiven und entleerten Ich, es kommt zu einem »abaissement du niveau mental«. Das Unbewußte ist zwar jetzt energetisch angereichert und »voll von Wert« und Selbstbewußtsein, gibt aber diese Energien und Wertvorstellungen nicht frei. Sie sind eben schlummernd und ohne aktuellen Wert für das Ich-Bewußtsein.

Wie kommt es dazu? Jung hat hierzu keine expliziten Ausführungen gemacht. Wir können hier aber zunächst zurückgreifen auf seine Komplextheorie. Wir müssen zunächst entwicklungsgeschichtlich davon ausgehen, daß der Betreffende schon früh in seiner Entwicklungszeit seine Energien und *Selbstwert*-Vorstellungen (die in einem Komplex vereint sind) zu blockieren gelernt hat. Sie sind ins Unbewußte verdrängt, er wehrt damit Handlungsimpulse wie Durchsetzung, kämpferische Aktivität ab. Komplextheoretisch kann man sich vorstellen, daß sich früh negative Assoziationen gebildet haben und entweder zentral am Selbstwert ansetzen oder sich auf den Handlungsteil – auf das Verhalten – beschränken. Im letzteren Fall fühlt sich der Betreffende gar nicht so minderwertig, darf aber aus Gründen seiner Kindheitserfahrungen für sich nichts tun und nichts fordern, muß also passiv bleiben – was auf das Ich bezogen ebenso zu einer depressiven energetischen Entleerung führt. Diese psychogenetischen Gesichtspunkte sind nach meiner Auffassung sehr wichtig, denn sie können erklären helfen, warum bei gleicher Ausgangssituation die einen depressiv werden und die anderen eben nicht.

Behandlungsbeispiel:
Ein Minderwertigkeitskomplex mit Depression

Es kam zu mir eine 29 jährige Musikstudentin. Sie wirkte sehr aufgeregt, es war ihr unangenehm, von sich zu erzählen. Sie kam nämlich in den letzten Tagen wieder kaum aus dem Bett heraus. Ein Tag verging wie der andere. Dabei stand sie so unter Druck. Sie hätte sich auf anstehende mündliche Prüfungen vorbereiten müssen. Sie zog sich aber immer mehr zurück, war wie gelähmt und hatte Angst, nicht mehr aus diesem Teufelskreislauf herauszukommen. Die Außenkontakte waren bis auf wenige Telefonate mit dem Freund, der in einer anderen Stadt lebte, praktisch zum Erliegen gekommen. Sie berichtete zögernd von ihren Minderwertigkeitsgefühlen, die allerdings nicht generell im Umgang mit Menschen auftreten. Vielmehr hänge es davon ab, wie man mit ihr umgeht! Das war ein wichtiger Hinweis. Sie schien sehr empfänglich, ja abhängig davon zu sein, wie man ihr begegnete und hatte nun Angst, in der Prüfung keine gute Figur abzugeben, sondern zu »versagen«, was ich auch so verstand, daß sie es den Prüfern nicht antun wollte, ein schlechtes Bild von sich zu geben! Sie kam bald auf Mutter zu sprechen: Diese hat ihr häufig gesagt »*das schaffst du nicht.*« Es konnte sie sehr verunsichern, wenn sie korrigiert oder kritisiert wurde: »*Dann reagier' ich wie ein kleines Kind, ich schließe mich zu, der andere erscheint höher als ich.*« Dieses Problem hatte sie sowohl mit Frauen als auch mit Männern. Es kam dann jeweils zu depressiven Verstimmungszuständen, wo sie oftmals das Bett nicht mehr verließ. Zur Zeit bestand wieder so eine Phase.

Gelegentlich können Minderwertigkeitsprobleme in der Kindheit aufgefangen werden, wenn zu einem entmutigenden Elternteil zum Ausgleich vom anderen Elternteil eine Unterstützung ausgeht. Aber unglücklicherweise fiel es meiner Patientin sogar gegenüber Männern besonders schwer, sich anzuvertrauen. Auch bei den Männern war kein Ausgleich in Sicht. Das hing mit ihren Vatererfahrungen zusammen. Der Vater war zwar humorvoll aber er schien oberflächlich zu sein. Man durfte ihm nicht mit Problemen kommen, das schien ihn zu belasten, irgendwie wurde er damit nicht fertig. Als sie noch klein war, hatte er viel mit ihr geknuddelt, woran sie zwar seine Zuneigung erkennen konnte, aber belasten mit ihren inneren Angelegenheiten wollte sie ihn später nicht. Hier finden wir eine Schonhaltung einer Elternfigur gegenüber: Wenn man sie zu sehr belastet, könnte sie sich noch mehr zurückziehen, dann verliert man sie ganz. Das wirkte sich auch auf ihre Männerbeziehungen aus. Der Abstand zu Männern war ihr wichtig, wie es sich mit ihrem Freund zeigte. Ich erfuhr nämlich, daß dieser einige hundert Kilometer weiter weg wohnte. Sie konnte sich am ehesten telefonisch anvertrauen. Hinzu kam, daß sie sich auch deswegen nur schlecht auf Männer gefühlsmäßig einlassen konnte, weil sie bei ihren Eltern nie ein herzliches Verhältnis beobachtet hatte. Es fehlte also an tragfähigen Modellen.

Im Gespräch wurde noch ein interessanter Aspekt zur Mutterfigur sichtbar. Die Mutter entmutigte offensichtlich die Tochter, weil sie *ihre eigenen Schwächen* und Minderwertigkeitsprobleme in die Tochter projizierte. Die Patientin berichtete nämlich: »*Als ich Sport machen wollte, sagte die Mutter, das kannst du nicht, ich habe ja auch nicht den Körper dafür.*« Projektionen dieser Art nennt man in der Jungschen Psychologie »Schattenprojektionen«. Hiermit sind die unentwickelten und minderwertigen Bereiche der Psyche gemeint, die auch gerne verdrängt werden und oftmals auf andere Menschen projiziert werden. Die minderwertige Einstellung war hier sogar voll bewußt, wurde aber auf die Tochter ausgedehnt. Projektionen dieser Art von seiten der Elternfiguren findet man in der Vorgeschichte von Depressiven häufig. Sie sind Ausdruck einer einbeziehenden Identifikation nach dem Muster: Du bist genauso wie ich. Die Patientin fürchtete sich vor Besuchen bei der Mutter, weil diese immer so deprimierend und entmutigend verliefen. Kein Wunder, daß die Patientin kein positives Weiblichkeitsbild entwickeln konnte.

Meine Patientin brachte einen interessanten Initialtraum mit. Darunter versteht man die erste Traummitteilung eines Patienten zu Beginn einer Behandlung (Dieckmann 1969). Meist enthalten die Initialträume bereits wichtige Hinweise auf zentrale Probleme, die oftmals noch unbewußt sind. Ihr Traum lautete: »Ich habe im Traum geblutet, es waren wohl nicht meine Tage, es war wie eine Verletzung.« Hierzu meine Phantasie: Ich sah in dem Traum die Darstellung ihrer verletzten und beschädigten weiblichen Seite. Sie schien im Traum ihre beschnittene, minderwertige Seite als Frau zu erleben. Ich frage sie darauf, ob sie lieber ein Junge gewesen wäre, worauf sie dies überrascht bejahte. Sie hatte immer die Jungen und später die Männer darum beneidet, daß sie durchsetzungsfähiger und selbstbewußter erschienen, was im Gegensatz stand zu ihrem schwachen

Weiblichkeitsbild, mit dem sie sich identifizierte. Sie führt sodann aus, daß sie nach der Trennung der Eltern in ihrem sechsten Lebensjahr den Vater ersetzen wollte. Sie nahm der Mutter alle schweren Sachen ab und trug schwere Taschen, »die sonst der Vater getragen hätte«, was die Mutter auch dankbar quittierte. Hier kam also die männlich identifizierte Seite der Patientin herein. Den Vater zu ersetzten versprach ihr Bestätigung und Anerkennung von der Mutter und gab ihr eine identifikatorische Stärke über eine Rolle als Nachfolger des Vaters, die sie »nur als Mädchen« bei dem schwachen Weiblichkeitsbild nicht spürte. Dieser Initialtraum enthielt also in symbolischer Sprache bereits alle wichtigen Informationen, die es nun galt, therapeutisch zu bearbeiten. Es kam für sie darauf an, sich von ihrem Kastrationskomplex, von ihrer negativen »beschnittenen« Identität zu lösen, was auch hieß, sich von den negativen Botschaften der Mutter zu lösen und korrigierende Bilder über sich zu entwickeln. Hierzu war sicherlich ein längerer therapeutischer Prozeß erforderlich.

Normale und pathologische Depression

Viele depressiven Zustände können auch nur kurzfristig und vorübergehender Natur sein und beanspruchen für sich keine pathologische Bedeutung. So unterscheidet Jung eine normale Depression von einer pathologischen Depression. Es gibt momentane Zustände von Depressivität, die aktiv überwunden werden können im Sinne von Wandlungsvorgängen, die anschließend zu einer neuen Verhaltens- und Einstellungsweise führen können. Steinberg spricht in diesen Fällen von »transformativen Depressionen« (1989, 341). Beispiel für *transformative Depression*:

Eine Lehrerin hatte im Rahmen ihrer Ausbildung eine Lehrprobe zu machen. Sie bekam einige Tage vorher eine depressive Verstimmung, das heißt ihre Libido wanderte ins Unbewußte, zu ihrer Latenz, in der sie sich (potentiell) sehr wohl gut behauptet und präsentiert. Es überwogen im Unbewußten aber die negativen Assoziationen, die sodann die Libido vorübergehend banden, etwa nach der unbewußten Formel: »Du kannst dich nicht gut präsentieren, wenn du durchfällst hältst du das nicht aus«. Eine Mischung aus Angst und Depression (Lähmung) war die Folge. Sie begann sich mit der Situation auseinanderzusetzen und stellte sich nun auf ihren Wert ein: »Du kannst es, laß' dich nicht irritieren«. Es kam also zu einer introversiven Bewegung hin zu den »unbewußten Werten«. Die an den Selbstwertkomplex gebundene Energie wurde hierauf frei gegeben und sie war imstande, die Lehrprobe zu halten. Die Depression bildete sich wieder zurück.

Dieses Beispiel ähnelt sehr dem ersten Bericht. Doch verläuft die Depression anders, sie klingt rasch wieder ab und die Lehrerin geht sogar gestärkt aus ihr hervor. Woran liegt das? Sie hat einmal sicherlich nicht mit einer tiefergehenden Identitätsstörung als Frau zu kämpfen, sondern hat die Stärke, trotz der ängstlichen Entmutigung sich der Herausforderung zu stellen. Diese Fähigkeit zur Ichstärke ist nicht immer gegeben und muß manchmal erst selbst, etwa über eine Therapie, entwickelt werden.

Sicherlich ist im letzten Beispiel der depressionsauslösende Komplex damit nicht ein für alle mal erledigt. Aber der Prozeß der Wandlung kann damit eingeleitet werden. Durch Wiederholung positiver Erfahrung, dadurch daß man sich stellt, kann der Komplex regelrecht zum Abblassen gebracht werden. Dies entspricht auch einer grundlegenden therapeutischen Erfahrung und Vorgehensweise. Der Patient ist immer wieder zu ermutigen und darin zu unterstützen, sich mit seiner Neurose auseinanderzusetzen und sich mit seinen die Neurose auslösenden und unterhaltenden Ängsten zu konfrontieren. Er sollte versuchen, in seine Ängste mitten hineinzugehen. Dazu gehört natürlich Mut und oftmals geht es nicht ohne therapeutische Begleitung. Die verdrängte Energie kann man eben nur freibekommen, wenn man sich auf sie einstellt und sich ihrer bewußt wird. Gelingt dies, dann nennt Esther Harding (1970) eine solche Depression eine »kreative Depression«, da sie den Individuationsprozeß, die Selbstwerdung einleitet. Man muß hier aber sehr aufpassen, daß man nicht zu optimistisch an die Depression herangeht und sie nur als Vorstufe einer Individuation ansieht. Worauf auch Kathrin Asper (1990, 283f) hinweist, ist die Depression oftmals eine derart tiefe Leidenserfahrung, daß man sie nicht vorschnell als Vorstufe des Guten ansehen darf. Man ist ohnehin als Therapeut schnell in die Herausforderung gebracht, gegen die in Therapien von Patienten lange und anhaltend vorgetragenen pessimistischen Selbstzweifel und Klagen »optimistisch« dagegen zu halten. Hier muß man aber zusehen, daß man nicht in einen »Argumentationswettkampf« mit dem depressiven Patienten gerät, was ausgesprochen fruchtlos werden kann. Oftmals ist zunächst eine lange und geduldige Begleitung erforderlich. Gut gemeinte Ratschläge können häufig zu Anfang gar nicht umgesetzt werden. Innere Vitaliät und Kraft erscheinen zunächst wie ein fernliegendes kostbares Ziel.

Der verborgene Schatz

Die »Erlangung der Kostbarkeit« – also die eigentlich positiven Vorstellungen und Seinsmöglichkeiten – stellt ein wichtiges symbolisches und damit auch mythisches Motiv dar. Das Motiv kann wie in der Alchemie, die in ihren spekulativen Ausführungen ja reich an Psychologie ist, als einen sich dabei abspielenden Veredelungsprozeß aufgefaßt werden, wie er symbolisch im berühmten alchemistischen Stufenprozeß dargestellt wird: Aus einem dunklen, ja schwarzen Zustand (die Nigredo) der Depression entwickelt sich ein höheres lebensvolles Bewußtsein (gekennzeichnet mit der Farbe Rot: die rubedo) Dieses Motiv kann auch erst einmal den Abstieg des Helden in die Unterwelt, in den »Schatten« darstellen, der sich auf die Suche nach dem Schatz begibt und sich hierbei auf einen Abstieg in sein dunkles Unbewußtes begibt und dort mit dem Ungeheuer zu kämpfen hat. Das Ungeheuer besteht nach Auffassung Steinbergs (1989, 341) in einem unbewußten Affekt, der zu einem Komplex gehört. Ich denke aber hier eher an die Abwehrvorgänge (etwa Verdrängung, Verleugnung, Vermeidung), die wie ein Ungeheuer den Schatz – die neue Weise zu sein – im Unbewußten bewahren und nicht preisgeben. Im Kapitel über Alchemie und über den Schatten gehe ich hierauf näher ein. Der Held stirbt dann in manchen Mythen, was einem Absterben eines alten Prinzips entspricht und steht wieder erneuert auf, was der Wiedergeburt einer neuen Seinsweise und eines neuen Bewußtseins entspricht.

An den mythologischen Beispielen kann man sich im übrigen verdeutlichen, daß der Mythos den allgemeinen Fall erzählt. Es sind »patterns of behaviour«. Hier werden archetypische Strukturen abgebildet, die wie ein Gefäß verschiedene Bedeutungen enthalten können. Im einen Fall bedeutet der Heldenkampf mit dem Drachen die Bezwingung der Abwehr, um an den Schatz eines neuen »Selbstverständnisses« heranzukommen, in einem anderen Fall bedeutet etwa der Heldenkampf ein Befreiungskampf von einem tyrannischen Vatergott.

Jung unterscheidet nun von der normalen (oder kreativen) Form der Depression eine pathologische Form: Fließt die Libido nur ab zu den unbewußten Motiven ohne wieder etwas »heraufzuholen«, dann liegt eine pathologische Form der Depression vor. Hierbei handelt es sich um eine erzwungene Introversion der Libido (Steinberg 1989, 342) hin zum Unbewußten und nicht um eine kreative, mit Wandlung einhergehende Hinwendung. Wir müßten hierzu aus der Komplextheorie sagen, daß die negativen Assoziationen zu stark sind als daß sie die positiven Inhalte, die sie umschließen – und an die die Libido gebunden ist – freigeben könnten. Im obigen Beispiel der Musikstudentin sind die entmutigenden Assoziationen so stark ausgeprägt, daß der Selbstwertkomplex mit seinen Impulsen zur Selbstbehauptung und Durchsetzung sich nicht entfalten und durchsetzen kann. Im Ergebnis kann die Patientin sich nicht annehmen, sondern flüchtet sich depressiv ins Bett.

Was sofort bei Depressiven auffällt ist ihre Zurückgezogenheit. Dies sollte nicht mit Introversion gleichgesetzt werden, sondern ist Ausdruck des Energieverlustes. Denn Depressive sind im Grunde genommen sehr auf die äußeren Objekte fixiert, haben sie doch die Erwartung, daß die dringend benötigte Selbstbestätigung von außen kommt, die sie sich selbst nicht geben können. So ist die Einstellung der Depressiven im Grunde eher extravertiert, auch wenn es nicht auf Anhieb sichtbar wird.

Jung macht noch auf die Bedeutung der Regression aufmerksam für die Depressionsentstehung. In seinem Buch »Symbole der Wandlung« führt er aus:

> »Die Trennung von der Jugend hat sogar von der Natur den goldenen Glanz hinweggenommen, und als hoffnungslose Leere erscheint die Zukunft. Was der Natur aber den Glanz raubt und dem Leben die Freude, das ist das Zurückschauen auf ein einstmaliges Außen, statt eines Hereinblickens in das Innen des depressiven Zustandes. Das Zurückschauen führt zur Regression und bildet den Anfang derselben. Die Regression ist insofern auch eine willkürliche Introversion, als Vergangenheit eine Reminiszenz und damit ein psychischer Inhalt, ein endopsychischer Faktor ist. Regression ist ein Abgleiten in die Vergangenheit, verursacht durch eine Depression in der Gegenwart.« (GW 5, § 625)

Wir sehen hier die Beschreibung eines Zustandes von Depression, der zustandekommt durch »Regression«, durch Zurückfluten der seelischen Energie zu frühen Formen des Glücklichseins, weil sie vor den leer erscheinenden Möglichkeiten der Zukunft zurückschreckt. Dadurch wird aktuell dem Ich Energie entzogen, es wird depressiv und leer. Die Energie verweilt bei den frühen Erlebnissen einer glücklichen Jugend, ist also in der Erinnerung gebannt. Das ganze spielt sich natürlich unbewußt ab.

Der psychoanalytische Begriff der Regression bezeichnet einen normalpsychologischen Vorgang, der bei allen Menschen vorkommt. Es handelt sich um eine Rückflutung der seelischen Energie, hin zu früheren bereits durchlaufenen Stadien der seelischen Entwicklung mit ihren jeweils charakteristischen Formen des Denkens und Handelns. Es handelt sich um eine Rückkehr zur Vergangenheit des Individuums. In therapeutischen Prozessen sind diese Phänomene nahezu regelmäßig zu beobachten. Bei Freud erhielt der Regressionsbegriff eher eine negative Bedeutung. Es wurde die Bedeutung der Vermeidung, des Zurückweichens vor einem adäquat scheinbar nicht lösbaren Konflikt unterstrichen, hin zu früheren Fixierungen auf entsprechende absolvierte Entwicklungsstufen, die eine bestimmte Befriedigungsform beinhalteten. Statt sich bei gegebener Situation zu behaupten und durchzusetzen »regrediert« zum Beispiel der

Suchtkranke auf eine orale Stufe. Er fängt an zu trinken. Es kann sich dann in der Vorgeschichte des Betreffenden zeigen, daß er früher übermäßig oral verwöhnt wurde, und nie gelernt hat, Spannungen auszuhalten. Er befriedigt sich lieber schnell mit Alkohol oder mit Süßigkeiten, oder kauft sich Kleider, tröstet sich damit, statt sich der Herausforderung zu stellen. Vom therapeutischen Standpunkt aus betrachtet würde es nun gelten, diese Form der Regressionsneigung, nämlich die Suchtspannung zu überwinden, um zu reiferen Bewältigungsformen zu kommen. In der analytischen Psychologie Jungs, aber auch in der neueren Psychoanalyse ist der Regressionsbegriff erweitert worden und wird nicht länger nur unter dem Abwehraspekt gesehen. Regression wird hierbei neben Progression gestellt als natürliche, sich über das ganze Leben zeigende Bewegungsrichtungen der Libido, vergleichbar mit Anspannung und Entspannung.

Jung spielt in dem oben gebrachten Zitat auf eine Krise der Lebensmitte ab, die erst einmal als Antwort regressive Tendenzen auf den Plan ruft. An der Schwelle von der Jugend zum Alter entschwinden die Attribute der Jugend. Was jetzt kommt erscheint dem Betreffenden trist und leer. Vielleicht handelt es sich um eine Sehnsucht nach einer beschützten Jugend, in der einem auch vieles geebnet wurde, vieles einem zuflog, etwa wegen der eigenen Schönheit. Man mußte nichts dafür tun, um Zuwendung, Anerkennung und Geborgenheit zu bekommen. Man bekam ohne Dazutun narzißtische Gratifikationen. Therapeutisch käme es jetzt wirklich darauf an, sich die Inhalte der Kompensation (hier die Depression als unbewußtes Kompensationsphänomen aufgefaßt) klarzumachen. Man käme zu der Erkenntnis, daß der alte paradiesische Zustand nicht mehr von selbst käme. Man wäre jetzt aufgerufen, expansiv zu werden, sich selbst um Kontakte zu kümmern und aktiver zu werden. Dann würde man die Libido zurückholen können aus ihrer Gebundenheit in »infantilen Reminiszenzen« und sie im eigenen Interesse verfügbar machen für Aktivitäten im Hier und Jetzt. Wir leben in einem unaufhörlichen Fluß der Zeit, an einer Schnittstelle zwischen gestern und morgen. Was wir beeinflussen können ist die

Zukunft, jeder Tag bringt uns eine neue Chance, es anders als bisher zu versuchen. Die Vergangenheit festzuhalten, heißt, sich nicht zu wandeln.

Interessant ist in diesem Zusammenhang, daß bei Depressiven häufiger auch Todessymbolik auftritt. Da ist viel von Sterben die Rede. Neben einem gefährlich verlockenden regressiven Sog zum Unbewußten, in der das Ich endlich zur (ewigen) Ruhe kommen und sein Kämpfen aufgeben will, läßt sich oftmals aber auch eine Tendenz des Unbewußten erkennen, die zeigen will, wie leblos und lahm es bereits zugeht. Todessymbolik kann prinzipiell Wandlung anzeigen, im Sinne, daß das Alte und dringend Erneuerungsbedürftige zugrunde geht, damit Neues entstehen kann. Diesen Aspekt hat es bei Depressionen aber nur bedingt. Wie Wilke (1974, 92) es formuliert, ist das Symbol des Todes »die Konservierung des leblosen Zustandes des Patienten«. So lohnt es sich in der Traumbearbeitung, den Patienten anzuregen, sich auf die Grundstimmung des Traumes einzustellen. Hier kann dann oft erlebt werden, daß die Patienten einen unangenehmen Affekt bekommen, der von dieser Leblosigkeit wegstrebt.

Neben einer in der Depression festzustellenden Ichenteerung kommen wir über die Gedanken von Jung auch schon intensiver heran an eine *Psychologie des Selbst* und können die Sachverhalten von hieraus noch einmal besser angehen: Das, was den Betreffenden grundsätzlich im Leben zurückschrecken läßt, sind vermutete, befürchtete Beeinträchtigungen im Selbst, hier als ein Begriff für die Gesamtpersönlichkeit. Die gefürchtete Beeinträchtigung stört also auch die Regulation des Selbstwertgefühls. Das Ich ist gefordert, aktiv zu werden, »etwas zu unternehmen«. Aber augenscheinlich verfügt es nicht über Mittel und Motive, sich für das Selbst – für sich selbst einzusetzen. Es müßte jetzt vielleicht kämpfen und sich holen, was ihm vorher geschenkt, ja »nachgeworfen« wurde. Aber aus bestimmten in der eigenen Entwicklungsgeschichte liegenden Gründen ist es blockiert, die kreativ-expansiven Impulse aus dem Selbst stehen nicht zur Verfügung – es gibt sie nur im Unbewußten. Dort liegen sie wie ein

Schatz bereit – in der »Latenz«. Die Energien sind dort gebunden und eben nicht aktivierbar.

Die Betrachtung affektiver Störungen unter dem Gesichtswinkel einer Selbstpsychologie bringt manche Vorteile, weil man hier an zentrale Punkte von depressiven und manischen Störungen herankommt. In einem gesonderten Kapitel wird speziell auf die Psychologie des Selbst (»Selbst und Narzißmus«) und das damit zusammenhängende Narzißmuskonzept sowie deren Beziehung zum Problem affektiver Störungen aus Jungscher und psychoanalytischer Sicht eingegangen. Erst von hier aus ist ein einheitliches Verständnis der depressiven und manischen Störungen möglich, die sowohl das Ich als auch das Selbst mit einschließt, wofür die Jungsche Psychologie wichtige Bausteine geliefert hat. Es läßt sich aber schon jetzt feststellen, daß die Depression von beiden Polen her betrachtet werden muß: Von einem energetisch entleerten Ich und einem *minder*bedachten Selbst, daß keine kreativen, aktiven Impulse dem Ich erteilen kann. *Das Selbst führt bei Depressiven ein Schattendasein und ist verdunkelt.* Das Ich hat eine negative Beziehung zum Selbst, das abgeblockt und abgewertet nicht wirksam werden kann im Rahmen von Selbstwert vermittelnden Impulsen. Dies beruht auf Negativ-Assoziationen im Unbewußten, die den Selbstwertkomplex negativ überlagern. Die positiven Energien sind im Komplex gebunden, und liegen brach wie ein Schatz auf dem Meeresgrund.

2.2 Andere Autoren

Die meisten Autoren sind sich einig, daß ein wichtiges Moment bei der Depressionsentstehung in der oft unbewußten Angst besteht, im weitesten Sinn aggressiv zu sein. Schon Freud – in seinem Werk über »Trauer und Melancholie« (1917, Bd. 3) – und Abraham (1924) wußten um die Bedeutung der Aggression. Aggression ist gewissermaßen ein Werkzeug, um sich zu schützen, aber auch um sich zu holen, was man essentiell benötigt: Letzteres wäre ein »oraler Aspekt« der Aggression. Oralität im psychoanalytischen Sinn heißt nämlich nicht nur Befriedigung oraler Bedürfnisse etwa nach Nahrungsaufnahme, sondern in Anlehnung an die frühkindlichen Erfahrungen des Nuckelns, Saugens und in den Mund Nehmens bedeutet Oralität auch eine Form des Erfassens und Erfahrens und der Befriedigung von Bedürfnissen nach Nähe, Wärme und Geborgenheit.

Aggression heißt nicht nur Destruktion, sondern bedeutet im analytischen Vokabular auch die Fähigkeit, aktiv zuzugehen und sich etwas zu holen. Sich etwas zu holen, heißt sich versorgen können und bedeutet im weitesten Sinne, autonom sein zu können. Gerade an dieser Fähigkeit gebricht es den meisten depressiven Menschen. Der »Oralität« im analytischen Kontext kommt daher eine immense Bedeutung für die Depressionsentstehung zu. Insbesondere erweist sich die Fähigkeit zur Selbstwertregulation – nämlich das Selbstbewußtsein frei von Depression aufrechterhalten zu können – als abhängig von einer unbehinderten Oralität. Wer sich nicht selbst positiv bedenken und versorgen kann, läuft Gefahr, abhängig und depressiv zu werden. Die Depressiven müssen es lernen, sich aus parasitären Beziehungen zu befreien. Sie leben einfach zu stark über die anderen, von denen alles mögliche kommen soll. Das gibt zu vielen Konflikten etwa in Partnerschaften Anlaß.

Für den Bereich des Oralen hat schon Jung originäre Entdeckungen gemacht. Er stieß bei seiner Beschäftigung mit mythischen Motiven auf den Umstand, daß sich die Psyche bei tiefergehenden Regressionen – etwa bei Therapien – in den entwicklungsgeschichtlich der Sexualität vorausgehenden »nutritiven Bereich« begibt (GW 5, § 654f), der heutzutage in der analytischen Literatur als »orale Strukturebene« bezeichnet würde. Regression ist eine normalpsychologische Erscheinung, die ein Zurückfluten der seelischen Energie hin zu bestimmten frühen Organisationsstufen der Psyche bedeutet. Die ursprünglichste Form der Regression ist der Schlaf. Ein Beispiel für eine pathologische Regression auf eine *orale Stufe* wäre der Alkoholmißbrauch, etwa als ein Zurückweichen (ein »Regredieren«) vor einem Konflikt.

In diesen tiefen psychologischen Zuständen der Regression auf einer oralen Stufe, wie sie etwa im Laufe von Therapien auftreten können, offenbart sich nach Jung bei manchen sehr bald eine Angst, verschlungen zu werden, die sich letztlich als eine Angst des noch instabilen Ichs erweist, von den *negativen Seiten des Mutterarchetyps* wieder verschlungen zu werden, von dem es sich psychologisch noch nicht gelöst hat. In mythologischen Metaphern kann man, wie es Jung tat, von einem Jonas-Walfisch Komplex sprechen. Diese mythologische Beschreibungsweise seelischer Vorgänge ist sicherlich zunächst befremdlich und gewöhnungsbedürftig. Sie hat aber den Vorteil, daß sie sehr dicht dran ist am bildhaften Geschehen: Denn es ist die Sprache der Seele, die zu diesen Bildern greift, etwa in Träumen und Visionen oder sehr augenfällig im Bereich der Kunst.

Dieser »Jonas Walfisch-Komplex« beschreibt, wie ich es im entsprechenden Kapitel über das »Verschlungenwerden« näher ausführe, auf mythischer Ebene sehr treffend die psychologischen Grundlagen der Depression: Das Ich wird wegen seiner Instabiltät vom Unbewußten wie von einem Seeungeheuer gewissermaßen verschlungen und führt ein gefangenes Schattendasein.

Hinsichtlich der Bedeutung der verschiedenen Körperregionen für die psychische Entwicklung des Kindes hat der Jung-Schüler Erich Neumann (1980, 134) hier bereits von spezifischen »Erkenntnisorganen« gesprochen, die eben mehr sind als nur die Orte für spezielle Trieberfüllungen, sondern wesentliche grundsätzliche Erkenntnisse und Erfahrungen ermöglichen über sich und die Welt. Er nennt die Körperzonen – wie etwa den Mund – daher abweichend von der Psychoanalyse nicht erogene Zonen sondern »gnosogene« Zonen (Neumann 1980, 33). Es sind Zonen des Erkennens, Erfahrens und Wahrnehmens. Er führt aus:

> »Wenn man irgendetwas »oral« erkennt, handelt es sich nicht, wie die Psychoanalyse glaubt, um den Ausdruck einer infantilen Libidostufe, sondern um das Auftauchen einer archetypischen Symbolwelt von grundlegender Bedeutung«.

Freud sah noch die psychische Entwicklung in erster Linie als eine reine Triebentwicklung an, die schließlich in der Fähigkeit einer funktionierenden Sexualität gipfelte. Hierauf bezog sich seine Libidotheorie. Es mußten in der persönlichen Entwicklung »Partialtriebe« entwickelt werden, die alle zusammengenommen eines Tages ein Rolle in der reifen Sexualität spielten, aber erst einmal gewissermaßen Stufe um Stufe gesondert erworben werden mußten. Die Hauptquellen ergaben sich aus bestimmten Organerfahrungen, die sich in ihrer Bedeutung abwechselten. Hierzu wurden verschiedene Stadien durchlaufen, worüber differenzierte Erlebnisbereiche erschlossen und eine spezielle Lustbefriedigung eintrat und die mit oraler, analer und genitaler Phase bezeichnet wurden. In den Weiterentwicklungen der Triebtheorie mußte die einseitige Prämisse, daß alles im Dienste einer späteren Integration zu einem Genitaltrieb stand, aufgegeben und erweitert werden. Es wurde klar, daß die erworbenen Erlebnis- und Handlungsmöglichkeiten überhaupt im Dienste des Individuums standen und grundlegende Beziehungsmöglichkeiten zu anderen Menschen (»Objekten«) und zu sich selbst (»Selbstpsychologie«) darstellten. So wurden Ergänzungen erforderlich, die sich in einer Objektbeziehungstheorie, einer Ich-Psychologie und einer Psychologie des Selbst niederschlug.

So steht Oralität eben nicht nur für orale Ersatzbefriedigung sondern für Expansivität (oral zugreifende und fordernde Impulse) als auch für Wünsche nach Nähe, Wärme und Geborgenheit vorzugsweise im Zweierkontakt (»Dyade«) und entspricht auf der Impulsebene wiederum »oral-passiven« Tendenzen der Psyche nach Versorgt- und Gefüttertwerden.

Der ungestörte Erwerb dieser phasenspezifischen Verhaltens- und Erlebensweisen ist außerordentlich bedeutungsvoll für die spätere Lebensentfaltung der Persönlichkeit. Sie können durch Einflüsse von außen – meist sind es die nahen Bezugspersonen – in bestimmter Weise blockiert und modifiziert werden (Schultz-Hencke 1970, spricht von »Hemmung«), so daß sie nicht mehr dem Betreffenden voll zur Verfügung stehen. Die charakteristischen Impulse werden entweder erst gar nicht gebildet oder, tauchen sie noch im Bewußtsein auf, werden sie blitzartig sofort verdrängt – zurück ins Unbewußte. Die daraus entstehenden Probleme können sich später im Leben im Einzelfall ganz verheerend auswirken und im Gefolge schwere Symptome hervorrufen als Ausdruck einer nicht adäquat zur Verfügung stehenden Reaktions-, Erlebens- und Verarbeitungsweise.

Depression als Selbstwertstörung

Die meisten Autoren sind sich heute einig, daß Störungen in der oralen Strukturentwicklung eine wichtige Basis abgeben für depressives Erleben und Handeln. So findet man tatsächlich in vielen Auslösesituationen typische Konflikte im Bereich dieser kurz skizzierten Oralität, da sie nicht adäquat zur Verfügung steht und dann in typischen Lebenssituationen zur Depression führt. Es ergibt sich aber noch ein weiterer und überraschender Befund. Es zeigt sich, daß die *Wertvorstellungen* über sich selbst, das positive »narzißtische Grundgefühl« eng mit geglückten Erfahrungen im Bereich der Oralität zusammenhängen, sowohl hinsichtlich einer erfolgreichen (oral-aktiven) Zuwendung zur Welt als auch hinsichtlich eines erlebten Versorgtseins in (passiv-oraler) Geborgenheit und Wärme, die eng assoziiert ist damit, »willkommen zu sein«. Eine Mutter, die sorgfältig ihr Kind ernährt, ernährt es zugleich auch »seelisch«. Das Kind bekommt das Gefühl, wichtig zu sein. Seine Impulse werden ernst genommen.

Hier erschient mir die wichtigste Nahtstelle zu liegen zwischen bestimmten Blockaden von oralen Impulsen und deren Verarbeitung zu Wertvorstellungen über sich selbst.

Ein Ich (als Zentrum unseres Erlebens und Handelns) das keine lustvollen Erfolge hat, die es in seinem Sein bestätigen, ist über kurz oder lang depressiv entleert. Erfolge und Bestätigung zu haben gehört zum Leben. Fehlt es an ihnen, erscheint bald manches oder alles im Leben »sinn-los«. Das Leben scheint keine Werte mehr bereit zu haben. Folgerichtig läßt sich auch bei jeder Depression im kleineren oder größeren Ausmaß eine narzißtische

Entleerung bzw. eine Beeinträchtigung im Selbst (Battegay 1985) feststellen. Bildhaft ausgedrückt ist das Selbst – das steuernde, Halt und Sicherheit gebende Zentrum der Persönlichkeit – »verdunkelt«. Die Beziehung hierzu ist depressiv blockiert. Das Selbst als gedachtes Zentrum der Person führt ein regelrechtes Schattendasein, ist also in seiner zentralen Funktion unentwickelt. Störungen auf dieser Basis können sich leicht zu einem Minderwertigkeitskomplex auswachsen. So erweist sich letztlich der gestörte Selbstwert als die entscheidende Quelle für die Ausbildung einer Depression.

Autoaggression

Ein wichtiger Punkt gehört hierher: Es ist das Phänomen der Autoaggression. Aus entwicklungsgeschichtlichen Gründen kann ein Mensch dazu kommen, sich keine Freude zu gönnen. Das einzige was er sich »gönnt« ist depressives Leiden oder Klagen. Dahinter kann eine große Angst vor Erfolg und lustvoller Freude stehen. In manchen Fällen läßt sich herausarbeiten, daß bei der Wendung gegen sich selbst – die bis hin zu ernsten suizidalen Tendenzen gehen kann – sich in Wirklichkeit ein Haß gegen eine unterdrückende Person – zum Beispiel aus der Kindheit – zeigt, dieser Haß aber aus Angst in dem Ziel abgelenkt und gegen sich – genauer gegen die verinnerlichte Repräsentanz des anderen – gewendet wird. Zur Autoaggression gehört auch die manchmal sehr ausgeprägte Negativität des Depressiven. Sie ist nicht immer leicht zu verstehen, wegen ihrer Destruktivität. Gelegentlich hat man den Eindruck, daß ein Bündnis mit einer negativen Kraft vorliegt, die auch darüber sogar eine gewisse Stabilisierung gibt. Man ist dann der Größte in seinem Leid. Nichts erreicht einen. Hilfe wird manchmal sogar abgewiesen. Als Therapeut hat man manchmal das Gefühl, »entmachtet« zu werden. Alle möglichen Interventionen und jedes noch so gut gemeinte »Verstehen« gleitet ab. Stark Depressive wollen nicht immer »empathisch« verstanden werden. Es gibt im Bereich der depressiven Störungen eine »machtvolle« Variante. So seltsam es klingt, aber die vermeintlich sichere Position des Analytikers, der aus einem Sessel heraus »alles zu verstehen« vermeint, kann sogar in der Tiefe des Depressiven Neidgefühle und Ärger wecken. Das sich einstellende Gefühl der Entmachtung in der Gegenübertragung ist daher durchaus auch diagnostisch einzusetzen. Tatsächlich geht es manchem Depressiven unbewußt auch um Macht. So ohnmächtig er nach außen scheint, innerlich, in seiner Latenz, ist er mächtig. Er ist beherrscht von einem »negativen Größenselbst«, von einer mächtigen, negativen Sichtweise, die neben aller Finsternis nicht ohne gewissen Stolz ist und sich auch »nichts sagen« läßt.

Projektion

Als typische Erscheinung bei depressiv Strukturierten findet sich die Projektion. Da bestimmte Lebensimpulse nicht in das Lebensgefühl der Depressiven hineinpassen, werden sie in andere projiziert. Der Depressive kann zwar die Welt apperzipieren, aber er nimmt seine Mitmenschen gewissermaßen als fressende Ungeheuer, als Wölfe wahr. Als Männer können solche Patienten die Frau als »verschlingende magna mater« wahrnehmen, wie Zander (1977, 458) diese Form der oralen Dämonisierung beschreibt. Meist bescheiden auftretend, und »altruistisch ihre Bedürfnisse an andere abtretend« finden wir in der Latenz der Depressiven meist Unmäßigkeit in ihren Wünschen und Trieben, denn sie tragen den verschlingenden Charakter des Wolfes (die aufgestaute Libido) in sich selbst. Der Depressive kann mit seinen Klagen enorm anstrengen, weil der »orale Sog« nach Zuwendung so deutlich gespürt wird. Wer läßt sich gerne zwingen? Andererseits möchte man etwa als Angehöriger helfen, gerade wenn sich der Betreffende in einer verzweifelten Lage befindet.

Im Zusammenhang mit der Thematik der Depression erscheint mir der Hinweis wichtig, daß die meisten depressiven Zustandsbilder Mischungen enthalten mit Symptomen auch aus dem Bereich anderer Neurosenstrukturen. Hierzu gehören Störungen aus dem zwanghaften Bereich (Grübeln, Kontrollzwänge, Phobien), aus dem hysterischen Bereich (u. a. Sexualstörungen, spezifische Ängste und gewisse Körpersymptome) und aus dem schizoiden Bereich (Unwirklichkeits- und Fremdheitsgefühle u. a.), was auch die Vielfalt dieser Krankheitszustände ausmacht. Auch ist eine enge Verwobenheit von Oralität und Analität von Geben und Behalten deutlich, wenn man sich vor Augen führt, daß ein Mensch, der früh das Gefühl hatte, zu wenig bekommen zu haben anale Züge, im Sinne einer Zwangsstruktur entwickelt: Das Wenige was er bekommen hat, möchte er behalten und nicht auch noch hergeben. Das Geben wird als Geste des Hergebens – als ein Verlust erlebt.

In der Depressivität wird also schneller verloren als gewonnen: Dies gründet sich unter anderem in einer »Werkzeugstörung«, in der Unfähigkeit, aggressiv im beschriebenen Sinne sein zu können. Dazu gehört, sich notfalls auseinandersetzen zu können. Da liegt aber für manche Depressive schon eine Gefahr: Das Wort »auseinandersetzen« impliziert ja schon die Möglichkeit des Verlustes. Auseinander-setzen heißt eben nicht, sich zusammen-setzen. Widerspreche ich, lege ich mich an, dann könnte ja der andere sich zurückziehen, ja mich verlassen. So würde aber ein hoher Wert verletzt werden, nämlich eine nahe Beziehung zu haben.

Hier wird ein *archetypisches Thema der Depression* berührt: Es ist die Sorge um den Erhalt der Beziehung. Dahinter steckt die *Angst vor Verlust und Trennung.* Der Erhalt der Beziehung ist aus vielerlei Gründen wichtig: Die Depressiven benötigen sie besonders, weil sie stark »objektorientiert« sind, von der Einstellung her also extravertiert ausgerichtet sind und im besonderen Maße auf Beziehung angewiesen sind. Ihr Selbstverständnis und ihre Selbstwertvorstellungen sind in einem außerordentlich hohen Maß davon abhängig.

Als Grund hierfür findet sich in ihrer eigenen Entwicklungsgeschichte, daß sie entweder in der Kindheit zu wenig positive Zuneigung bekommen haben und schon früh unter Opfer ihrer aggressiven Bedürfnisse sich ein Minimum sichern wollten, oder weil sie zuviel bekamen, weil sie verwöhnt wurden, was ihre Eigenständigkeit behindert hat: Auch hier muß dann im Erwachsenenalter Nähe unbedingt gesichert werden. Zugleich fällt es schwer, im Falle eines Verlustes oder einer Trennung sich neue Beziehungen zu verschaffen, weil ja auch hier die bestehende aggressive Hemmung, im Sinne des Aktivwerdens sich blockierend auswirkt.

C. G. Jung hat die hier sichtbar werdenden Aspekte der »Objektbeziehungen«, also die verschiedenen psychologischen Beziehungsmuster der Menschen untereinander nicht verfolgt. Er hat mehr auf die energetischen Abläufe und Gesichtspunkte innerhalb der Psyche hingewiesen, die sich bei Depressionen ereignen.

Die Persona bei Depressionen

Einige Autoren aus der Analytischen Psychologie haben auf weitere Aspekte der Depression aufmerksam gemacht. So weist Wilke (1974, 88) auf die Bedeutung der starren »Persona« (die Außenpräsentation) während der Depression hin. Hier wirkt der Depressive klein, schutzlos, erstarrt, klammert sich ängstlich an. Die Persona – ein Begriff aus der Jungschen Psychologie – ist als eine Vermittlungs- und Anpassungsfunktion an äußere Erfordernisse äußerst wichtig und ist als ein nach außen gerichteter Teil des Ichs anzusehen. Sie gibt auch einen gewissen Schutz nach außen. So spricht man im beruflichen Bereich etwa von der Persona des Arztes oder des Lehrers. Damit ist auch eine Rollenübernahme gemeint, die nicht alles zulassen kann und nicht alles zulassen muß. Urprivate Regungen und Meinungen, eigene Intimität, eigene Befindlichkeiten, Ängstlichkeiten und Verletzlichkeiten sollten nicht ständig sichtbar werden und würden sich auch oftmals störend im Kontakt bemerkbar machen. Sie genießen im Schutze der eingenommenen Rolle, der Persona, eine gewisse Integrität, an die nicht jeder heran kann. Auch vermag eine Persona, verbunden mit einem Amt, dem Ich eine Autorität zu verleihen, die es sonst nicht hat. Man denke nur an »Amtspersonen«, die die kollektive Macht des Staates vertreten, auch mit allen unerfreulichen Begleiterscheinungen, mit denen sie sich manchmal unnahbar machen.

Darum ist ein Amt, wie Jung sagt, so verführerisch, kann es doch eine Kompensation für persönliche Unzulänglichkeiten sein (GW 7, § 243ff).

Wird eine Rolle zu starr eingenommen, dann präsentiert sich eine merkwürdig unlebendige Persona, durch die die ursprüngliche Persönlichkeit nicht mehr durchschimmert. Die Persona wird dann zu einer Seelenmaske, zu der man auch keine Beziehung mehr bekommt. Das Ich und die damit verbundene Individualität, tritt dann fast unerkenntlich zurück. Wilke sieht (1974, 88) bei Depressiven in der typisch unlebendigen Persona eine spezifische Schutzfunktion. Sie soll vor den negativen Aspekten der Großen Mutter schützen. Sie macht sie gewissermaßen zu klein, unwürdig und schlecht, daß diese ihn fressen würde. Sie sind damit gewissermaßen »ungenießbar«.

Ich denke, daß hier eine typische Anpassungsfunktion beschrieben wird, die überhaupt charakteristisch ist für Depressive: Sie wollen nicht gefressen sondern gemocht werden. Da Zuwendung eine Selbstwert vermittelnde Funktion hat, wird alles dafür getan. Dies gilt sicherlich nicht nur der Großen Mutter gegenüber, hierzu können auch Väter und Brüder zählen, sofern sie psychologisch eine bedeutsame und zugleich konflikthafte Bedeutung erlangt haben. Die Persona als Anpassungsfunktion spielt sicherlich bei Depressionen eine überragende Rolle. Die Anpassung des Depressiven in einer Depression (und auch in »gesunden« Zeiten) kann soweit gehen, daß das Selbst, die Totalität des eigenen Wesens ein Schattendasein führt: Der Depressive ist sich selbst entfremdet, verleugnet sich gar. Aus Angst vor dem Verlust der scheinbar so wichtigen Zuwendung und Wertschätzung durch andere, *wird der Depressive zum Verräter an sich selbst.* Es tut einem weh, wenn man manchmal als Therapeut miterleben muß, wie stark sich Depressive knebeln und knechten. Sie bezichtigen sich wegen eines Versagens, etwa nach einer nicht bestandenen Prüfung, oder wegen eines Versäumnisses und unterdrücken ihre natürlichen Bedürfnisse nach Selbstachtung und Selbstversorgung in einem Maße, daß man als Angehöriger oder Therapeut betroffen reagiert. Sie bedenken sich nicht gut, als müßten sie durch äußerste Härte und Strenge gegen sich selbst das Gleichgewicht wieder herstellen. Hier wird zudem eine gnadenlose Gewissensinstanz, ein Über-Ich deutlich mit archaisch sadistischen Seiten, dem man sich unterwerfen muß. Man kann hinsichtlich der Zurückstellung des eigenen Wesens zugunsten einer Identifikation mit der Persona oftmals von einem brutalen, gewaltsamen Akt sprechen. Das eigene Selbst wird schlecht behandelt und führt ein schemenhaftes und schattenhaftes Dasein. Jung spricht in diesem Zusammenhang von einer »gewaltsamen Trennung vom ursprünglichen Charakter zugunsten einer willkürlichen, der Ambition entsprechenden Persona« (GW 9/I, § 274).

Der Neid der Götter: Beispiel für depressive Persona

In einer Gruppentherapie fiel mir eine 30jährige Teilnehmerin dadurch auf, daß sie in den Sitzungen, wenn sie nach ihrem Befinden gefragt wurde nur klagen konnte. Immer ging es ihr irgendwie schlecht. Entweder hatte sie Pech gehabt, man hatte sie schlecht behandelt, etwa schlecht bedient oder sonstwie mißachtet, oder es ging ihr gesundheitlich miserabel. Hier überlegte ich mir, ob sich in den Klagen vielleicht ein vehementer und bislang zu kurz gekommener Wunsch nach Mitleid und Zuwendung ausdrückte. Ich machte aber die Beobachtung, daß sie, wenn sie mit mir alleine sprach, durchaus emotional schwingungsfähig war und keinerlei Beschwerden vortrug. Auch nach den Stunden, draußen vor der Praxis, stand sie mit den anderen, sprach und lachte, als sei sie ganz unbeschwert. Es war sicherlich keine einfache »Maskerade«, sie spielte mir nichts vor, aber sie verfiel immer wieder in eine bestimmte Rolle, zeigte eine bestimmte depressiv-klagende Persona. Was verbarg sich dahinter? Ich konnte herausfinden, daß sie zu Hause unter den Geschwistern viel Konkurrenz, Neid und Mißgunst erlebt hatte. Sie hatte noch zwei ältere Brüder und zwei ältere Schwestern. Sie fühlte sich ihnen nicht gewachsen. Zu der Mutter bestand ein ambivalentes Verhältnis, weil diese oft depressiv und vermutlich unzufrieden mit dem Leben war. Zum Vater aber gestaltete sich die Beziehung etwas unproblematischer. Er war aber beruflich viel unterwegs. Wenn sie zusammen waren, dann zeichneten sie manchmal etwas gemeinsam. Es waren kostbare Momente des Zusammenseins. Sie bekam oft den Neid der Geschwister zu spüren, die gemerkt hatten, daß sie als Jüngste etwas bevorzugt wurde. So erklärte es sich nun, daß sie um ihre insgeheim gute Beziehung zu mir fürchtete, sie wollte sich diese nicht zerstören lassen und zeigte nach außen eine wenig beneidenswerte depressive Persona, um den »Neid der Götter« erst gar nicht zu provozieren. *Diese Angst auch vor unsichtbaren Göttern, nämlich den strengen Über-Ich Aspekten, spielt eine große Rolle bei Depressionen.* Sie leiden leicht an einem schlechten Gewissen. Dies zeigt sich darin, daß sie sich nicht trauen, sich zu sehr zu freuen, sich zu amüsieren oder nach außen zu zeigen, daß es ihnen gut geht. Die »Strafe der Götter« könnte auf dem Fuße folgen.

2.3 Diagnostische Probleme

> Das Thema der Einteilung der Seelenkrankheiten fängt an, zu den verrufenen Zielen der Forschung zu gehören. (Kahlbaum 1863)

Bei den depressiven Störungen unterscheidet man heute in der europäischen Psychiatrie vorwiegend rein seelisch bedingte, *psychogene Depressionen* von den *endogenen Depressionen*, die meist schwerer ausgeprägt sind, zum Teil phasisch verlaufen und bei denen eine erbliche Disposition vermutet werden kann. Die alte Bezeichnung der Melancholie für diese Depressionsform hat sich bis heute zwar noch gehalten, wird aber zunehmend verdrängt durch den Begriff der endogenen Depression, was schade ist, weil der alte Melancholiebegriff mehr an innerer Vorstellung wachrief. Es ergeben sich bei dem Krankheitsbild viele Hinweise auf eine erbliche Beteiligung. So kann man in der Familienvorgeschichte der Betreffenden auch gehäuft Depressionen und/oder

Manien finden. Beide Formen faßt man auch zunehmend zusammen unter dem Begriff der *affektiven Psychosen*, wie die manisch-depressiven Erkrankungen auch genannt werden, weil auch Wahnformen hinzukommen können. So etwa kann eine schwere – endogene – Depression durch einen hinzukommenden Schuld- oder Versündigungswahn oder durch die unerschütterliche Überzeugung, unheilbar krank oder verarmt zu sein, geprägt werden. Die depressiven Phasen dieser Krankheitsbilder verlaufen entweder monopolar (am häufigsten) oder etwas seltener bipolar, mit manischen und depressiven Phasen, während am seltensten nur manische Phasen beobachtet werden. Langzeituntersuchungen haben gezeigt, daß reine Manien äußerst selten vorkommen und es viel wahrscheinlicher ist, daß irgendwann einmal während des Lebens auch eine depressive Episode auftritt (Haug et al. 1996).

Die Manie ist gekennzeichnet – ich beziehe mich auf die internationale Klassifikation psychischer Störungen (ICD 10) – durch eine sorglos gehobene Stimmung, bis hin zu einer unkontrollierten Erregung. Es findet sich ein vermehrter Antrieb, mit Überaktivität, auffälligem Rededrang und vermindertem Schlafbedürfnis. Soziale Hemmungen gehen verloren. Die Selbsteinschätzung ist überhöht, Größenideen und maßloser Optimismus werden frei geäußert. Die betreffende Person kann überspannte und völlig realitätsferne Projekte unternehmen, bei denen sie sich nicht bremsen läßt.

Heißt denn nun die Diagnose einer endogenen Erkrankung, daß man an ein Schicksal gefesselt ist, dem man nicht entrinnen kann? Dies ist eine häufige Frage, die mir vorgelegt wird. Hierauf läßt sich mit einem klaren »Nein« antworten. Schicksal besteht ja immer aus zwei Komponenten: aus dem Teil, der mich prägt und aus dem Teil, der mir zur Gestaltung bleibt. Es hat sich gezeigt, daß auch die sogenannten endogenen Erkrankungen zu einem größeren Teil durch psychologisch relevante Auslösefaktoren zustande kommen. Früher glaubte man, daß endogene Erkrankungen in ihrem Verlauf unabänderlich seien. Man tröstete sich mit der Erfahrung, daß die manischen und endogen depressiven Krankheitsbilder ohnehin einen phasischen Verlauf hatten, das heißt in der Regel auf jeden Fall, mit oder ohne Behandlung wieder abklangen. Ich erinnere mich an ein Zitat eines alten Berliner Psychiaters, der bei Visiten zu seinen Assistenten, wenn er auf einen Maniker traf, zu sagen pflegte, »Det ist ne Manie, und wird wieder jesund«.

Als die Ära der Psychopharmaka kam, konnte man immerhin diese Leidenszustände mildern oder sogar weitere Phasen verhüten, etwa mit Lithiumpräparaten. Wie sich in den letzten Jahren gezeigt hat, lassen die Krankheitsbilder sich auch tiefenpsychologisch bei sorgfältiger Stellung der Indikation beeinflussen.

Eine *weitere Gruppe depressiver Störungen* findet sich bei körperlichen Erkrankungen wie Diabetes, Tumorerkrankungen und unter toxischem Einfluß, wobei man auch hier meistens einen reaktiven Anteil, im Sinne einer depressiven Verarbeitung erkennen kann.

Bei kurzfristigen äußeren Belastungen kann sich eine *reaktive Depression* einstellen, die nach Tagen bis Wochen wieder abklingt. Bei länger anhaltenden Belastungen können sich Chronifizierungsprozesse ergeben, bei denen also die Depressivität anhält. Man nennt sie dann *depressive Entwicklungen*. Hierzu zählen auch die sogenannten *Erschöpfungsdepressionen*. Bei stärkeren Störungen in der eigenen Vorgeschichte, die auf Mangelerfahrungen hinsichtlich Zuwendung, Liebe, Anerkennung beruhen, oder wo die betreffenden Menschen zuviel davon erfuhren, etwa durch Überbehütung und symbiotische Bindung, so daß sie verunsichert sind in ihrem Selbstbild, kann es ebenso zu einem gestörten Bezug zu sich selbst kommen. Das Selbst (die Gesamtpersönlichkeit) dieser Menschen kann sich nicht richtig entfalten. Die Betreffenden bleiben abhängig von anderen Menschen, suchen immer die Zuwendung, Bestätigung, Aufwertung und Anerkennung von außen, die sie sich so schwer selbst geben können.

Wegen der vergleichsweise stärker empfundenen und gefürchteten Enttäuschungen, Verletzungen, Kränkungen und Zurückweisungen, können sie auch immer wieder depressiv werden und fühlen sich auch schneller einsam und verlassen. Es resultiert eine *neurotische Depression* (oder depressive Neurose), wie diese Störbilder auch genannt werden. Einsamkeit und Verlassenheit werden auch deswegen stärker gefürchtet, weil es den Betreffenden in der Regel schwer fällt, neue Kontakte zu schließen, um den Mangel zu beheben. So stellen gerade Verlust- und Trennungserfahrungen typische Auslöser für depressive Störungen dar, weil sie besonders schlecht bewältigt werden. Dies basiert auf einer stärkeren narzißtischen Kränkbarkeit und Verletzbarkeit, wie diese Störungen im Selbstwerterleben auch genannt werden. Dieser narzißtische Störanteil stellt nach meiner Überzeugung den psychologischen Kern der meisten depressiven Störungen dar. Aufgrund der erlittenen Störungen in der Kindheit ist es nicht zu einem gefestigten Selbstbild gekommen. Eng damit zusammen hängt auch die eigene Identitätsbildung, die der eigenen Persönlichkeit ihr charakteristisches Gepräge gibt. Auch die Identitätsbildung kann im Falle depressiver und manischer Erkrankungen behindert sein. Der gestörte Selbstbezug ist ein Charakteristikum der depressiven Störungen.

Für die *endogenen, phasischen Depressionen* lassen sich auch sehr oft Auslöser finden. Im Grunde findet sich bei ihnen genauso eine Störbarkeit und Verletzbarkeit im Bereich der Selbstwertregulation. Bei eigenen tiefenpsychologischen Untersuchungen bei endogenen Depressionen und Manien habe ich regelmäßig psychische Auslöser gefunden mit einer Störung im Selbstbezug.

Bezüglich des Verlaufs hat man bestimmte Häufungsgipfel festgestellt, mit einem Maximum im Herbst, gefolgt von einem kleineren Gipfel im Frühjahr (Kielholz 1971). Diese Beobachtungen lassen eine Tendenz zur Rhythmizität erkennen und es wird hier die enge Verwobenheit psychischer Faktoren mit organisch-biologischen Vorgängen sichtbar. So gab es schon immer Bestrebungen, sich ein einheitliches Bild von den affektiven Störungen zu machen und organbiologische Befunde mit psychologischen Befunden zu verknüpfen. Ihren augenfälligsten Niederschlag haben diese Bestrebungen in einer ganzheitlichen

Betrachtungsweise, wie etwa in der Psychosomatischen Medizin, gefunden. Am ehesten werden wir diesen Krankheitsbildern gerecht, wenn wir uns für sie öffnen können, aus einer Bereitschaft heraus, zu verstehen.

Der alte Begriff der Melancholie

Halten wir inne: Auch wenn es angebracht ist und hier auch geschieht, eine Übersicht über die gängigen Einteilungen der emotionalen Störungen zu schaffen, um schon das Informationsbedürfnis zu befriedigen, so würde uns vieles, vielleicht sogar das Wesentliche entgehen, wenn wir nicht die damit verbundenen seelischen Zustände uns näher bringen würden. Sicherlich, man kann nicht ein Buch über Depressionen lesen (oder es schreiben) und alles gut verdauen, wenn man nicht immer wieder auf ein gewisses Abstraktionsniveau geht. Das geschieht schon zum Selbstschutz. Aber der alte Begriff der *Melancholie* hat etwas an sich, was verschiedene Assoziationen aufkommen läßt, denen man sich einmal überlassen sollte. Melancholie hat etwas mit Schwere und Dunkelheit zu tun. Die Betreffenden sind davon geprägt. Etwas Unerfülltes schwingt immer mit und nimmt mich auch gefangen, wenn ich mich darauf einlasse.

Das Prinzip des Unerfüllten, des nicht Erreichten macht auch einen gewissen Reiz aus, wenn das Bild der Schwermut nicht zu kraß ausfällt. Man möchte hinter ihr »Geheimnis« kommen. Was ist es, was zumal die stärker Depressiven gefangen hält? Sind nicht die Lieder von unerfüllter Liebe, von Sehnsucht und Schwermut, diejenigen, die am stärksten Anklang finden? Es ist die Sehnsucht von uns allen, die in den Liedern und Bildern, in Kunst und Musik und in der Literatur in uns zum Klingen gebracht wird. Und um nichts anderes handelt es sich bei den Gemütsstörungen. Sie treten auf als Ausdruck des Unerfüllten, des nicht gelebten Lebens. Ich hatte einmal einen Patienten in Behandlung, der kam allmählich aus seiner Depression heraus und bemerkte als erstes, daß er eine Lust verspürte. Er wußte nur nicht, auf was. Irgend etwas fehlte ihm, das konnte er mittlerweile erkennen. Dieses Gefühl, ja diese Sehnsucht kam auf, als er morgens zur Arbeit ging und wie immer an einem See vorbeiging. Diesmal ging er nicht achtlos daran vorbei. Als sich die Sonne so in dem See spiegelte, da spürte er dieses Sehnen und diese Lust. Wir konnten es herausarbeiten: Es war die Lust auf das Leben.

Der Philosoph Romano Guardini (1996) ist für mein Gefühl sehr nah an das Wesen der Schwermut herangekommen, wenn er schreibt, daß es eine besondere Sensibilität und Verwundbarkeit ist, die die Grundlage des Leidens abgibt. Diese Sensibilität macht den Menschen verwundbar durch die Erbarmungslosigkeit des Daseins. Was der Schwermütige im Grunde sucht ist die Liebe in all ihren Formen. Es ist die Suche nach dem Vollkommenen. Aber – dieses Verlangen nach dem Absoluten ist beim Schwermütigen mit einem tiefen Bewußtsein verbunden, daß es vergeblich ist.

Die Melancholie hat aber noch einen anderen Aspekt. Im Wortsinn verbirgt sich auch der griechische Begriff für Galle. Es ist die schwarze Galle, die für den Aspekt der im Dunklen verborgenen Wut steht. Im Schattenreich des Unbewußten findet sich bei den aggressiv gehemmten Depressiven ihre latente Aggression, die sich aufgestaut hat wie dunkle Galle und heraus will aber nicht heraus kann, und sich dann meistens gegen sich selbst wendet, voller Destruktivität und Negation. Und so finden wir im Begriff der Melancholie einen Doppelaspekt: Er enthält die Schwermut, die unerfüllte Sehnsucht, und er enthält die Galle – auch dies ein Aspekt des ungelebten Lebens.

Typus melancholicus

In der Psychiatrie wurde der Frage nachgegangen, ob sich bei den stärker Depressiven ein spezifisches Persönlichkeitsprofil nachweisen lasse, das gewissermaßen typisch ist für diese Erkrankungen. Der Psychiater Tellenbach (1983) erarbeitete ein solches Konzept durch subtile Beobachtung und bezeichnete die hierbei gefundene Merkmalskombination als »Typus melancholicus«. Er fand bei Melancholikern zwei besonders ausgeprägte Eigenschaften, nämlich eine penible Ordentlichkeit und einen über dem Durchschnitt liegenden Leistungsanspruch. Solche Menschen entwickeln psychische Störungen, bevorzugt schwere Depressionen, wenn sich nennenswerte Irritationen innerhalb ihres Ordnungs- und Leistungssystems ergeben, und zwar sowohl im Arbeitsleben als auch im Privatleben. In den genannten Bereichen auftretende Störungen werden von den Betreffenden besonders »schwergenommen«, weil sich dahinter hohe Ansprüche an sich selbst (hinsichtlich Leistung und Geltung) verbergen, die sie oftmals kaum erfüllen können. Die hohen Anforderungen an sich selbst haben meist mit einer damit erhofften stabilisierenden Wirkung auf das Selbstwerterleben zu tun. Auch hier finden wir wieder wie bei allen emotionalen Störungen im Zentrum das Problem des Selbstwertes und der Selbstachtung. Größere Erschütterungen des Systems, etwa durch einen Fehlschlag im beruflichen Sektor oder Störungen in der Ordnung mitmenschlicher Bezüge, können dann entsprechend zum Ausbruch der Depression führen.

Vor Augen führen muß man sich bei diesen Einteilungen immer wieder, daß sie »idealtypisch« sind. Meistens – und das macht den großen Variationsreichtum psychischer Störungen aus – finden sich Mischungen mit anderen Krankheitsbildern, etwa mit Angsterkankungen oder mit psychosomatischen Störungen. Diesem Umstand hat die Weltgesundheitsorganisation (WHO) Rechnung getragen, was schon kurz erwähnt wurde, und hat für den ärztlichen Gebrauch ein Klassifikationsschema entwickelt, das wiederum recht umfangreich geraten ist, allerdings den Vorteil bringt, daß nicht mehr Vermutungen über mögliche Ursachen einer psychischen Störung die Einteilung in bestimmte Diagnosen bestimmen, sondern daß rein deskriptiv vorgegangen wird unter Berücksichtigung des Zeitfaktors, etwa der Dauer der Störung. Dieses Vorgehen hat zumindest den Vorteil, sich bei der Diagnose nicht zu schnell auf hypothetische Konstrukte einzulassen.

2.4 Therapeutische Konzepte

Man weiß heute, daß nahezu alle psychischen Störungen psycho-therapeutisch wirksam behandelt werden können. Hierbei zeigt sich eine deutliche Überlegenheit der psychotherapeutischen Maßnahmen gegenüber rein medikamentösen Behandlungswei-sen, sowohl bezüglich der Depression als auch bezüglich der Schizophrenie (Federschmidt 1996). Bei schweren Krankheits-bildern ist oftmals eine Kombination von beiden Maßnahmen erforderlich. Für die meisten *neurotischen Depressionen* kann gesagt werden, daß sie sich grundsätzlich für psychotherapeuti-sche Maßnahmen (Einzel- und Gruppentherapien) eignen. Es müssen hierbei nicht immer gleich Langzeittherapien mit vielen hundert Stunden stattfinden. Man kann durchaus – etwa im Rahmen einer sogenannten Kurzzeittherapie von 25 Sitzungen – erfreuliche Ergebnisse erzielen.

Manisch-depressive Erkrankungen

Für Erkrankungen aus dem manisch-depressiven Formenkreis gelten einige Besonderheiten: Um zu einer fundierten Aufarbei-tung ausgeprägter depressiver und manischer Störungen zu kom-men, bedarf es großer Geduld und Zeit. Zu tief sitzen manchmal die Konflikte, als daß sie rasch erkannt und bearbeitet werden könnten. Grundsätzlich hängt es von den Zielsetzungen ab – nicht zuletzt auch von denen des Patienten. So erlebe ich häufig, daß eine aktive haltgewährende und stützende Therapie für den einen genau das Richtige ist, während für den anderen das Ein-dringen in die tieferen Ursachen geradezu als ein Gebot der Stunde erscheint, weil er merkt, daß er mit seinen bisherigen Ein-stellungen und Erlebnisweisen nicht mehr weiter kommt.

In der kassenärztlichen Versorgung haben sich seit Jahren in der Bundesrepublik Deutschland bestimmte therapeutische Vor-gehensweisen bewährt, die grundsätzlich für die Psychotherapie der verschiedensten psychischen Störungen gelten, und sind dort vertraglich vereinbart. Diese Psychotherapieformen unterschei-den sich erheblich in Dauer und Umfang voneinander. Deren

Nutzen und Wert hat sich vielfach gezeigt, so daß ihre Zielsetzungen grundsätzlichen Wert beanspruchen. In der Hauptsache sind es verhaltenstherapeutische und analytische Verfahren. Sie können auch auf ausgeprägte Krankheitsbilder, wie sie hier besprochen werden, Anwendung finden. Die Grundlage für therapeutische Vorgehensweisen ist für mich als Analytiker ein tiefenpsychologischer Ansatz, der also die unbewußten Konflikte und Motive zum Gegenstand des therapeutischen Vorgehens macht. Hierbei habe ich ein Behandlungsmodell entwickelt (1994), das von unterschiedlichen Zielsetzungen und Bedingungen ausgeht und sich hauptsächlich auf die psychotherapeutische Behandlung *affektiver Psychosen* – also endogene Depressionen und Manien, sowie Mischungen mit schizophrenen Störungen (sogenannte schizoaffektive Störungen) bezog. Dort beschrieb ich, daß das umfangreiche psychoanalytische Standardverfahren bei den schweren Gemütserkrankungen eher die Ausnahme darstellt, wegen der Besonderheiten der Persönlichkeit, etwa der zu berücksichtigenden Kränkbarkeit und Verletzbarkeit, der Abhängigkeitsneigung und der mangelhaften Frustrationstoleranz, die etwa die übliche *analytische Abstinenz* des Therapeuten (wenig aktiv und schon gar nicht direktiv sein, sparsam deuten) nur schlecht aushält. Vielmehr sollten abgewandelte Verfahren zur Geltung kommen, weil man diesen Patienten damit eher gerecht würde. Es erschien mir wichtig, zu zeigen, daß ein tiefenpsychologischer Ansatz bei den schweren Gemütserkrankungen überhaupt möglich war.

Ein größeres Interesse an einer tiefenpsychologischen Arbeit mit diesen schweren Krankheitsbildern schien noch bis vor einigen Jahren im psychotherapeutischen Bereich kaum vorhanden zu sein. Zu stark schienen diese Krankheitsbilder auch von biologischen Faktoren bestimmt zu sein. Immerhin gab und gibt es eine ganze Reihe von ermutigenden Ansätzen. Autoren wie Benedetti (1987), Mentzos (1991), Reimer (1995), Küchenhoff (1996) zeigen und unterstreichen die Bedeutung tiefenpsychologischer Vorgehensweisen auch bei den schweren und ausgeprägten und zum Teil erblich belasteten Krankheitsbildern.

Wichtig erscheint mir zunächst bei all diesen Verfahren, daß man sich eine psychodynamische Hypothese bilden kann über das Zustandekommen der Krankheitserscheinungen. Das gibt dem Therapeuten mehr Sicherheit. Auf Seiten des Patienten muß vor allem eine Bereitschaft und Fähigkeit vorhanden sein, sich zu ergründen und tieferen Zusammenhängen nachzugehen. Gerade bei phasischen Störungen, wie den sogenannten endogenen Depressionen und den Manien ist es wichtig zu erkunden, ob sich überhaupt ein psychodynamischer Ansatz findet, etwa eine psychologisch relevante Auslösesituation, die als persönlichkeitstypischer Verarbeitungsmodus aufzufassen ist gegenüber bestimmten Konfliktmustern. Dies ist gerade bei schwereren Störungen oft sehr verborgen und nicht leicht zu bestimmen.

Gelingt es nicht, eine dynamisch plausible Erklärung und Beschreibung der Krankheitsstörungen zu finden, dann ergibt sich kein Ansatz für eine tiefergehende Therapie, die sich ja gerade zum Ziel gesetzt hat mit psychologisch relevanten Fakten, etwa mit Beziehungskonflikten, oder Störungen in der Eigenbeziehung zu arbeiten.

Saisonelle Depressionen

Ich kenne zum Beispiel eine ganze Reihe von »saisonellen Störungen« – meist Depressionen, die immer in der dunklen Jahreszeit etwa ab November/Dezember beginnen, um dann im zeitigen Frühjahr wieder auszuklingen. Als ernstzunehmende Hypothese steht ein winterlicher Lichtmangel zur Diskussion. Licht hat offenbar eine hohe Bedeutung für die neurobiologische Regulation von Antrieb und Stimmung und manche Menschen erscheinen in diesem Bereich besonders störbar zu sein. Lichtmangel scheint dann zu relevanten Störungen zu führen. Aber – um sich ein Bild von der Variationsbreite und Kompliziertheit affektiver Störungen zu machen – auch in diesem Bereich habe ich Patienten erlebt, die offenbar doch mehr unter einem psychologischen Konflikt litten als primär unter echtem Lichtmangel. So habe ich mehrfach beobachtet, daß die dunkle Jahreszeit depressiv verarbeitet wurde, weil hiermit unbewußt wichtige

Faktoren assoziiert wurden, die nicht bewältigt wurden. In diesen Fällen konnte ich ermitteln, daß die dunkle Jahreszeit den Wunsch mobilisierte, Beziehungen aufzunehmen, Nähe und Wärme zu erfahren, was den Betreffenden aber aus Gründen ihrer Kontaktprobleme nicht gelang. So wurde die dunkle Jahreszeit zu einer Zeit schmerzlich-depressiv erlebter Einsamkeit.

In einem anderen Fall stieß ich als Grundlage einer Depression, die immer zu Beginn des Herbstes einsetzte, auf eine »anniversary reaction«. Es handelt sich um eigenartige Störungen, die sich immer zu einer bestimmten Zeit einstellen, ohne daß man zunächst die Ursache erkennt. Diese »Jahrestagsreaktionen« können dann zu krisenhaften Erlebnissen und Verhaltensweisen führen. Wenn man sie tiefenpsychologisch untersucht, dann stellt sich heraus, daß sie oftmals etwas zu tun haben mit einer – meist unbewußten – Reaktion auf Trennungs- und Verlusterlebnisse, die vor längerer Zeit zu diesem Zeitpunkt passiert waren (Haesler 1985, 211). Bei meiner Patientin hatte sich vor 5 Jahren der Ehemann aus der Ehe gelöst, um zu einer andern Frau zu gehen, was bei ihr zu einer grenzenlosen Enttäuschung und zu einer unbewältigten Wut und zu ausgedehnten depressiven Reaktionen geführt hatte. Interessanterweise war ihr das Trennungsdatum bis zu unserem Gespräch entfallen gewesen. Das nie richtig überwundene Verlusterlebnis meldete sich aber seither mit großer Regelmäßigkeit wieder.

Drei Behandlungssettings

Für die Behandlung endogen depressiver und manischer Störungen haben sich *drei unterschiedliche Behandlungssettings* bewährt. Es handelt sich einmal um das analytische Standardverfahren, das aber meistens einige Modifikationen benötigt, dann um die tiefenpsychologisch fundierte Psychotherapie, zu der auch Kurzverfahren wie die analytische Kurzzeittherapie mit ca. 25 Sitzungen gehören und schließlich die dynamisch orientierte Sprechstundenbehandlung. Diese drei settings können letztenendes auf alle affektiv-emotionalen Störungen angewandt werden und haben ihre eigene Indikation.

Es mag auf den ersten Blick überraschen, aber ein Großteil endogen depressiver und manischer Patienten kommt mit einem zeitlich kurzen Angebot zurecht. Es handelt sich in der Regel um Patienten, die auf längere Sicht begleitet werden müssen. Manche nehmen auch regelmäßig Antidepressiva ein oder zur Vorbeugung etwa ein Lithiumpräparat, was zu einem erstaunlich hohen Prozentsatz sogar das Auftreten weiterer Phasen verhindern kann. Diese Patienten wollen eine Anlaufstelle haben. Ein tieferes Eindringen in ihre Lebensgeschichte wird nicht gewünscht. Sie haben ein Arrangement gefunden, leben mit der Störung und können sogar recht gut damit umgehen. Wenn man die Patienten besser kennt, dann kann man im Sprechstundengespräch so manche Klippe rechtzeitig erkennen und im günstigen Fall auflösen. Dies gilt insbesondere für Manien. Es ist für die Betreffenden durchaus möglich, zu einer besseren Impulskontrolle zu kommen, so daß es gelingen kann, eine beginnende Manie – manchmal auch mit flankierender medikamentöser Unterstützung – wieder aufzufangen.

Behandlungsbeispiel

Eine Frau Mitte 50 hatte schon eine Vielzahl von meist 2 bis 3 Wochen anhaltenden Manien durchgemacht. Ein häufiger Auslöser ergab sich am Arbeitsplatz. Bei Geburtstagsfeiern hatte sie das Gefühl, daß sich die anderen Kolleginnen zusammentaten und sie ausgrenzten. Sie fühlte sich nicht gemocht sondern abgelehnt. Sie reagierte hierauf nicht mit Niedergeschlagenheit sondern ging in den Gegenpol! Sie reagierte mit einer zornig gereizten Stimmung, wurde hektisch und getrieben, verbreitete eine enorme Unruhe, die allen auffiel, reagierte spitzfindig und legte alles auf die Goldwaage, so daß es hierüber zu ernsten Auseinandersetzungen kam. In der Sprechstunde sprachen wir intensiv die Problematik durch. Sie lernte es, rechtzeitig ihre paranoid gefärbten Beziehungsstörungen zu ihren Kollegen am Arbeitsplatz wahrzunehmen, um sie dann mit mir zu besprechen. Sie fühlt sich in diesen Zeiten zutiefst verunsichert. Ich konnte sie dadurch stabilisieren, daß ich von außen – von einem neutralen Punkt her – für eine Versachlichung ihrer emotionalen Probleme sorgen konnte. Psychodynamisch betrachtet, wurde bei ihr durch die Arbeitssituation immer wieder ein alter Ausstoßungs- und

Verlassenheitskomplex aktiviert, den sie bisher sofort mit archaischer Wut manisch abwehrte. Sie war nämlich ein Adoptivkind, das von der leiblichen Mutter gleich nach der Geburt zur Adoption freigegeben worden war. Im Gespräch übernahm ich regelmäßig die Funktion der Realitätsprüfung, was ja bei diesen Zuständen besonders wichtig ist, woraufhin es ihr oft gelang, ihre depressiv-paranoiden Projektionen wieder zurück zu nehmen. Durch diese Gespräche konnten größere Konflikte am Arbeitsplatz abgewendet werden.

Als weiteres Verfahren bietet sich eine *tiefenpsychologisch fundierte Psychotherapie* an. Das Ziel liegt in einer Stabilisierung der Ich-Selbst-Beziehung in einem bestimmten Sektor, etwa im Erwerb von mehr psychosozialer Kompetenz. Hier reicht normalerweise eine Sitzung pro Woche aus. Es kommt dann nicht so sehr auf eine grundsätzliche Erhellung der Tiefenstruktur an – dies wird ja auch nicht immer gewünscht – sondern das Ziel liegt in der Verfestigung und Verankerung in den sozialen Bezügen, um ein besseres Standbein im Leben zu bekommen. Dies hat positive Auswirkungen auf das Selbstbild, es verbessert die Beziehung zu sich selbst. So hatte ich öfter Gelegenheit, begleitend behilflich zu sein bei der Berufsfindung und es kam in vielen Fällen darauf an, die Betreffenden zu einer realitätsgerechten Einschätzung ihrer Fähigkeiten und Möglichkeiten zu bringen. Wegen der zugrundeliegenden Selbstwertstörung neigen die Patienten nämlich oftmals dazu, durch Perfektionismus sich in ihren selbstgesteckten Leistungsanforderungen völlig zu übernehmen, was zum Scheitern führen kann und sogar wiederum zu neuen Krankheitsphasen führt.

Sehr wichtig erscheint mir auch eine zu Anfang der Behandlung bestehende insgesamt positive Gegenübertragung. Man muß sich vorstellen können, auch in schwierigen Zeiten eine längere depressive oder manische Phase mit dem Patienten durchzustehen. Für manische Phasen gilt, daß man über eine gewisse Kränkungstoleranz verfügen sollte, um die möglichen Entwertungen und Angriffe des Patienten besser zu ertragen. Der therapeutische Eros sollte hierfür stark genug sein.

Manche Autoren halten eine Manie in psychotherapeutischer Hinsicht für prinzipiell unbehandelbar. Das hat sich mir so nicht bestätigt. Gewiß sollte man die Behandlung nicht während einer blühenden Manie beginnen, wegen der noch fehlenden Beziehung. Aber gerade im freien Intervall läßt es sich sehr fruchtbar an dem manischen oder depressiven Potential und an der Steuerungsfähigkeit des Patienten, die sich ja bessern soll, arbeiten. Auch behandele ich Patienten aus dem manisch-depressiven Formenkreis selten im Liegen. Wegen der hohen Bezogenheit dieser Patienten zu ihren Bezugspersonen muß von vornherein ein verläßliches, klar konturiertes Gegenüber da sein, da sonst zu große Verunsicherungen auftreten.

Als *drittes Verfahren* eignet sich die Durchführung einer *analytischen Psychotherapie*, die eine höhere wöchentliche Sitzungsfrequenz erforderlich macht, wobei die Art der emotionalen Zuwendung des Analytikers sicherlich noch wichtiger ist als die Frequenz der Stunden.

Die Zielsetzung liegt im Versuch einer Reparation der »Ich-Selbst-Beziehung«. Sicher ein großes und schwer zu erlangendes Ziel. Hier kommt es sehr darauf an, die Begegnung mit dem »Schatten«, wie die dunklen und unentwickelten unbewußten Bereiche in uns genannt werden, fruchtbar zu bestehen: Es geht um die vertiefte Auseinandersetzung mit den eigenen tiefliegenden und oft unbewußten Aggressionen. Es geht um die Beschäftigung mit den Elternbildern und mit den frühen archetypischen Erfahrungen und Bildern eigener Größe und eigener Minderwertigkeit. Besonders im Falle der Manie kommt es sehr darauf an, daß der Patient aus seiner grandiosen Eigendrehung herausfindet und seine Beziehungsseite entwickelt, was ein mühevolles Unternehmen sein kann.

Umgang mit der Depression

Was wenig bekannt ist: Von C. G. Jung selbst stammen einige wichtige Hinweise und Vorschläge zum Umgang mit depressiven Zuständen. Er geht hierbei von seiner Libidotheorie aus. In seinem Aufsatz über die transzendente Funktion (GW Bd.8, § 166ff) nimmt Jung Bezug auf das bei Depressiven vorhandene niedrige energetische Niveau, wonach etwa bei einer Depression die Energie an falscher Stelle sitzt, nämlich im Unbewußten. Um an sie heranzukommen, empfiehlt er, als Ausgangspunkt der therapeutischen Prozedur sich voll und rückhaltlos auf den depressiven Stimmungszustand einzustellen. Man soll alle auftauchenden Phantasien und sonstigen Assoziationen schriftlich fixieren. Da diese Hinweise sich auf den Fall beziehen, in dem jemand alleine sich mit seiner aus dem Unbewußten aufkommenden Depressivität auseinandersetzen möchte, können wir auch die beschriebene Vorgehensweise erweitern und als Empfehlung durchaus auch auf therapeutische Situationen übertragen. Davon machen viele Therapeuten ohnehin schon Gebrauch, ohne direkte Bezugnahme auf Jung.

Auch meine Erfahrung mit dieser Vorgehensweise ist durchaus positiv. Der therapeutische Hinweis, sich ganz auf einen Stimmungsinhalt einzustellen und ihn kommenzulassen, führt meistens zu einer Belebung des Unbewußten. Durch die bewußte Hinwendung kommt es im Unbewußten zu einer Anreicherung und Verdichtung des (depressiven) Affekts, und des tieferen, auslösenden Motivs seiner Verursachung, womit sich dieser mit seinen Inhalten dem Bewußtsein annähert. Diese Arbeitsleistung allein kann schon einen günstigen und aktivierenden Einfluß haben. Hiermit ist ein Anfang der transzendenten Funktion im Jungschen Sinne getan, nämlich des Zusammenwirkens bewußter und unbewußter Daten. Die *transzendente Funktion* im Jungschen Sinne bedeutet eine synthetisch-kreative Leistung, die das Ich dadurch wandelt, daß es sich mit dem Unbewußten etwa über auftauchende Traumsymbole auseinandersetzt. Dadurch kommt es zu einer Überführung (»Trans-zendenz«) von einem bisherigen (etwa einer depressiven Position) in einen gereifteren gewandelten neuen Standpunkt.

Natürlich beschäftigt uns bei allen Therapien immer die Frage: »Was sorgt im Unbewußten dafür, daß dem Ich die Libido entzogen wird, ja das Ich so infiltriert wird, daß es sogar »verbündet« erscheint mit der depressiven Sicht und Haltung, die aus dem Unbewußten hochkommt? Wir können einen Komplex erwarten, der die Energie bindet und nicht freigibt. Die Komplexinhalte werden meist allmählich sichtbar über den therapeutischen Verlauf und über die rekonstruierenden Interventionen als Teil der analytischen Vorgehensweise des Therapeuten. Es wird meist ein Komplex sein, der etwas mit den Bereichen der Autonomie und der Selbstwertregulation zu tun hat, und sich hierauf negativ bremsend auswirkt. Meist ist es ein mangelhaftes Selbst-Bewußtsein, dessen Genese im einzelnen sehr unterschiedlich sein kann. Im Ergebnis heißt dies aber, daß das Selbst ein »Schattendasein« führt, das heißt sich nicht entfalten kann. Der Depressive ruht nicht in einem tragenden Grund, die Beziehung hierzu ist abgeschnitten und überlagert von nicht erfüllbaren hohen Erwartungen an sich selbst und an andere. Wir haben es mit einem »verdunkelten Selbst« zu tun, das sich nicht positiv entfalten kann.

Neben der Hingabe an den depressiven Affekt und der Empfangsbereitschaft für die sich einstellenden wegweisenden Assoziationen besteht noch eine weitere Möglichkeit zur positiven Auseinandersetzung mit den depressionsbewirkenden Inhalten. Sie liegt in einer bildnerisch-kreative Hinwendung zu den Inhalten des Unbewußten. Es kann zum Beispiel ein Bild gemalt werden – auch beim Fehlen zeichnerischer Talente, denn auf diese kommt es hier nicht an – das den aufkommenden Intuitionen folgt, ohne vorherige feste Themenfestsetzung. Es findet eine »*aktive Imagination*« statt, wie Jung den aktiv gestalterischen Umgang mit unbewußtem Material genannt hat (GW Bd. 8, § 403f). Diese führt zu einer natürlichen oder *spontanen Amplifikation*, im Sinne von Erweiterung des bisherigen Bewußtseins und Wissens durch analoges Material der zur Darstellung gebrachten Motive und hat schon für sich genommen einen entlastenden Charakter.

Diese Vorgehensweisen empfehlen sich nach meiner Auffassung vor allem bei partieller Distanzierungsfähigkeit von den depressiven Inhalten, wenn sie noch nicht die ganze Person überschatten und die depressive Haltung sich bereits zu sehr ausgebreitet hat. Ist jemand in diesem Sinne ausgeprägter depressiv gestört und trägt bereits entsprechend negativ getönte Argumente vor (»es hat alles sowieso keinen Zweck, was soll ich noch sagen, am besten mich gäbe es gar nicht mehr, auch Sie können mir nicht helfen«), dann ist ein kreatives Herangehen noch nicht möglich, dann befindet sich das Ich in Komplexidentität mit dem negativen, lebensverneinenden, depressiven und gegen sich gerichteten Affekt. Gerade die Düsterkeit und schwere depressive Negativität und die Selbstaggressivität stellen eine Herausforderung an jegliche therapeutische Bemühung dar, insbesondere wenn Suizidtendenzen aufkommen. Es muß dann in größter Geduld, eventuell mit häufigeren Sitzungen, die weitere Entwicklung des therapeutischen Prozesses mitgetragen werden, bis das Ich *den Mut findet*, sich von seinem verhexten Zustand (negative Komplexbesessenheit) zu befreien. Dies kann mythologisch bezeichnet einem »Heldenkampf« gleichkommen und stellt oftmals eine therapeutische Herausforderung allererstten Ranges dar. Bei schwerer Destruktivität ist manchmal eine stationäre Behandlung zum Selbstschutz des Betreffenden das Mittel der Wahl.

Psychopharmaka

Hier ist ein kurze Bemerkung angebracht zum Einsatz von Psychopharmaka, etwa von Antidepressiva. In Fällen großer subjektiver Qual, und wenn es der Patient auch selbst wünscht, zögere ich auch nicht, ein Antidepressivum (bei manisch-depressiven Krankheiten als Prophylaxe auch etwa Lithium oder Carbamazepin) einzusetzen, was eine Linderung der quälenden Beschwerden herbeiführen kann. Durch dieses Vorgehen wird auch keineswegs der erforderliche Leidens/Motivationsdruck genommen, der vonnöten ist, um sich fruchtbar und ausdauernd um die tieferen Quellen der Depression zu kümmern. Bei schweren, allgemein als endogen bezeichneten Depressionen stellen Psychopharmaka oftmals den einzigen Weg dar, um überhaupt Gesprächs- und damit Psychotherapiefähigkeit herzustellen.

3. ICH-SELBST-BEZIEHUNG UND DEPRESSION

Der Komplex der Selbstachtung und der Wertschätzung durch andere Menschen stellt für uns alle einen äußerst sensiblen Bereich dar. Normalerweise erwerben wir schon während unserer frühkindlichen Entwicklung ein gewisses Ausgleichsvermögen gegenüber Infragestellungen der eigenen Person, etwa in Form von Kränkungen und Verletzungen. Dieses Ausgleichsvermögen ist dann als Ausdruck einer intakten »Selbstwertregulation« zu werten. In der Tiefenpsychologie spricht man dann von der »narzißtischen Kränkungstoleranz«, über die jemand verfügt. Hierbei ist es naheliegend: Je abhängiger jemand von äußerer Wertschätzung, Anerkennung und Zuwendung ist, umso verletzbarer wird er und umso leichter wird er aus dem inneren Gleichgewicht gebracht und in Unsicherheit und Angst versetzt, weil er sich ja nicht selbst die notwendige Sicherheit geben kann. Charakteristisch für Depressive ist, daß sie über wenig narzißtische Kränkungstoleranz verfügen und leicht aus dem inneren Gleichgewicht zu bringen sind und zudem schnell bereit sind, sich selbst zu entwerten. So sind Selbstanklagen und eigene Schuldvorwürfe geradezu charakteristisch für Depressive. Die hiermit zusammenhängenden psychologischen Probleme des Selbstwertes sind in der Narzißmustheorie, wie sie als erstes von Freud entwickelt wurde, in der Folgezeit theoretisch bearbeitet und weiterentwickelt worden.

Man hört immer wieder, daß von C. G. Jung so gut wie keine Beiträge zum Problem des Narzißmus gekommen sind. Das ist formal richtig. Jung hat selten den Begriff explizit benutzt. Wohl nur fünfmal taucht der Begriff in seinen gesammelten Werken auf. Dies heißt nicht, daß er etwa nicht die übermäßige Selbst-Betonung und Beschäftigung mit sich – was heute nur als ein Teil des Narzißmusproblems aufgefaßt würde – als psychologisches Problem gekannt hat. So spricht er etwa in einem Aufsatz über das Liebesproblem des Studenten von einer »onanistischen Selbstliebe, die den Namen Narzißmus verdient« (GW 10, § 204). Oder an anderer Stelle rechnet er den Narzißmus neben den Begriffen der Regression, der Sublimierung, der Wunscherfüllung und der Verdrängung zu einer Lehre der Begehrlichkeit, wie sie für Freud typisch ist als ein Grundprinzip seiner Psychologie (GW 10, § 340). Es wird aber von hier aus verständlich, daß wegen seiner bekannten Distanzierung zu Freud dieser Begriff nur selten auftaucht, auch wenn ein Prinzip der Begehrlichkeit im Sinne einer Triebtheorie als psychologisches Faktum anerkannt wird.

Dennoch hat Jung wertvolle Beiträge für diesen Forschungsbereich geliefert, auch wenn dieser Umstand nicht sofort erkennbar wird, weil er sich dem Problem von einer ganz anderen Seite her angenähert hat. Das Narzißmusproblem, wie es sich heute theoretisch und therapeutisch darstellt, ist nämlich untrennbar mit einer *Psychologie des Selbst* verbunden, dem integrierenden Persönlichkeits- und Ganzheitszentrum des Menschen, wie es bereits Jung Anfang der zwanziger Jahre gesehen hat.

Die Psyche ist um Homoiostase, um Aufrechterhaltung des inneren Gleichgewichts bemüht. Ernsthafte Störungen in diesem Bereich können etwa auftreten, wenn eine Infragestellung des Wertes der Person auftritt. Wert und Wertschätzung der Person stellen eine sehr wesentliche und eigene Dimension dar, und prägen schon früh den Selbstbezug des Kindes. Sie lassen sich allerdings mit den Kategorien einer Begehrlichkeitstheorie nicht ausreichend beschreiben. So findet sich bei Jung eine Fülle von Beiträgen zu den Problemen des Selbst, die auch eine fruchtbare Basis abgeben können für eine Psychologie des Narzißmusproblems, wie es heutzutage behandelt wird. Hierzu ist zunächst ein kurzer Exkurs über die bisherigen Entwicklungslinien in der Freudschen Psychoanalyse angebracht.

Primärer Narzißmus,
Begriffsbestimmung in der Psychoanalyse

Freud hat noch in der Anfangszeit unter Narzißmus eine primäre libidinöse Besetzung des *Ich* verstanden (primärer Narzißmus), als normaler Vorstufe einer Objektliebe (GW 3, 43). Was haben wir uns darunter vorzustellen? Zur Veranschaulichung verwandte Freud das Bild einer Amöbe (Fließtierchen), die Teile ihres Körpers über sich bildende fußförmige Ausläufer nach außen fließen lassen kann. So auch der Säugling, der seine Liebe nach außen senden (Objektlibido) aber auch wieder einziehen kann in einen sich selbst genügenden Zustand (Ichlibido), der sogar primär – praktisch ab der Geburt – vorliege. Viele nachfolgende Autoren waren skeptisch gegenüber einer Vorstellung, daß ein Kind so unabhängig-autonom seine Liebesenergien auf sich zentrieren könnte. Zu groß erscheint schon beim Säugling ein angeborenes Bindungsstreben zu sein, das Liebe von außen erlangen will. So stellte Michael Balint (1966) dem primären Narzißmus ein eigenes Konzept einer »primären Liebe« gegenüber, wonach von Anfang an Strebungen nach Außen gehen, um geliebt zu werden. Die neuere Bindungsforschung (Dornes 1996, 204ff) hat die außerordentliche Bedeutung der frühen Mutter-Kind-Bindung – etwa für einen stabilen Bezug zu sich selbst – bestätigt und drei Bindungstypen herausgearbeitet: Sicher gebundene Kinder, vermeidend gebundene und ambivalent gebundene. Ein interessantes Ergebnis ist der empirische Nachweis der langfristigen Effekte der frühen Mutter-Kind-Beziehung. So zeigen sicher gebundene Kinder später ein adäquates Sozialverhalten, ein höheres Selbstwertgefühl und weniger depressive Symptome als vermeidend oder ambivalent gebundene.

Sekundärer Narzißmus

Freud kannte auch noch einen »sekundären Narzißmus«, der als Rückzug der narzißtischen Libido vom Objekt weg hin zu sich selbst aufgefaßt wurde. Dieser sekundäre Narzißmus stellte einen Schutz und Abwehrmechanismus dar, etwa gegenüber

Kränkungen und Zurückweisungen. Eine Vorstellung, die auch noch heute überwiegend akzeptiert wird.

Eine zunehmende Bedeutung in der Narzißmusdiskussion hat in den letzten Jahrzehnten im psychoanalytischen Sektor das *Selbst* erlangt, dem regulatorische Aufgaben – ähnlich wie sie Jung bereits schon in den zwanziger Jahren (GW 6, § 891) formuliert hatte – zugeschrieben werden. Vor allem steht *das Selbst im Dienste der Selbstwertregulation*. Dies ist der zweite Sinnzusammenhang, in dem heutzutage der Begriff Narzißmus und das Adjektiv narzißtisch gebraucht werden. Neben dem sekundären Narzißmus als Abwehr gibt es Verhaltensweisen und Äußerungsformen, die der Selbstwertregulation dienen. Beziehungsformen, die der Aufrechterhaltung oder Steigerung des Selbstwertgefühls dienen, nennt man »narzißtisch«. Mütter und Väter beispielsweise, die zur eigenen Aufwertung ihre Kinder zu bestimmten Leistungen bringen, haben demnach in diesem Sektor eine »narzißtische« Beziehungsform zu ihnen. Interessant ist, daß auch der bedeutendste Schüler Jungs, Erich Neumann, bereits den Narzißmusbegriff erweitert hat. Er spricht in diesem Zusammenhang lieber von »automorphen Haltungen« (1980, 46) als vom Narzißmus, und meint damit alle Gefühle, Haltungen und Wertungen der eigenen Person gegenüber, seien es die Selbstbejahung, Selbstsicherheit, das Selbstvertrauen oder sei es die Selbstverantwortung. Er wollte mit dem Begriff der »automorphen Haltung« den zu seiner Zeit noch anhaftenden negativen Beigeschmack von »Eigenliebe« und »Selbstbespiegelung« vermeiden. In dieser Hinsicht ist mittlerweile ein klarer Wandel im Narzißmusbegriff eingetreten.

Von den Anfängen des Narzißmusbegriffs bis zur modernen Begriffsbestimmung war aber noch ein langer Weg zurückzulegen. 1950 wurde von Heinz Hartmann (1972) der Begriff des Selbst in die Psychoanalyse eingebracht. Hierbei ging es um die »Selbstrepräsentanz«. Gemeint waren die Vorstellungen, die man sich über die eigene Person gebildet hatte. Sie lagen also im eigenen *Ich*. Im Gegensatz dazu stand die »Objektrepräsentanz«, die die Vorstellungen über die Objekte beinhaltete. Es liegt auf der Hand, daß der Begriff der Selbstrepräsentanz nicht das ganze Selbst meint, sondern im reflektiven Sinne die auf sich bezogenen Vorstellungen bedeutet.

Einen Schritt weiter ging Kohut (1973), der bei seinen Untersuchungen zum Narzißmus die zentrale Rolle des Selbst erkannte. Er faßte das Selbst als einen Kern der Persönlichkeit auf (1980, 668). Er unterschied drei Bestandteile, welche sich aus den Wechselwirkungen mit den frühen Bezugspersonen – den »Selbstobjekten« – bildeten:

1. Einen Pol, aus dem die Grundstrebungen nach Macht und Erfolg hervorgehen;
2. einen weiteren Pol, der die grundlegenden idealisierten Ziele beherbergt;
3. einen Zwischenbereich von grundlegenden Begabungen und Fertigkeiten, die durch den Spannungsbogen aktiviert werden, welcher sich zwischen Ehrgeiz und Idealen herstellt. Je nach den gemachten Erfahrungen bildete sich ein unterschiedlicher Grad an Kohärenz, an Festigkeit und Zusammenhalt des Selbst heraus – von kohärent bis fragmentiert. Das Selbst konnte als mehr oder weniger schwer beschädigte Struktur, als »Selbststörung«, hervortreten, was sich etwa in unterschiedlichen Graden von Vitalität – von kraftvoll bis schwach – und in Zuständen unterschiedlicher Grade funktionaler Harmonie – von geordnet bis chaotisch – zeigte.

Kohut kam dem Jungschen Begriff des Selbst als einem Zentrum der Persönlichkeit nahe, nahm aber nie Bezug auf ihn, was nicht ganz verstanden wurde und zu verschiedenen Mutmaßungen Anlaß gab. Etwa, daß er sich mit fremden Federn geschmückt habe, oder, daß es ihm mit Rücksicht auf seine Kollegen verwehrt schien, auf einen Nichtfreudianer Bezug zu nehmen. Es kann sogar sein, daß er Jung schlichtweg nicht gelesen hat. Wie dem auch sei. Bei beiden Autoren, Jung wie Kohut, kommt dem Selbst jedenfalls eine zentrale regulatorische Bedeutung zu, vor allem hinsichtlich des Selbstwerterlebens, worüber sich die enge Verzahnung mit dem Narzißmusbegriff erklärt. Der auf Kohut zurückzuführende Begriff »Größenselbst« (oder grandioses Selbst) meint ein normales Durchgangsstadium der kindlichen Entwicklung, in der überzogene Vorstellungen, Allmachtsphantasien, Größenvorstellungen in den Phantasien des Kindes eine wichtige regulative Rolle spielen zur Stabilisierung des Selbstgefühls. Auch der Erwachsene behält die frühkindlichen Selbstwert regulierenden Größenphantasien etwa in Tagträumen noch als Rest bei. Es hängt sicherlich von den erlittenen narzißtischen Defiziten ab, in welchem Ausmaß Größenphantasien später defensiv wieder eingesetzt werden (sekundärer Narzißmus) und die zwischenmenschlichen Beziehungen damit prägen und sogar befrachten.

Behandlungsbeispiel

Ein 40jähriger Büroleiter entwickelte ausgedehnte Tagträume im Rahmen seiner Beziehung zu einer Frau, die er als dominant und cholerisch erlebte. Wenn sie sich über irgend etwas aufregte, ließ sie ihre schnell hochkochende Wut heraus und wandte sich sodann kraß von ihm ab und ließ ihn allein. Das versetzte ihn immer wieder in große Verlustängste und Gefühle der Hilflosigkeit. Abends, wenn er Ruhe hatte, begann er zu phantasieren, daß ein Krieg ausbrach zwischen zwei mächtigen Ländern und er hatte eine wichtige Funktion als Oberbefehlshaber. Er konnte sich manchmal stundenlang in diesen Imaginationen ergehen, in denen lange und machtvolle Kämpfe ausgefochten wurden: Ganze Flugarmadas wurden in Bewegung gebracht, aber auch Panzerkolonnen wurden eingesetzt und walzten alles nieder. Interessant ist, daß er keine Verbindung herstellte zwischen seinen Phantasien und den zuvor erlittenen Kränkungen durch seine Partnerin. Das mußte erst in der Therapie rekonstruiert werden. Zu groß war seine magische Angst vor schädigenden Auswirkungen seiner Aggressionen auf die Partnerin, von der er sich andererseits so abhängig fühlte und die ihm »erhalten« bleiben mußte. So spaltete er die Aggressionen ab. Die Partnerin hingegen verkörperte psychologisch gesehen seine Latenz, seine Anima, die er noch nicht leben konnte. Seine Partnerin ließ ihre Energien ohne jegliche Reue und Skrupel einfach raus, wenn ihr etwas nicht paßte, während er sich in jeder Hinsicht ängstlich kontrollierte. Bei meinem Patienten mußten die aggressiven Energien in einen kollektiven Raum überführt werden und dort »abgearbeitet« werden. Psychologisch gesehen fand eine Teilinflationierung des Ich durch den Archetyp des Selbst statt, und der persönliche Konflikt wurde »entpersönlicht« und zu einem archetypischen Thema der Aggression erweitert, was angesichts seiner aggressiven Hemmung den einzigen Ausweg bot, den aggressiven Stau los zu werden, ohne ihn gegen die Partnerin zu richten.

Eine solche, wie ich es nennen möchte »Archetypisierung« von Konflikten ist öfter zu beobachten, wenn der Konflikt nicht in einem ich-nahen Raum gelöst werden kann, weil sich das Ich als zu schwach für die Aufgabe erweist.

Zur Stabilisierung des Selbstgefühls ist schon in der frühen Entwicklungszeit von großer Bedeutung, daß eine positive Spiegelung von Seiten der Eltern stattfindet. Es ist der berühmte »Glanz im Auge der Mutter« (Kohut) als Ausdruck für eine bestätigende Resonanz, innerhalb derer sich ein stabiles Selbst bilden kann. Solche stabilisierenden Erfahrungen hatte der Patient in seiner Kindheit, die von viel Gleichgültigkeit geprägt war, nicht machen können.

Die weiteren Entwicklungsschritte sind beim Kind normalerweise dadurch bestimmt, daß es durch das wachsende Realitätsbewußtsein gezwungen ist, seine Omnipotenzphantasien schrittweise aufzugeben. Nun wechselt das Kind zur Regulation seines Selbstwerterlebens über zu Formen der Idealisierung beziehungsweise Identifizierung mit wichtig und mächtig erscheinenden Objekten. Durch Identifizierung sichert es sich gewissermaßen eine Teilhabe an der Macht. Bekommt das Kind zu wenig Aufmerksamkeit im Sinne einer mangelhaften Spiegelung, können sich Störungen im gesunden Selbstwerterleben einstellen. Störungen im Selbstwerterleben sind also immer narzißtische Störungen. Man kann nach meinem Eindruck im Grunde bei jeder seelischen Störung sich gesondert den narzißtischen Störanteil ansehen: etwa auch bei Angst- und Zwangsstörungen, denn dieser Störanteil ist immer in einer bestimmten Weise am Krankheitsgeschehen mit beteiligt.

Von grundlegender Bedeutung ist der narzißtische Störanteil bei Depressionen jeglicher Genese. Die Aussage von Mentzos (1990, 184), daß die *Herabsetzung der Selbstachtung* der psychodynamische Kern des depressiven Syndroms ist, deckt sich mit meinen klinischen Erfahrungen. Wie es aber im einzelnen zur Herabsetzung des Selbstwertgefüges kommt, kann im höchsten Grade unterschiedlich sein. Ein wesentliches Element scheint hier auch die Aggression zu sein. Depressive richten die Energien nach innen. Sie haben es nicht gelernt, adäquat aggressiv zu sein. Auch hier wird der Selbstwert nicht wahrgenommen, erst recht nicht nach außen vertreten.

Zusätzlich muß man sich klar machen, *daß nicht jede narzißtische Störung automatisch zu einer Depression führen muß*. Narzißtische Störungen können bei extremer Verletzlichkeit sich auch in Wut und Haß gegen das vermeintlich abwertende Objekt äußern, dort direkt zum Ausbruch kommen oder aus inneren Gründen wie im obigen Beispiel, wenn mehr depressive Verarbeitungsweisen hinzukommen, abgespalten oder ins Körperliche verschoben werden. Beim depressiv strukturierten Menschen ist wegen der grundlegenden Blockierung im aggressiven Bereich nicht mit direkten narzißtischen Kränkungsreaktionen in Form von Wut und Haß zu rechnen. Diese Affekte stehen ihm nicht zur Verfügung, sondern sind eher versteckt oder werden gegen sich selbst gerichtet in Form eben von Depression, von Selbstanklagen oder in Form von Krankheit, als Ausdruck einer negativen, gegen sich gerichteten Energie.

Narzißtische Störungen können sich ferner auch in unterschiedlichen Charakterentwicklungen äußern (Kohut 1973), mit extremen Abhängigkeitsneigungen, permanenter und nie richtig erfüllter Neigung zur Idealisierung und Idealen (»nach Idealen hungernde Persönlichkeiten«), mit heftig eintretenden Enttäuschungsreaktionen und Entwertungen, wenn die Erwartungen nicht erfüllt werden. Es gibt auch Verläufe mit ausgeprägten Verschmelzungssehnsüchten, bei denen die Betreffenden mit allen möglichen Mitteln ihre Partner zu kontrollieren versuchen, um nur einige Beispiele zu nennen. Ein frühes Verlassensein, ein Fehlen von liebevoller umsorgender Spiegelung ist hier die Ursache für solche Beschädigungen und Verwundungen in der Selbstwertregulation. Die Jungianerin Kathrin Asper (1990) hat sehr subtil die frühe Verlassenheit und Selbstentfremdung dieser Menschen beschrieben.

Die Selbstpsychologie und die Überlegungen von Kohut haben therapeutische Zugänge ermöglicht, auch zu schweren Störungen, wie sie zu Freuds Zeiten noch nicht vorstellbar erschienen.

Wie haben wir uns das »Selbst« im Sinne der
Analytischen Psychologie C. G. Jungs vorzustellen?

Die Frage nach einem steuernden Zentrum in uns ergibt sich zwangsläufig, wenn man sich einfach klingende Fragen aufwirft, etwa: Wer ist der Träumer unserer Träume. Wer ordnet die Lebensmotive in uns an und steuert seelische Entwicklung und seelisches Wachstum? Wer reguliert unseren emotionalen Haushalt? Worin liegt die Quelle unserer Triebe? Solche Fragen bilden sich, wenn man gewahr wird, wie kompliziert seelische Prozesse ablaufen. Wir stoßen hierbei auf die Frage nach den Ordnungsprinzipien unserer Psyche. Es muß einen psychologisch wirksamen Faktor geben, der eine regulatorische Aufgabe übernimmt und das seelische Geschehen insgesamt lenkt und leitet, es ausbalanciert und stabilisiert. Diese Fragen begleiteten Jung schon lange, wobei er über die Beschäftigung mit den Archetypen und geprägt von seiner Selbstauseinandersetzung auf einen anordnenden Faktor im Unbewußten stieß, den er das Selbst nannte. 1921 (GW 6, § 810) schrieb er:

»Ich unterscheide daher zwischen Ich und Selbst, insofern das Ich nur Subjekt meines Bewußtseins, das Selbst aber das Subjekt meiner gesamten also auch der unbewußten Psyche ist. Insofern wäre das Selbst eine ideelle Größe, die das Ich in sich begreift.«

Fragen der Identität

Das Selbst hat für unsere Psyche steuernde, bewahrende und erhaltende Qualitäten. Es kann aber auch als umfassendes, regulierendes Ganzes aufgefaßt werden, das in sich Bewußtes und Unbewußtes enthält. Darüber hinaus hat es auch etwas mit Kontinuität zu tun. Durch alle Entwicklungen und Wandlungen hindurch, in der Pubertät, Adoleszenz, in der Lebensmitte und im Alter bleiben wir doch »wir selbst«. Wir stoßen hier auf eine interessante Qualität des Selbst, die etwas mit Kontinuität und damit eng verbunden mit *Identität* zu tun hat. Die Identität ist ein hervorragendes Merkmal unseres Selbst Die eigene Unverwechselbarkeit – unser Selbst – ist hierbei aber noch durch ein weiteres Merkmal verankert: Es ist unsere Geschlechtszugehörigkeit. Die Geschlechtsidentität kann als Spezialfall einer umfassenden Selbstidentität aufgefaßt werden.

Wir müssen uns vor Augen halten: Kein Selbst existiert isoliert, sondern vielmehr als männliches und weibliches Sein. Und dieses Seinsgefühl ist zutiefst mit dem Körper verbunden und hierauf bezogen. Beide Bereiche bilden eine psychosomatische Einheit. Störungen im einen Bereich führen auch zu Störungen im anderen Bereich. So gehört für mich der körperliche Bereich zum Bereich des Selbst dazu. Der Körper ist das materialisierte Gegenstück zur Psyche, der »sichtbare Anteil« des Selbst. Der Begriff des »Körperselbst« meint in diesem Verständnis dann lediglich einen bestimmten Aspekt des Selbst, soweit es mit Körperlichkeit, mit ganzheitlich körperlichem Erleben zu tun hat. So hat das Selbst neben einer Bedeutung als Zentrum auch »umfassende« Eigenschaften. Es umschließt als psychosomatische Einheit neben der Körperlichkeit die bewußte und unbewußte Psyche.

Jung hat unbekümmert in seinem Werk von beiden Betrachtungsmöglichkeiten – Selbst als Persönlichkeitszentrum, Selbst als umfassende Größe – Gebrauch gemacht, je nachdem welcher Blickwinkel den Sachverhalt besser beschrieb. Hierbei zentrierte er sich mehr auf den psychologischen und weniger auf den körperlichen Aspekt.

Das Selbst erscheint entsprechend in der Symbolik in Mythen, Märchen und Träumen in der Figur der übergeordneten Persönlichkeit, wie König, Held, Prophet, Heiland etc., oder eines Ganzheitssymbols wie Kreis, Viereck, quadratura circuli und Kreuz. Es kann darüber hinaus als Ausdruck einer geeinten Gegensätzlichkeit und erlangten Ganzheit auftauchen, wie das Tao als Zusammenspiel von ying und yang. So erweist sich das

Selbst in diesem verschiedenen Aspekten als Archetyp des Zentrums und der Ganzheit der Person (GW 6, § 891). Bei *Depressionen* aber auch bei Manien finden sich nach meiner Erfahrung praktisch immer Störungen nicht nur in der Selbstwertregulation sondern überhaupt im Selbstbezug und hierzu gehört auch die eigene Identität. Ich möchte sie als zentrale Wirkfaktoren beim Zustandekommen von Depressionen und Manien ansehen: Weil gegebenenfalls das Selbst zurückgestellt wird zugunsten des Anderen, um im Falle der Manie sich umso stärker, ja unangemessen stark wieder zu melden.

Wir können also bei der Beschreibung und dem psychologischen Verständnis der Depression vier verschiedene Betrachtungsebenen einnehmen:

1. Wir können vom Narzißmus ausgehen und ermitteln, in welcher Weise und in welchem Umfang der Selbstbezug, genauer der Selbstwert und die Selbstachtung gestört ist.

2. Damit einhergehend können wir untersuchen, welche triebpsychologisch relevanten Störungen dabei aufgetreten sind. Meistens sind es Störungen im aggressiven Bereich: der Betreffende kann nicht adäquat nehmen und fordern (zugrunde liegt dem ein oraler Komplex, gleichzusetzen mit einer »oral-aggressiven Störung«). Ferner kann der Betreffende eventuell auch nicht adäquat behalten und Nein sagen (Störungen im sogenannten anal-aggressiven Bereich, oder analer Komplex). Da beide Störungsformen dicht beisammen liegen, erklärt sich damit auch die Häufigkeit der Kombination von zwanghafter und depressiver Neurosenstruktur bei Depressionen. Viele Depressive haben eine zwanghafte Seite.

3. Untrennbar mit den triebpsychologischen Aspekten ist die Art der bestehenden Objektbeziehungen. Nähe, Bestätigung, Anerkennung und Aufwertung des Anderen ist wichtig für das eigene Selbstgefühl, ja ist sogar so wichtig, daß Abhängigkeitsgefahr besteht, weil die Selbstdefinition davon abhängig gemacht wird. Ein Objektverlust – etwa durch Trennung oder Tod – bedeutet dann höchste Gefahr. Die »bescheinende Sonne« fällt

weg. Das Selbst kann nicht aus sich heraussein und leuchten und gibt dem Ich keine ruhende, selbstgewisse Kontinuität. Alleinsein wird mit Verlassensein gleichgesetzt. Entwicklungsgeschichtlich gesehen stecken dahinter entweder Mangelerfahrungen, etwa die Elternfiguren waren tatsächlich zu wenig präsent, oder das Kind wurde zu sehr symbiotisch gebunden und okkupiert, so daß es nicht frei und autonom sein kann.

4. Schließlich können wir das Depressionsgeschehen auf einer energetischen Stufe betrachten, wie es Jung tat: Das Ich ist in entscheidenden Momenten, wo es auf Selbst-Annahme und Selbst-Entfaltung ankommt, blockiert. Die Libido wandert vom Ich ab ins Unbewußte und ist dort von einem Komplex gefangen. Eine Ichentleerung ist das Resultat. In all diesen Fällen ist das Bewußtsein über sich selbst, über die eigenen Möglichkeiten blockiert. Es besteht ein mangelhaftes Selbst-Bewußtsein, das Selbst ist verdunkelt, es führt im wahrsten Sinne des Wortes ein kümmerliches »Schattendasein«.

Wie schon erwähnt, hat Jung höchst selten vom Begriff des Narzißmus Gebrauch gemacht, bezieht sich aber an anderen Stellen – worauf auch Mario Jacoby (1985, 89) aufmerksam macht – sehr wohl auf das Phänomen des gesteigerten oder verminderten Selbstbewußtseins, das dem heutigen Verständnis vom Narzißmus unbedingt entsprechen würde. So beschrieb er schon 1916 (GW 7, § 221), also vor über achtzig Jahren, zwei unterschiedliche Reaktionsweisen des Ich im Umgang mit dem Unbewußten im Rahmen der Therapie:

»Der Prozeß der Assimilation des Unbewußten führt zu merkwürdigen Erscheinungen: die Einen bauen damit ein unverkennbares ja unangenehm gesteigertes Selbstbewußtsein oder Selbstgefühl auf, sie wissen alles, sie sind vollständig auf dem laufenden in bezug auf ihr Unbewußtes. Sie glauben ganz genau Bescheid zu wissen über alles, was aus ihrem Unbewußten auftaucht. Auf jeden Fall wachsen sie mit jeder Stunde dem Arzt weit über den Kopf. Die anderen werden aber heruntergestimmt, ja erdrückt von den Inhalten des Unbewußten. Ihr Selbstgefühl vermindert sich, und sie betrachten mit Resignation das Außerordentliche, welches vom Unbewußten produziert wird«.

Diese beiden Reaktionsweisen kompensieren sich bei näherem Hinsehen:

> »So finden wir, daß hinter dem optimistischen Selbstgefühl des ersteren eine ebenso tiefe, oder besser gesagt, noch viel tiefere Hoffnungslosigkeit liegt, zu der sich der bewußte Optimismus wie eine schlecht geratene Kompensation ausnimmt. Hinter der pessimistischen Resignation des letzteren aber liegt ein trotziger Machtwille, der an Selbstsicherheit den bewußten Optimismus des ersteren noch um ein Mehrfaches übertrifft.«

Unangemessene Macht und Potenz, vielleicht verbunden mit einem »stolzen, grandiosen Auftreten« auf der einen Seite, tiefe Hilflosigkeit auf der anderen Seite. Diesen beiden Reaktions- und Einstellungsweisen angesichts der Begegnung mit dem Unbewußten liegt letztlich eine gemeinsame Ursache zugrunde (GW 7, § 225):

> »Die Überheblichkeit des Einen und der Kleinmut des Andern haben das Eine gemein, nämlich eine Unsicherheit über ihre Grenzen. Der eine dehnt sich übermäßig aus, der andere verkleinert sich übermäßig. Wenn wir nun berücksichtigen, daß infolge der seelischen Kompensation eine große Demut dem Hochmut zu allernächst steht und daß ›Hochmut immer vor dem Fall kommt‹ so können wir hinter der Überheblichkeit leicht auch Züge eines ängstlichen Minderwertigkeitsgefühls entdecken.«

Die Quelle in beiden Reaktionsformen läge also bei der Unsicherheit gegenüber den eigenen Grenzen! Dies bezeichnet ziemlich genau eine gestörte Beziehung zum eigenen Selbst, dessen Ausdehnung, Wertigkeit und Bedeutsamkeit nicht richtig eingeschätzt wird. Dies ruft Unsicherheit und Angst hervor, mit denen unterschiedlich umgegangen werden kann. Angesichts einer gestörten Ich-Selbst Beziehung treffen wir hier im Kern zwei Reaktionsformen an, wie wir sie ausgeprägt im Krankheitsfall der Depression und der Manie finden!

Verschiedene Störmöglichkeiten im Selbst

Wie sich aus den Ausführungen zum Selbstbegriff ergibt, sind verschiedene Störmöglichkeiten im Selbstbezug denkbar. Es kann die gesamte Einstellung des Ich zum Selbst gestört sein und schlägt sich nieder in einer globalen »schlechten« Einstellung zu sich selbst. Das eigene Selbst erscheint minderwertig. Wir hätten es mit einem »globalen Minderwertigkeitskomplex« zu tun.

Die negative Einstellung kann sich aber auch nur auf den Körper oder auf Körperteile (des Körperselbst) beziehen. Die Betreffenden finden sich dann unattraktiv, zu dick oder zu dünn, zu groß oder zu klein. Der berühmte Minderwertigkeitskomplex ist konstelliert. Es können groteske Verzerrungen in der Selbstwahrnehmung eintreten wie bei der Magersucht, bei der die Betreffenden sich immer noch zu dick fühlen, auch wenn sie nur noch 38 Kilo wiegen, wobei betont werden muß, daß sich hinter einer Magersucht die unterschiedlichsten Hintergründe finden lassen.

Der Minderwertigkeitskomplex kann sich auch auf die expressive Seite beziehen: man kann sich nicht darstellen, sich zeigen sich öffnen. Hiermit sind Schamaspekte besonders häufig verbunden.

Die Minderwertigkeitsaspekte können auch das eigene Geschlecht betreffen. In solchen Fällen wurde die eigene Geschlechtsrolle nicht gefunden: Es hat sich keine stabile psychosexuelle Identität ausgebildet, was zu ausgeprägten Beziehungsstörungen und depressiven Reaktionsformen Anlaß geben kann.

Identitätsstörungen und Sinnkrisen

Wir stoßen bei der Betrachtung des Minderwertigkeitskomplexes, etwa in seinen sexuellen Auswirkungen, erneut auf den Bereich der *Identität*, der für mich immer gesondert betrachtet wird, wenn ich mich mit depressiven und manischen Störungen befasse. Die Identitätsfrage gehört für mich zu den psychologischen Kernelementen in der Auseinandersetzung mit dem Depressionsproblem. Der Begriff der Identität wird im analytischen Schrifttum verschieden gehandhabt und es gibt nach meiner Kenntnis noch keine zusammenfassenden Arbeiten, die sich mit den Auswirkungen des Identitätsbegriffes auf die verschiedenen Bereiche der Persönlichkeit auseinandersetzt, wie etwa im sexuellen Bereich, im Bereich anderer Triebe, im Beziehungsbereich, bei Sinnkrisen oder bei den verschiedenen Lebensabschnitten. Jung verwendet diesen Begriff nicht im Kontext einer persönlichen Identität, in dem Sinne, daß jemand ein einigermaßen funktionierendes Selbstverständnis (seine persönliche Gleichung) entwickelt und gefunden hat. Vielmehr charakterisiert Jung (GW 6, § 821f) mit dem Begriff der Identität mehr die Tendenz des Unbewußten, zwei unterschiedliche Sachverhalte als »gleich« anzusehen. Etwa in den frühen Entwicklungsstadien ist das Kind wegen der mangelhaft ausgeprägten Fähigkeit zur Subjekt-Objekt-Differenzierung noch »eins« mit der Mutter. Dieser Sachverhalt des Einsseins ist nach Jung aber auch in der erwachsenen Psyche und zwar im Unbewußten anzutreffen, wo mit manchen Sachverhalten, etwa mit elterlichen Haltungen und Einstellungen, immer noch ein »Gleichsein« zu finden ist.

Beim Identitätsbegriff müssen wir aber diese Betrachtungsweise erweitern und auch das Phänomen der *persönlichen Identität* berücksichtigen. Diese ist hier vor allem gemeint, wenn ich den Identitätsbegriff verwende. Es geht um die »innere Gleichung«, um die Einmaligkeit und Unverwechselbarkeit der Person. Trage ich diesen unverwechselbaren Eigentümlichkeiten meiner Person Rechnung, sind sie mir bewußt, dann kann die Identitätsbildung als einigermaßen geglückt angesehen werden. Identität und Individualität gehören für mich inhaltlich eng zusammen. Bei affektiven Störungen, wie Depressionen und Manien findet sich nach meiner Erfahrung immer auch eine Störung im Bereich der persönlichen Identität. Es finden sich mehr oder minder große Unsicherheiten, etwa hinsichtlich der Selbsteinschätzung und Selbstbewertung und der Wahrung persönlicher Interessen. Je weniger ich mich wert fühle, um so weniger tue ich etwas für mich, berücksichtige ich mich, erkenne ich meine Strebungen und Ansprüche ans Leben und handele danach. Man kann also feststellen, daß auch *das Verhältnis zu sich selbst das Identitätsgefühl prägt.* Vernachlässige ich mich, etwa aus Gründen eines Minderwertigkeitskomplexes, dann führt auch mein Identitätsgefühl ein graues und unlebendiges Schattendasein. Ein positives Identitätsgefühl erteilt meinem Selbst erst die notwendige Konsistenz und Präsenz. Es hängt davon ab, wie meine Stellung zu mir selbst ist.

So wird die Betrachtung über die Entstehung von affektiven Störungen, von Depressionen und Manien erst abgerundet, wenn die Rolle des Selbst auch hinsichtlich der *Identitätsfrage* betrachtet wird. Man kann sich schlecht vorstellen, wie eine intakte Beziehung zu sich selbst aussehen soll, wenn sie nicht Hand in Hand geht mit einer gefestigten Identität. Identität ist hier auch im existentiellen Sinne gemeint, wie Erikson es formuliert hat (1980, 40), nämlich als eine Kontinuität des eigenen Seins. Hierzu gehört ein Unverwechselbarkeits- und Einheitsgefühl. Eingeschlossen hierin ist auch die geschlechtliche Identität. Störungen im Bereich der geschlechtlichen Identität können durchaus Depressionen nach sich ziehen.

Man ist natürlich nicht immer »stimmig« mit sich. Wer das von sich behauptet, ist nicht realistisch und macht sich etwas vor. Nicht in jeder Frage des Lebens haben wir einen gefestigten Standpunkt. Immer wieder kommen wir – auch entwicklungsbedingt – in Krisen, wo neue Standpunkte und Standortbestimmungen stattfinden müssen. So bedeutet auch Identität ein lebendiges Geschehen, ein Prozeß, der sich immer wieder Herausforderungen stellen muß. Hieran kann man wachsen.

Sinnfragen

Mit der Identitätsfrage häufig gekoppelt ist die Sinnfrage. Wenn jemand nach dem Sinn zu fragen beginnt, so kann natürlich ein philosophisches Interesse dahinterstecken. Es kann aber auch aus einer quälenden Situation heraus geschehen: »Was hat das Leben (noch oder schon) für einen Sinn?«. Die Frage nach dem Sinn gehört zu den Fragen, die sich wohl jeder in seinem Leben schon mal gestellt hat oder häufig weiterhin stellt. Wer diese aus der Not geborenen Fragen als Therapeut auch nur ansatzweise versuchen wollte zu beantworten, beginge einen großen Fehler. Denn der Patient bringt nur zum Ausdruck, daß er keinen Sinn, keine Perspektive mehr sehen kann. Was für viele sinnvoll wäre, erreicht ihn nicht.

Mit Sicherheit geht es um Werte im Leben, die vielleicht gar nicht genau benannt werden können, aber die augenscheinlich in der Situation des Fragens nicht vorhanden sind.

Was mich als Therapeut – wenn ich dieser Frage begegne – daher am meisten interessiert: Wie ist der Betreffende zu dieser Frage überhaupt gekommen. Was müßte denn sein, daß der Betreffende das Leben wieder als sinnvoll anerkennen könnte? Was beschäftigt ihn, was quält ihn? Antworten kann ich ihm nicht anbieten, ich kann nur anbieten, zu ergründen, was es mit der Frage für ein Bewandtnis hat. Bei schweren Depressionen taucht die Frage meist nur noch als Ausdruck einer inneren Leere auf, die furchtbar schwer auszuhalten ist. Sie ist Ausdruck für eine Stagnation in der Zeit. Es wird nicht mehr am Lebensfluß teilgenommen. Es werden keine Perspektiven sichtbar. Die Aktivität ist erlahmt. Es fehlt etwas, was das Leben sinnvoll erscheinen ließe. An dieser Stelle fällt mir ein Wort von Paul Tillich ein, das den psychologischen Sachverhalt der Sinnfrage deutlicher werden läßt: »Der Mensch kann fragen, weil er getrennt ist von dem, wonach er fragt«.

Menschen, die sich in einer Sinnkrise befinden, sind offensichtlich abgetrennt von einer Sinnerfüllung. Und diese ist sicherlich für jeden Menschen unterschiedlich definiert. Man kommt hier weiter, wenn man sich genauer die Bedingungen ansieht, unter denen die Sinnfrage zustande kam. Einige Möglichkeiten sollen hier näher betrachtet werden. Die Frage kann zum Beispiel anläßlich bestimmter Ereignisse, etwa Trennung oder Verlust von einem nahestehenden Menschen auftreten und legt dann Zeugnis davon ab, daß die eigene Lebensdefinition eng, vielleicht zu eng mit dem Partner oder Angehörigen verbunden war. Die Sinnfrage kann aber auch an der Schwelle zu neuen Lebensabschnitten auftreten und ist dann als Ausdruck einer Unsicherheit in der inneren Orientierung zu werten. Hierzu sollen nachfolgend zwei

Lebensbereiche genauer erörtert werden: Die Adoleszenz, an der Schwelle zum Erwachsenenleben, und die Schwelle des Alters.

In der *Adoleszenz* sind Sinnkrisen im Grunde normale Krisen, worauf auch Erikson (1980, 13) hinweist. In der Adoleszenz kommt es darauf an, die eigenen Standorte und Werte zu finden und sich mit dem Hergebrachten, mit den Werten der Eltern, der Schule der Gesellschaft, auseinanderzusetzen. Mythologisch betrachtet steht diese Entwicklungszeit unter der Dominanz der Heldenfigur, die sich befreit von herkömmlichen Meinungen und Bindungen, vieles hinterfragt und sich eventuell kritisch abgrenzt von Familiensystemen. Oft führt diese Suchbewegung zu einem eigenen Weg. Manchmal führt dies zu einem bizarren Individualismus, indem nur geäußert werden kann, was einem nicht paßt (»no future«) aber noch schlecht eigene Wertvorstellungen entwickelt werden können. Hierbei geht es entwicklungsbedingt um die Differenzierung und Verselbständigung des Ich aus den Elternkomplexen. Hierzu gehört die Überprüfung der Rollenerwartungen, die an einen von außen heran getragen werden oder die man sich selbst auferlegt.

Nun macht es unsere Zeit den Menschen besonders schwer, zu einem eigenen Standpunkt zu finden. Zu viele Informationen prasseln auf einen ein, zu viel Druck wird ausgeübt von einer Konsum- und Werbeindustrie. Die »Vernetzung« von allem mit allem macht vor nichts mehr Halt. Man muß sich üben im Widerstand und im Abschalten der ungebetenen Informationsflut. Das eigene Selektionsvermögen ist angesagt. Um aber »selektiv« vorgehen zu können, bedarf es gereifter Standpunkte oder zumindest eines guten Kritikvermögens. Im Erwerb dieser Fähigkeiten fühlen sich aber viele junge Menschen im Stich gelassen.

Nicht umsonst haben radikale Polit-Strömungen, Psychokulte und Psychosekten einen solchen Zulauf: Weil sie ein Aufgehobensein versprechen und die Vermittlung von »Werten« und von »Sinn« verheißen. Von ihnen geht oft ein magnetischer Sog aus, weil der Bedarf so hoch ist und weil hier auch der Erwerb von »Identität« winkt, zumindest einer kollektiven Identität, die weiteres Ringen und Suchen überflüssig erscheinen läßt. So ist es nicht leicht, zu eigenen tragfähigen Standpunkten zu kommen. In einer Diskussion mit angehenden Psychotherapeuten machte ein jüngerer Kollege darauf aufmerksam, daß der klare strenge Ritus der katholischen Kirche viele Menschen anzieht, weil hier die Beziehung zur Transzendenz in einen klaren Ritus einbezogen ist, in dem man sich aufgehoben und geborgen fühlen kann. Hier ist der Umgang mit dem Göttlichen traditionell verankert, was Sicherheit geben kann. Die evangelische Kirche erscheint manchen zu nüchtern und verzichtet zu sehr auf vermittelnde Bilder. Ich denke, daß in unserer heutigen Kultur die Identität als Christ erheblich erschüttert ist, wenn sie nicht sogar verloren zu gehen droht. Eine kollektive Identität in diesem Sinne, eine Verankerung in einem Umgreifenden als sichere Basis ist aber für viele Menschen – ich nehme sogar an für alle – von großer Bedeutung.

Größere Störungen im Bereich der Identitätsfindung – auch außerhalb des Glaubensraumes – haben nach meiner Erfahrung immer auch Auswirkungen auf unsere emotionale Verfassung, die sich bis zur Depressivität auswachsen kann. Gewöhnlich sind stärkere Identitätsstörungen auch durch Symptome eines unsicheren Realitätsgefühls gekennzeichnet, etwa durch Fremdheitsgefühle hinsichtlich der eigenen Person und hinsichtlich der eigenen Situation, etwa im Bereich der Außenweltsbezüge, was gemeinhin tiefenpsychologisch als »Depersonalisation« beziehungsweise als »Derealisation« bezeichnet wird. Diese Störungen kommen besonders häufig in der Pubertät und Adoleszenz vor. Die Frage – »wer bin ich eigentlich« – kann zu einem drängenden Problem werden, und äußert sich dann in jeweiligen Krisen. Viele Störungen im Bereich der Pubertät und der Adoleszenz, aber auch in der Lebensmitte und im Alter, beruhen auf Identitätskrisen und können sich sogar in heftigen psychotischen Reaktionen äußern.

Aber auch an der Schwelle zum Alter ergeben sich neue Aufgaben und Ziele, mit der Notwendigkeit der inneren Neuorientierung. *Eine tragende Identität muß im Leben immer wieder aufs neue erworben werden.* Gelingt dies nicht, dann können depressive Störungen die Folge sein. Dabei kann eine zentrale Identität, die Kontinuität des eigenen Seins im Eriksonschen Sinne, durch alle Lebensabschnitte hindurch bestehen bleiben. Identitätsstörungen müssen ja nicht gleich ein psychotisches Ausmaß mit Fragmentierung des Selbst bekommen.

Was heißt im höheren Lebensalter zum Beispiel die Feststellung: Ich bin alt geworden? Das deutet schon auf Begrenzung und Grenze hin: Daß etwa die Kräfte und die Attraktivität nachlassen, sich Krankheiten einstellen können und die Horizonte der Lebensplanung sich einengen. Die Verminderung und Verschmälerung der Lebensfülle ist immer bitter und gibt sicherlich Grund zu Wehmut und angemessener Trauer. Manche Menschen können aber einfach nicht akzeptieren, daß sie in diesem Sinne »alt« sind, daß bestimmte Dinge zu Ende gehen. Zu unangenehm erscheinen die persönlichen Einbußen, an Leistungskraft an äußerer Schönheit, so daß die Auseinandersetzung mit der »neuen« Identität, die ansteht, nicht geführt wird. Es will sich immer noch das *alte Selbstbild* durchsetzen. Gerade im kollektiven Bewußtsein unserer heutigen Zeit scheint die »Jugendlichkeit« zum Kult erhoben zu sein. Es wird ein physischer Optimismus kultiviert, der alles für machbar und erreichbar erklärt. Da ist kein Raum für Probleme, für Orientierungskrisen, für Sinn – und für Wertfragen.

Neben den häufigen Problemen des Alleinseins im Alter zeigt es sich aber auch oft, daß Depressionen an der Altersschwelle etwas damit zu tun haben, daß der bisherige Lebensentwurf zu eng definiert war und nun nicht mehr hält.

Behandlungsbeispiel

Eine 66jährige Frau suchte mich auf wegen einer Depressivität, die schon seit einigen Monaten anhielt. Es handelte sich um eine immer noch recht attraktive Frau. Sie hatte viel Beziehungen zu Männern gehabt. Heiraten wollte sie aber nie, da sie sich die Rolle als Ehefrau Mutter und Hausfrau nicht vorstellen konnte. Sie hatte immer viele und meist jüngere Liebhaber gehabt, die ihr Bewunderung und Bestätigung entgegenbrachten. Sie lebte und zehrte innerlich davon. Es stellte sich heraus, daß sich nun vor kurzem ein Mann von ihr gelöst hatte, wegen einer anderen, jüngeren Frau. Das versetzte ihr einen gehörigen Schlag. Erkannte sie doch zum erstenmal in voller Klarheit, daß sie alt geworden und nicht mehr so attraktiv war. Bislang hatte sie sich offenbar mit dem Problem nicht beschäftigen müssen oder es vor sich hergeschoben. Sie mußte nun den jüngeren, schöneren und attraktiveren Konkurrentinnen den Platz frei machen. Erschwert wurde hier die Therapie durch den Umstand, daß sie bislang ihr Selbstbild und ihren Selbstwert vollständig abhängig gemacht hatte von äußerer Bewunderung. Beziehungen waren bislang nur über diese Schiene gelaufen. Ihre bisherige schöne und attraktive Persona (ihre Außenpräsentation) war also ihr einziges »Lebenskapital« gewesen, das ihr die entsprechenden Gratifikationen gab. Nun hielt die Persona nicht mehr, was sie sich von ihr erwartete. Sie wurde depressiv.

Es bestand jetzt die Aufgabe, zu einem neuen Selbstbild, zu einer »neuen« und angemessenen Identität zu kommen. Ein wichtiger Schritt in dieser Richtung gelang ihr, als es ihr möglich wurde, alleinsein zu können. Sie hatte bislang das Alleinsein gehaßt als unliebsame Erscheinung und stagnierte in einer extravertierten Haltung. Nun begann sie zaghaft sich mehr zu bedenken, wurde introversiver und kaufte sich zum Beispiel auch mal einen kleinen Strauß Blumen, den sie sich auf den Tisch stellte. Nur eine Bagatelle, die man vergessen kann? Nicht in diesem Fall. Es zeigte sich, daß sie sich in dieser Hinsicht total vernachlässigt hatte, ja geizig zu sich gewesen war, wie auch folgender Traum zeigte:

Ich kam in meinen Keller, der sah völlig vernachlässigt, ja verwahrlost aus. Ich wunderte mich, daß ich so lange nicht mehr da unten gewesen war. Es hielten sich in einem kleinen Stall kleine Tiere – ich glaube Katzen – auf, die zu verhungern drohten, weil ich mich nicht mehr um sie gekümmert hatte. Ich bekam ein schlechtes Gewissen und wollte sie versorgen.

Es ging in diesem Traum um die Wiederentdeckung eines »in Vergessenheit« geratenen Zuganges zu sich. Dieser Zugang mußte, wie es der Traum schilderte, über den Keller, über ihr Unbewußtes genommen werden. Hier befand sich ihr Schattenthema: Ihre unentwickelten Seiten, die zu verhungern drohten. Es waren elementare Bedürfnisse etwa der Selbstannahme und der Fürsorge für sich.

In allen Fällen einer Depression finden wir eine gedrosselte seelische Energie. Die Libido kann nicht fließen, sie ist in bestimmten Bereichen blockiert, gelangt nicht zum Ich, das dadurch dynamisch entleert, eben depressiv ist. Wie es zu solchen Blockaden kommen kann, was im einzelnen den Energiefluß lähmt, kann bestimmt werden aus einer Kenntnis über die frühe Entwicklungszeit, in der sich spezifische Ereignisse und Erfahrungen erstmals gebildet haben. In jedem Falle führen die spezifischen Störungen dazu, daß das Selbst sich nicht entfalten, eine stabile Beziehung des Ich zu sich selbst, ein fürsorglicher und kreativer Umgang mit sich selbst teilweise oder gar nicht erlangt und entsprechend auch nicht gelebt werden kann. Das Selbst liegt dann im Schattenbereich der Seele und ist verdüstert.

Aber auch eine »manische Entblockierung« mit Überflutung des Ichs mit Größenselbstvorstellungen bis hin zum Größenwahn ist Ausdruck des gestörten Selbstbezuges. Auch hier ist das Selbst »verdunkelt«, nicht mehr richtig erkennbar. »Er ist nicht mehr er selbst«, oder: »Er ist nur noch ein Schatten seiner Selbst«, ist der treffende Ausdruck, der angesichts solcher Störbilder gemacht wird. Kathrin Asper (1990) hat insbesondere die hiermit zusammenhängenden narzißtischen Störbilder, die keineswegs immer mit Depression oder Manie einhergehen müssen, sehr einfühlsam und gründlich dargelegt. Verbleibt genügend aggressive Energie, und wird nicht depressiv blockiert, dann kommt es anstelle der Depression zu energetisch aufgeladenen Reaktionen wie Wutaffekten oder wie im Falle der Manie zu länger anhaltenden Erregungen, die die ganze Persönlichkeit überfluten.

In besonders einprägsamer Weise zeigt sich mir diese Problematik eines verdunkelten nicht mehr erkennbaren Selbst im Mythos vom Narziß, auf den hier ausführlicher eingegangen wird. Er zählt für mich zu den grundlegenden Mythen für das Verständnis der Depression mit der damit zusammenhängenden mangelhaften Selbstannahme und den daraus resultierenden Identitätsproblemen.

3.1 Der Mythos vom Narziß

Die älteste überlieferte dichterische Gestaltung des mythischen Stoffes stammt von Ovid. Er war auch der erste, der die Narziß-geschichte mit dem Schicksal der Nymphe Echo verband und so dem Mythos eine besondere Note verlieh.

Ovid wurde 43 v. Chr. geboren und starb im Jahr 17 n. Chr. Er lebte zunächst in Rom und widmete sich ganz der Dichtung, was er aufgrund seines väterlichen Erbes ohne materielle Probleme tun konnte. Seine Metamorphosen, in die der Narziß-mythos aufgenommen wurde, sind Geschichten der Wandlung. Als Grundlagen dienten ihm die bekannten Mythen des klassischen Altertums, die auf ihre Weise uns noch heute eine reiche Kenntnis des griechischen Mythos ermöglichen. Sie handeln von den Wandlungen und Umwandlungen der menschlichen und göttlichen Dinge in Mineralien, in Tiere und Pflanzen und verbinden sie mit Motiven des Schicksals und der Leidenschaften. Um ein Haar wäre uns von seinen Metamorphosen nichts überliefert worden. Er verbrannte sein Manuskript voller Wut über eine Verbannung ans Schwarze Meer, die ihn auf Veranlassung des Kaisers traf. Er scheint als Mitwisser in einen Sittenskandal verwickelt gewesen zu sein. Zum anderen hatte er vermutlich mit seinen Liebeselegien das Mißfallen des Kaisers (Augustus) hervorgerufen. Seine Schüler bewahrten aber eine Kopie des Manuskripts, so daß das Werk erhalten blieb.

Die Verarbeitung des Narziß-Stoffes im Mittelalter und in der frühen Neuzeit stand hauptsächlich unter dem Aspekt einer hoffnungslosen Liebe. Narziß stand als Beispiel »für ein durch Illusion getäuschtes Opfer, für die gefährliche Hingabe an zeitliche, vergängliche Schönheit und für einen wegen seiner Lieblosigkeit Gestraften« (Frenzel 1992, 567). Der Narzißmythos hat mit seiner ihm eigenen Faszination zu allen Zeiten die Phantasie von Dichtern und Künstlern angeregt. Eine Verbindung mit dem Problem der Selbstliebe und der Identität wurde erst in der Neuzeit, im Rahmen von tiefenpsychologischen Interpretationen, hergestellt.

Schon einige Jungianische Autoren haben sich um eine Interpretation dieses Mythos bemüht: Asper (1990), Edinger (1972), Seidmann (1978), Jacoby (1985), Schwartz-Salant (1982) oder M. Stein (1976), um nur einige zu nennen, haben jeder auf seine Weise Akzente gesetzt. Im Kern, da sind sich alle Jungianischen Autoren einig, enthält der Mythos nicht das Muster einer reinen Selbstbespiegelung oder Selbstliebe, sondern die Dinge liegen komplizierter (Jacoby 1985, 25).

Mich selbst hat der Mythos angesprochen, weil er deutliche Berührungen mit der Depressionsthematik zeigt, die sich in spezifischer Weise in drei Punkten wiederfindet:

1. in der im Mythos sichtbar werdenden Beziehungsproblematik,
2. in der Identitäts- und Selbstfindungsproblematik und
3. in dem hierbei sichtbar werdenden depressiven Verarbeitungs- und Reaktionsmodus.

Den Mythos kann man grundsätzlich von der narzißtischen Seite her beleuchten, wie es fast alle Autoren tun, aber auch von seiner depressiven Problematik her, wie ich es hier getan habe. Dies ist möglich, weil beide Betrachtungsebenen einen gemeinsamen Hintergrund haben, nämlich in der Frage der Ich-Selbst Beziehung und der Selbstwertregulation. Analytisch gesehen, beschreibt grundsätzlich das Narzißmusproblem zunächst einmal den allgemeinen Rahmen der Selbstwertproblematik, einschließlich spezifischer Formen der Abwehr gegen Verletzungen des Selbstwertgefüges (sekundärer Narzißmus), die sich ja nicht in Depression äußern muß, während *die Depression einen eigenen Modus des Erlebens und Verarbeitens von Selbstwertstörungen darstellt.* Der Hauptunterschied zwischen depressiver und narzißtischer Abwehr bei Störungen des Selbstwertgefüges liegt im Umgang mit der seelischen Energie. Der depressiv strukturierte Mensch kann im Gegensatz zu den Menschen mit »reinen narzißtischen Störungen« keine Energien, etwa Wut und Haß gegen den Aggressor entwickeln. Im Gegenteil, er entzieht sich sogar die Energien.

Es folgt hier zunächst eine Wiedergabe des Mythos. Zugrundegelegt wird die Übersetzung von Breitenbach (Ovid 1971). Die sonst noch verbreitete Übersetzung von Heinrich Voß (Ovid 1990) erscheint mir vom Informationsgehalt her – nicht von der dichterischen Qualität – ungenauer. Wichtige Ereignisse, etwa die Tatsache, daß die Mutter von Narziß gewaltsam geschwängert wurde und somit Narziß ein uneheliches und ungewolltes Kind ist, sind so nicht erkennbar.

Die bläuliche Nymphe Liriope gebar dem Flußgott Cephisos, der sie in sein Flußbett gezogen und gewaltsam geschwängert hatte, ein Kind, »welches damals schon Liebe verdiente und nannte es Narcissus«. Sie wandte sich an Theiresias, den berühmten Seher des Altertums, und begehrte etwas über die Zukunft ihres Kindes zu erfahren, insbesondere, ober es ein höheres Lebensalter erreichen würde. Da gab der zur Antwort: »Ja, wenn er sich fremd bleibt«.

Dieser rätselhafte Spruch wurde lange nicht verstanden. Narzissus reift heran und wird von Knaben und Jungfrauen begehrt:

»Sechzehnjährig war er geworden, der Sohn des Cephisos, und bald schien er ein Knabe zu sein, bald wieder ein Jüngling. Liebende Sehnsucht erregt er bei vielen, bei Jünglingen und Mädchen«.

Aber nichts von dem konnte ihn erreichen: »Doch es beseelte den zärtlichen Körper die sprödeste Härte«.

Eines Tages bei der Jagd wird er von der Nymphe Echo beobachtet. Es wird von ihr berichtet, daß sie auf einen Fluch der Hera hin nicht mehr eigenständig reden, also auch keine Reden beginnen, sondern nur noch die Worte anderer nachplappern konnte. Als Grund wird ihre frühere Geschwätzigkeit genannt. Sie warnte nämlich Zeus, der sich mit Nymphen vergnügte, vor dem Herannahen der Hera, worauf diese sie mit ihrem Fluch bestrafte.

Echo verfolgt nun Narziß. Und je länger sie ihn sieht, um so stärker erglüht ihre Liebe. Oft will sie ihn ansprechen, aber es geht nicht, da sie nur ein Echo geben kann: »Ihr Wesen verweigerts: Beginnen ist ihr verwehrt.«

Sie beschließt aber abzuwarten, bis er einen Laut gibt, damit sie reagieren, ein Echo geben kann. Einmal verlor der Knabe

durch Zufall sein Gefolge, und so rief er: »Ist jemand zugegen?«
»Zugegen«! sagt Echo. Staunend blickt Narziß sich um und ruft:
»So komm«. Er hört desgleichen, doch niemand erscheint.

Narziß gibt aber nicht auf: Nicht ablassend, getäuscht durch
den Widerhall, ruft er: »Wir wollen uns hier vereinigen!« Freu-
dig ruft Echo zur Antwort: »uns hier vereinigen!«. Und sie trat
aus dem Wald, getreu ihren Worten, und wollte gehen und
sogleich mit den Armen den Hals des Ersehnten umschlingen.

Narziß aber flieht und schreit: »Fort! Fort mit den Händen
und Armen! Eher würde ich sterben! Du meinst, Dir würd' ich
mich schenken?« Die Verschmähte antwortete nichts außer: »Dir
würd ich mich schenken« und verbirgt das Antlitz schamüber-
gossen im Laub, zieht sich zurück und haust fortan in einsamen
Grotten.

Sie behält aber ihre unerfüllte Liebe, die sogar noch wächst
und sie verzehrt. Zuletzt ist sie nur noch Haut und Knochen: Die
Knochen wurden schließlich zu Stein, so erzählt man. Geblieben
ist allein die Stimme, die jedermann hören kann: »Ihr Ton ist
lebendig geblieben«.

Aber Narziß hat noch so manche Nymphe getäuscht, wie frü-
her die Männer. Doch ein Verschmähter hob die Hände zum
Himmel und flehte: »Möge er selbst so lieben und nie das
Geliebte besitzen«. Sprachs und wurde von der Göttin von
Rhamnus (Schicksalsgöttin) erhört.

Narziß gelangt eines Tages an einen lauteren Quell mit sil-
berglänzendem Wasser: »Niemals hatten ihn Hirten berührt, nie
hatte ein Vogel oder ein Wild ihn getrübt noch ein Ast, vom
Baume gefallen.«

Hier sinkt der Knabe vom eifrigen Jagen ermattet hin: »Doch
wie den Durst er zu stillen begehrt, erwächst ihm ein andrer
Durst. Beim Trinken erblickt er herrliche Schönheit. Reglos
staunt er sich an, mit unbeweglichem Antlitz, starr, einer Statue
gleich, die aus parischem Marmor gefärbt ist.

Liegend am Boden erschaut er das Doppelgestirn seiner
Augen, sieht seine Haare – sie hätten Apollo geziert oder Bacchus
– sieht die Wangen der Jugend, den Hals der wie Elfenbein schim-

mert, seinen so zierlichen Mund und die Farbe von Schnee und von Rosen.

Alles bewundert er jetzt, weshalb ihn die anderen bewundern: Sich begehrt er der Tor, der Liebende ist der Geliebte.«

Immer wieder versucht er das Ersehnte zu erreichen: »Oh wie küßt er so oft – vergeblich! Die trügende Quelle, tauchte die Arme so oft in das Wasser, den Hals zu umschlingen, den er erschaut, und kann sich doch selbst im Gewässer nicht fassen.«

Narziß kommt nicht mehr weg von dem Bild – und hierzu die kennzeichnenden Worte: »Eignes Wesen gebricht ihm«. Fassungslos, daß die Gestalt sich *ihm* immer wieder entzieht: »Du kannst doch vor meiner Jugendschönheit nicht fliehn? Selbst Nymphen ersehnten mich einstmals.«

Da kommt die Erkenntnis: »Ach, ich bin es ja selbst! Ich merk es, mein Bild ist mir deutlich! Liebe zu mir verbrennt mich: ich schüre die Glut, die ich leide.«

Aber überraschenderweise kann er immer noch nicht von sich ablassen, auch wenn ihn schon die Kräfte verlassen: »Und schon raubt mir die Kräfte der Schmerz; es bleibt mir vom Leben nur noch wenig: ich muß in der blühendsten Jugend erlöschen.«

So sprach der Tolle, um sich sogleich wieder der Erscheinung zuzuwenden. Als er jammert, streift er sein Gewand ab und zerschlägt sich die Brust: »So zerrann der Knabe, vom Leid der Liebe sich verzehrend, allmählich verbrannt von verborgenem Feuer«.

Auch Echo sieht voller Schmerz seinen Untergang kommen und so oft der unselige Knabe sein »Wehe« ruft, wiederholt sie wiedertönend ihr klingendes »Wehe«.

Aber selbst nach seinem Tode – im Jenseits – spiegelt er sich weiter in dem Wasser der Styx (Göttin der Nacht).

Als man seinen Körper begraben will, ist dieser verschwunden und an dessen Stelle fand man eine krokusfarbene Blume, den Kelch von weißen Blättern umschlossen. Es war eine Narzisse.

Sehen wir uns die Umstände seiner Geburt an: Die Nymphe Liriope ist vom Flußgott Cephisos mit Gewalt geschwängert worden. Der Fluß versinnbildlicht die Macht des Lebens und der Vitalität. Es sind die Triebenergien, die sich mächtig ihren Lauf bahnen. So wird Liriope hineingezogen und überwältigt. Man kann sich denken, daß die darauf eintretende Schwangerschaft von ihr innerlich abgelehnt wird. Narziß ist ein ungewolltes Kind, »welches damals schon Liebe verdiente«, wie es bei Ovid heißt. Narziß wird nicht viel Liebe abbekommen haben. Mütter, die ihr ungewolltes Kind nicht annehmen können, vermögen keine primäre liebevolle Bestätigung und keine *Spiegelung* zu geben. Es gehört zu den Eigentümlichkeiten der menschlichen Entwicklung, daß eine primäre Selbstbejahung, ein positives Verhältnis zu sich selbst keineswegs von Anfang an gegeben ist. Vielmehr hängen die Grundlagen einer positiven Beziehung zu sich selbst von frühen Beziehungserfahrungen mit der Mutter ab. Diese haben prägenden Charakter auf den Selbstbezug. Diese Grundlagen werden schon in der frühesten Zeit, in der Ur-Beziehung zwischen Mutter und Kind, angelegt. Wird das Kind nicht geliebt, liebt es sich selbst nicht und hält sich auch nicht für liebens-würdig. Frühe narzißtische Bestätigungen sind also erforderlich, um zu einer guten narzißtischen Eigenhaltung zu kommen. Oder wie es bei Neumann heißt (1980, 47): »Das Selbst-Vertrauen, dessen Störung bei allen neurotischen und zum Teil auch psychiatrischen Erkrankungen nachzuweisen ist, hängt fast ganz von der Urbeziehung zur Mutter ab«.

Narziß hat von Anfang an keine gute Beziehung zu sich selbst entwickeln können. So erklärt es sich auch, daß er die Zuwendung anderer nicht annehmen kann. Zutiefst hegt er Mißtrauen, er kann nicht glauben, was ihm entgegengebracht wird. Er hat Angst vor positiver Nähe. Nach außen sieht das wie Hochmut aus. Bei dieser Position überwiegt bei Narziß psychologisch gesehen der narzißtische Störanteil. Aus tiefer Selbstunsicherheit, aus leichter Kränkbarkeit und Verletzbarkeit heraus wird Nähe, bei aller Sehnsucht danach, mißtrauisch gemieden. Bei einem »typisch« depressiven Störanteil ist die Selbstannahme nicht so stark durch Mißtrauen blockiert, im Gegenteil, es wird viel symbiotische Nähe gewünscht und auch angestrebt. Und so heißt es bei Ovid: »Liebende Sehnsucht erregt er bei vielen, bei Jünglingen, Mädchen; doch es beseelte den zärtlichen Körper die sprödeste Härte: Niemand vermochte den Schönen zu rühren, kein Jüngling, kein Mädchen.«

Interessant ist, daß Narziß mit sechzehn Jahren Jäger ist. Er versucht, flüchtige Hirsche mit dem Netz zu jagen. Der Archetyp des Jägers ist eine Modifikation des Archetyps des Männlichen. Jagen ist von jeher eine typisch männliche Aufgabe, die Ausdauer, Zähigkeit und Körperkraft erfordert. Man kann die Hinwendung zu diesem Bereich auch als Stadium einer Sehnsucht nach männlicher Identitätsbildung ansehen. Zudem stellen Herumjagen und Herumstreifen eine aktiv expansive Bewegung dar, die mit Raumeroberung und Weltbewältigung etwas zu tun hat, wobei auch speziell die Jagd eine Begegnung mit dem triebhaft-animalischen Bereich beschert. In die Ferne schweifen kann auch heißen, daß man Nähe meidet und flieht, weil man mit Nähe und Nähewünschen (z. B.: wegen ihrer Heftigkeit) nicht umgehen kann. Hierbei wird die Nähe oft unbewußt gefürchtet: Wenn ich mich erst einlasse, dann komme ich nicht mehr weg. Tatsächlich findet das auch später bei Narziß statt. Er verliebt sich trotz aller Vorsichtsmaßnahmen und abweisendem Gebaren doch und kommt von seinem Spiegelbild nicht mehr weg. So findet man im ersten Teil des Mythos noch das dynamische Gegenteil von einer gefürchteten Fixierung, Auslieferung und Abhängigkeit. Er lebt noch unabhängig als ein herumschweifender Jäger und meidet damit die Abhängigkeitsgefahren.

Aber es kommt doch anders und das Schicksal nimmt seinen Lauf: Narziß verirrt sich im Wald. Verirrung kann in psychologischer Hinsicht eine Desorientierung meinen, mit der Chance auch für eine Neubesinnung. Narziß hat seine männliche Identität noch nicht gefunden. Das zeigen auch seine wechselnden Begegnungen mit männlichen und weiblichen Liebhabern. Kaum ist er einmal nicht von Männern umgeben sondern auf sich selbst gestellt, überkommt ihn Angst und Desorientierung, so wie es im Mythos geschildert ist. Er hat noch keine stabile Eigenorientierung, noch keine stabile Beziehung zu sich selbst. Es besteht, wie

Edinger (1972, 161) es nennt, eine Ichentfremdung. Das Ich kann keine Beziehungen aufnehmen, kann nicht lieben, da es zu sich selbst noch keine Beziehung hat. So ruft er sogleich als er allein ist: »Ist jemand zugegen«? Er sehnt sich nach Orientierung und Unterstützung von außen. Er kann schlecht allein sein. Dies ist eine typisch depressive Haltung: Die Angst vor dem Alleinsein, die als Verlassenheit erlebt wird. Daraus folgt aber nicht, daß Nähe für den Betreffenden unproblematisch ist. Wer sich nun sogleich hocherfreut meldet, das ist die Nymphe Echo, die ihn ja die ganze Zeit verliebt beobachtet hat und nur darauf gewartet hat, daß er einen Laut von sich gibt, damit sie sich gleich melden kann. Denn: »Ihr Wesen verweigert's: beginnen ist ihr verwehrt.«

Auch Echo hat einen depressive Persönlichkeitsstruktur: Sie kann schlecht von sich auf Leute zugehen, Kontakte aktiv anknüpfen und beginnen, sondern ist angewiesen auf Vorgaben, das heißt sie kann nicht das Gespräch strukturieren, ihre Persönlichkeit zeigen, eine eigene Meinung vortragen, sondern kann nur nachplappern, was andere sagen.

Die Kontaktanknüpfung fällt zudem auch so schwer, weil eine enorme Angst vor Zurückweisung besteht. Menschen mit einer depressiven Persönlichkeitsstruktur mögen sich Zurückweisungen erst gar nicht aussetzen, einmal weil ihre Kontaktwünsche zu stark sind; sie können Zurückweisungen aber auch nicht ertragen, weil sie dann zu stark verwundet sind und Zurückweisungen zu schnell am eigenen Wert festmachen. Es ist der gefürchtete Objektverlust, der depressiv macht und sie wertlos erscheinen läßt.

Genau das passiert dann aber. Echo ist so kontaktgehemmt, daß sie zunächst sich nicht traut, sich zu zeigen. Als Narziß vom Echo verwirrt endlich ruft: »Laßt uns hier vereinen«, bricht es in ihr durch. Sie tritt hervor, zeigt also ihre Bedürfnisse und will sie ohne Federlesens sofort in die Tat umsetzen: »und wollte gehen und sofort mit den Armen den Hals des Ersehnten umschlingen«. Auch das ist typisch bei depressiven Kontaktstörungen: Es können Nähedurchbrüche stattfinden, die zu Anfang gleich zuviel wollen. Narziß erlebt in der heftigen Liebe ein *Umschlungen*-und *Verschlungen*werden. Dies sind ebenfalls typische Ängste, ja archetypische Themen bei Depressiven, die ihre Beziehungen leicht aus einer »oralen Perspektive« erleben, wobei es oft die eigene Latenz ist, die nach außen projiziert wird: Eigentlich sind es die eigenen oralen Bemächtigungsimpulse, die in Beziehungen mobilisiert werden, aber im Sinne einer Projektion in andere, etwa in den Partner projiziert werden. Die Projektion stellt eine der verbreitetsten Abwehroperationen bei depressiven Strukturen dar. Das biblische Gleichnis vom Splitter im Auge des anderen und dem Balken im eigenen Auge veranschaulicht die Verhältnisse bildlich und drastisch. Wir können Echo auch als Projektion der latenten Anklammerungs- und Abhängigkeitswünsche von Narziß ansehen. Sie zeigt mit einemmal ungeschminkt ihre dyadischen Abhängigkeitswünsche, die sich der Jüngling nach außen hin verwehrt. Sie würde damit seine Anima darstellen, die sich kompensatorisch, nämlich anklammernd und hingabebereit, zu seinem pseudoautonomen narzißtischen Stolz verhält.

Aber so autonom, wie es seine Persona, seine nach außen zur Schau gestellten Persönlichkeitszüge zeigt, ist er nicht: Narziß bekommt einen großen Schrecken, ja eine Angst: er *flieht* und weist brüsk zurück: »Fort, fort mit den Händen und Armen! Eher würde ich sterben! Du meinst, Dir würde ich mich schenken«? Eine echte Beziehung zu Echo konnte sich hier nicht bilden, zu groß sind die Hindernisse in der Persönlichkeitsstruktur von Narziß.

Es kommt aber noch ein erhebliches Problem hinzu. Echo ist eine Nymphe, genauso wie es seine Mutter war! Hier besteht für Narziß eine doppelte Versuchung, sich mit Haut und Haaren einzulassen und sich endlich das zu holen, was er nicht bekommen hat: Nämlich bedingungslose Liebe und Zuneigung. Aber, zutiefst sitzen die Wunden, ein ungeliebtes Kind zu sein, zu groß ist die Angst vor erneuter Enttäuschung, als daß er sich darauf einlassen könnte. Bevor er verletzt wird, verletzt er. Es hängt vom Maß der erlittenen Verwundungen und Enttäuschungen ab, ob jemand klammernd abhängige Beziehungen auch eingeht oder solche Wünsche lediglich in seiner Latenz trägt. Insofern kann man im ersten Fall von einem depressiven Beziehungsmodus, im letzten Fall von einer narzißtischen Abwehr (sog. »sekundärer Narzißmus« = Rückzug auf sich selbst) sprechen. Auch diese beiden Modi können sich im Leben des Einzelnen abwechseln! So kann, wie bei Narziß eine Zeitlang jeglicher inniger Kontakt scheinbar »stolz« abgelehnt werden und irgendwann schlägt die Latenz doch durch, man wird schwach und es entwickelt sich die so gefürchtete Abhängigkeitsbeziehung.

Die Nymphe Echo wird auf die Zurückweisung hin krank: Sie verzehrt sich, magert ab, ist nur noch Haut und Knochen und wird langsam zu Stein. Sie verwandelt sich allmählich in einen Felsen, was symbolisch für eine chronifizierte Depression spricht. Auch bei einer gravierenden Störung im Eßverhalten, der Anorexie oder Magersucht begegnen wir einem Moment des Sich-Verzehrens. Neben der berauschenden Erfahrung durch süchtiges Fasten Macht und Kontrolle über den eigenen Körper zu haben, verbirgt sich dahinter im Grunde oft ein süchtiges und unerfüllt-depressives Verlangen nach Akzeptanz und Geliebtwerden, das in Projektion auf den Körper wiederum wegkontrolliert werden soll. Die Betroffenen bleiben aber im Konflikt stecken, lösen ihn nicht wirklich, sondern »verzehren« sich im wahrsten Sinne des Wortes.

Im Falle der Nymphe Echo können wir sagen, daß sie wegen der Zurückweisung schwer depressiv erkrankt ist und an Substanz abnimmt. Sie hat keinen Lebenssinn mehr, weil sie ihren Lebenssinn in einen anderen gründete: Sie »versteinert« buchstäblich und ist zum Schluß gar nur noch Stimme! Sie kann sich nicht neu orientieren sondern bleibt fixiert auf Narziß (eine innere Versteinerung), den sie doch gar nicht kennt: Genau betrachtet, hat sie sich in sein Äußeres, in seine Persona verliebt. Sie hat sich ein Bild von ihm gemacht und in das ist sie verliebt. Sie ist ein Opfer ihrer Projektionen und Erwartungen geworden. Auch das ist ein typisches Verhaltensmuster von Menschen mit einer depressiven Struktur. Das Heil soll vom Partner kommen, man sieht von sich ab. Es besteht keine Trennungs- und Umstellungsfähigkeit. Ein Leben lang wird einem Idealbild nachgetrauert. Wie der Mythos berichtet, weist Narziß noch viele Menschen und Nymphen zurück, was eines Tages Haß hervorruft. Denn ein Geschmähter erhebt die Hände zum Himmel und fleht: »Möge er selbst so lieben und nie das Geliebte besitzen«. Die Schicksalsgöttin erhört ihn und sorgt für eine entsprechende Konstellation.

In der Tiefenpsychologie gibt es den Begriff der »auslösenden Schicksalssituation«. Gemeint ist der Sachverhalt, daß jemand ungelöste neurotische Konflikte in sich trägt, die nur nicht sichtbar werden, weil sie derzeit nicht aktualisiert sind. Gerät man aber nun durch das Schicksal in eine entsprechend spezifische Situation, dann bricht die schlummernde Störung auf, vielleicht in Form einer psychischen Erkrankung.

Ein Beispiel

Ein 37jähriger Mann wandte sich an mich wegen seit drei Monaten bestehender Depressionen. Es war zu ermitteln, daß es vor drei Monaten einen Wechsel in der Führung des Betriebes gegeben hatte. Der neue Chef wirkte zynisch, konnte nicht loben, sondern bemängelte eine Fülle von Dingen, was der Patient nicht gut ertragen konnte. Er wurde depressiv. Durch die »auslösende Schicksalssituation« des Chefwechsels wäre es für den Patientin nun notwendig gewesen, sich zu behaupten, zur Geltung zu bringen und sich durchzusetzen. Dies konnte er aber nicht leisten wegen seiner bestehenden depressiven Struktur mit einhergehenden Defiziten in den genannten aggressiven Bereichen. Das Ich wurde, da es sich nicht zu entfalten traute, stattdessen nun energetisch entleert, es hatte keine Energien mehr zur Verfügung, was nach außen im Sinne einer Depressivität in Erscheinung trat. Hätte es keinen Chefwechsel gegeben, hätte er auch keine Depression bekommen.

So gerät auch Narziß in eine »auslösende Schicksalssituation«. Die Zurückweisungen seiner Liebhaberinnen und Liebhaber – es wird im Mythos auch eine homoerotische Komponente deutlich – führen auf Dauer zu erheblicher Einsamkeit. Er jagt ja auch weiter einsam im Wald. Und so erwischt es ihn, als er in einer silberklaren Quelle auf sein Spiegelbild trifft. Es ereilt ihn dasselbe Schicksal wie Echo: Er kommt nicht los vom Bild, das ihm begegnet. Der Mythos macht hier eine klare Zäsur und unterteilt die Handlung in einen Teil der Unbewußtheit – Narziß merkt nicht, daß es sein Spiegelbild ist – und in einen späteren Teil der Bewußtheit, in der Narziß gewahr wird, daß er es selbst ist, nach dem er so schmachtet.

Narziß ist jedenfalls zum erstenmal in seinem Leben verliebt. Aber es ist wieder nur ein Bild, nur eine Oberfläche. Narziß kennt sich nicht und erkennt sich nicht; er weiß nicht wer er ist. Wir finden hier eine schwerwiegende Identitätsstörung: Wir gingen davon aus, daß Narziß aus Gründen eines tiefen Mißtrauens bislang keinen an sich heran ließ. Er hielt sich nicht für liebenswert und ließ daher instinktiv keinen an sich zu nahe heran, um nicht enttäuscht und verletzt zu werden. Jetzt, da er ohne es zu wissen, sich sah, konnte er gewissermaßen »vorurteilsfrei« sein Äußeres sehen und findet es prompt liebenswert. Aber Narziß hat eine »oberflächliche« Einstellung. Das Äußere genügt bereits. Er kann unbeschadet einer Realitätsprüfung seine ganzen Sehnsüchte, wie Echo es mit ihm tat, in das Bild projizieren. Der Spiegel hat hier eine interessante Funktion. Es spiegelt ihm die Oberfläche seines unbekannten Selbst, von dem er entfremdet ist. Zumindest nimmt sich Narziß aber an, da er nicht um sich weiß, sich nicht »identifiziert«. So ist seine Einstellung positiv-zugewandt. *Auf keinen Fall kann man in Kenntnis des Mythos die landläufige Meinung teilen, daß sich Narziß in einer selbstumspiegelnden Verliebtheit ergeht.* Es liegt vielmehr ein mangelhaftes Selbst-Bewußtsein vor, das es ihm auch nicht erlaubt sich zu kennen, zu erkennen und vor allem sich anzunehmen. *Er lebt im Zwiespalt mit sich, er ist nicht mit sich eins:* Ein Bild für eine mangelhafte Identitätsbildung. Die Tatsache, daß er sich so sehr in sein Bild verliebt, spricht auch dafür, daß er sich nicht ganz besitzt, aber sich unbewußt besitzen möchte. Er hat keine tragfähige Beziehung zu sich selbst und sehnt sich unbewußt nach einer Coniunctio mit seinem Wesen. Er sehnt sich nach innerer Einheit. Wie drückt es Plato in seinem Symposion aus?: Wir lieben und begehren, was wir vermissen (Edinger 1972, 161). Selbstliebe heißt mehr als erotisches Begehren, es bedeutet Selbstannahme und Übereinstimmung mit sich selbst. Daß das keineswegs selbstverständlich ist, wissen wir alle. Jeder kennt Zeiten, wo er sich einfach nicht annehmen kann, wenn er in den Spiegel guckt. Leben wir nicht überhaupt in einer Zeit, in der die Selbstannahme erschwert ist? Wir werden überflutet von Idolen, die im Grunde klischeehaft und lebensfremd sind.

Wie kommt es nun, daß Narziß von dem Bild nicht mehr wegkommt? Sein Verhalten, mit dem er unablässig sein Spiegelbild ansieht, entspricht einer »Selbst-Sucht«. Er kommt nicht mehr los von sich. Sucht enthält im Kern den Begriff der Suche. Es ist unerfüllte Suche, die nie zur Befriedigung kommt. Es kommt hinzu, daß er das Spiegelbild nicht »greifen« kann. Immer wieder greift er ins Wasser, aber vergebens. Er wird seiner nicht habhaft. Auf tieferer Ebene: Er kann sich nicht »begreifen« im Sinne von Verstehen. Sein Selbst bleibt ihm mysteriös und fremd, was ihn umso mehr fasziniert. Da er sich aber noch nicht gefunden hat, bleibt er in Sehnsucht unbewußt auf sich fixiert.

Aber es ist nicht nur die gestörte Ich-Selbstbeziehung, die heil und ganz werden will. Man muß das Symbol im Mythos auch auf einer Objektstufe sehen. Er sieht ja auf der Bewußtseinsebene einen vermeintlich anderen. Das mangelhafte Selbstgefühl und mangelhafte Selbst-Bewußtsein zeigt sich auch in der Überschätzung des Anderen. Und so ist eben genau das passiert, wovor er sich immer instinktiv gefürchtet hat, und sich durch »Stolz« geschützt hat: Es ist die ausgeprägte Abhängigkeitsneigung des depressiv Strukturierten, die auch – kaum daß sich der Betreffende einläßt – dafür sorgt, daß er nicht mehr loskommt. Hier finden wir eines der großen archetypischen Themen der Depression. *Bindung und Einlassung führt nicht zur echten Beziehung sondern schlägt in Abhängigkeit um.*

Objektstufig betrachtet kommt hinzu, daß es Beziehungsformen gibt, in denen der potentielle Partner immer interessanter wird, je mehr er sich entzieht. Diese Partner werden idealisiert. Man ist eben zu gering im Vergleich zu ihnen, umso kostbarer wird es und dient auch der eigenen Aufwertung, wenn man sie doch bekommen könnte. Hierüber erhält man narzißtische Bestätigung. Hier geschieht eine aus dem eigenen Minderwertigkeitskomplex heraus geborene Erhöhung und Idealisierung des potentiellen Partners. Wir finden also zwei Motive, aus denen heraus Narziß so fixiert ist: Es ist die Attraktion des fremden, mysteriösen Selbst und es ist die Faszination des nicht greifbaren, sich immer entziehenden fremden Mannes, der auch gesucht wird zur Stabilisierung der eigenen psychosexuellen Identität. Homosexualität kann auch manchmal Ausdruck für eine Sehnsucht nach sexueller Identität sein.

Ein weiterer Grund, warum immer dann erst Begehrlichkeit aufflammt, wenn der andere Partner sich entfernt, ist in der Tatsache zu suchen, daß man es sich jetzt leisten kann, seinen Gefühlen freien Lauf zu lassen: Es besteht ja keine Gefahr, daß es ernst wird. Unverständlich, ja befremdlich wird es, als Narziß sich schließlich doch erkennt und nun noch immer nicht ablassen kann von seiner Fixierung. Er beklagt nun, daß er es »nur« selbst ist, den er erblickt und ist des Jammers voll. Allmählich schwinden die Kräfte: »Und schon raubt mir die Kräfte der Schmerz; es bleibt mir vom Leben nur noch wenig: ich muß in der blühendsten Jugend erlöschen.« So sprach er »und wandte, der Tolle, sich wieder zur gleichen Erscheinung«. Als sei er toll, bleibt er also fixiert.

Spätestens als Narziß gewahr wird, daß er es selbst ist, nach dem er so schmachtet, hätte er loslassen und in der richtigen Weise für sich sorgen müssen, indem er etwa nach realen Partnern Ausschau hält. Er bleibt aber fixiert bis zum letzten Atemzug: »Auch die Worte, die letzten – er schaut noch immer ins Wasser – ›Ach Du Knabe, vergeblich geliebt‹, widerhallten am gleichen Ort«.

Hier erfüllt sich die einstmals so dunkel klingende Prophezeiung des Sehers Thereisias: Daß er nur alt wird, wenn er sich *nicht* erkennt. Im Grunde bleibt er seinem inneren System treu. Es besteht das große Problem, sich neuen Erfahrungen zu öffnen. Er blieb ja schon fixiert, als er merkte, daß er die Figur nicht bekommen konnte. Hier vermochte er leidenschaftlich zu begehren, ohne Gefahr zu laufen, eine wirkliche Beziehung eingehen zu müssen. Als er sich aber im Spiegel erkennt, besteht die endgültige Notwendigkeit, sich neu zu orientieren und auf sich einzugehen, sich endlich anzunehmen, so wie es ihm leicht möglich war, als er unwissend um sich selbst sich vorbehaltlos annahm. Das kann er aber nicht. Zu groß ist die Angst und die Unsicherheit, zu groß die Blockade sich selbst gegenüber, sich mit sich zu »einigen«, zu groß ist die Angst vor Veränderung. Er bleibt mit sich »entzweit«: Lieber klagt er beharrlich weiter und stirbt depressiv-unerfüllt.

Um diese enorme innere Unbeweglichkeit zu unterstreichen führt der Dichter aus, daß Narziß selbst in der Unterwelt nicht davon lassen kann »im Wasser der Styx« sein Spiegelbild anzustarren. Eine pikante, vielleicht auch versöhnliche Note ergibt sich gegen Ende der Geschichte aber doch: Als Ausgangspunkt meiner Deutung des Narzißmythos nahm ich die gestörte Beziehung der Nymphe Neriope zu ihrem Sohn Narziß, den sie wegen einer Vergewaltigung ablehnte und den sie folglich auch nicht angemessen »spiegelte«. Gegen Ende der Geschichte, im Jenseits, spiegelt er sich im Wasser der Styx. Die Styx ist aber eine Göttin. Sie ist eine Göttin der Unterwelt. Wenigstens im Jenseits ist es ihm beschieden, sich in einem »Gegenüber«, in einer Göttin zu spiegeln.

Zeitlebens haben Spiegelung und Selbstumspiegelung bei Narziß eine zentrale und tragische Rolle gespielt. Die Spiegelung und Selbstumspiegelung enthält ja schon die richtige Richtung: sie will sich sehen und ergründen, erstarrt aber in der Geste, dringt nicht vor zum Kern und bleibt über die Idealisierung an der Oberfläche haften. Die Tragödie des Narziß liegt darin, daß er die Chance hatte, sich zu sehen, dies aber in depressiver Weise gegen sich gewendet und verarbeitet hat und enttäuscht reagiert: »was, ich sehe nur mich selbst«?: Sich klein, nichtig und minderwertig zu fühlen ist die entscheidende Komponente des depressiven Verarbeitungsmodus. Sich zu erkennen und anzunehmen wurde nicht als Chance genutzt sondern führte ihn ins Verderben.

Als seine Gefährten seinen Leichnam begraben wollen, finden sie statt an seiner eine gelbe Narzisse vor. Diese Wende erscheint vielen Interpreten unklar. Plausibel finde ich die Interpretation von Kerényi (1979, Bd 2, 138), der darauf aufmerksam macht, daß im Worte »Narzisse« das griechische Wort »narke«, Betäubung enthalten ist. Die Narzisse, die Narziß den Namen gab, verweist dann auf die Betäubung, auf die Sucht und Verfallenheit an ein äußeres Wunschbild, das Narziß zum Verhängnis wurde. Somit enthält dieser Mythos einen traurigen Ausgang und eine bittere Warnung. Aber es kommt auch ein Aspekt der Wandlung hinein. Ovid hat vor allem in seinem Werk Geschichten der Wandlung (meta-morphose) erzählen wollen. Dieses Motiv seiner Erzählungen muß auch bei Narziß berücksichtigt werden. So stellt die Narzisse eine Blume des Frühlings dar, die mit ihrer hell leuchtenden Blüte auch die endgültige Überwindung des dunklen, finsteren Winters anzeigt. Durch alle äußeren Veränderungen der Jahreszeiten hindurch erweist sich die Narzisse für mich auch als ein archaisches Prinzip der Hoffnung, des Wiederkommens, und des Weiterlebens.

3.2 Depression und Selbstsymbolik

Psychologische Modelle sind oftmals unbefriedigend, weil sie nicht alle Aspekte zu erfassen vermögen, die den beschriebenen Gegenstand ausmachen. Dies gilt auch für Erklärungsmodelle der Depression. So sind eben nicht alle Depressiven einander gleich, sondern haben unterschiedliche komplexe Hintergründe und Facetten, über die man sich dem Depressionsproblem annähern kann. Zu einer solchen psychologischen Größe gehört auch das »Selbst«, dessen Bedeutung für die Depressionsentstehung schon im vorigen Kapitel über den Narziß-Mythos deutlich wurde.

Das Selbst ist in der Analytischen Psychologie definiert als die psychische Ganzheit des Menschen, die seine Unversehrtheit und seine Integrität ausmacht. Sich einigermaßen unversehrt und ganz zu fühlen, entspricht meist einem unbewußten und unbeschädigten Daseinsgefühl, aus dem heraus im Alltag gelebt und gehandelt werden kann. So erscheint mir ganzheitliches Erleben in diesem Zusammenhang als etwas höchst Normales. Daneben gibt es noch einen Ganzheitsbgeriff, der etwas mit intendierter Veredelung und innerem Wachstum zu tun hat, in dem die eigenen Möglichkeiten und Fähigkeiten wachsen sollen, wobei auch die eigenen Schattenseiten berücksichtigt und darüber die eigene Entwicklung gewissermaßen zu einer »höheren« Vollständigkeit und Ganzheit gebracht wird. Dies entspräche dem Begriff der Individuation im Jungschen Sinne als einer selbstverantwortlichen Lebensaufgabe und Leistung. Dieser Aspekt ist hier aber im Moment nicht gemeint.

Schon das normale ganzheitliche Grundgefühl ist keineswegs konstant gegeben, sondern unterliegt, wie man aus der eigenen Erfahrung weiß, Schwankungen. Und so entsteht auch für das Seelenleben die Aufgabe, diese Schwankungen und Erschütterungen immer wieder auszugleichen. Es ist das Prinzip der »Homoiostase«, das in der gesamten belebten Natur als Regulationssystem zu finden ist. Im psychologischen Raum kann man das Selbst als ein solches regulierendes Steuerungszentrum auffassen, das wie ein sensibel reagierendes Resonanzsystem die alltäglichen Behinderungen, Kränkungen, Zurücksetzungen und Verletzungen innerlich ausgleicht und verarbeitet. Es ist wie mit den biologischen Systemen auch im psychologischen Bereich nicht anders. Ständig dringen Signale und Informationen von außen auf uns ein, mit denen wir uns auseinandersetzen müssen, die uns ermutigen, bestätigen, die uns aber auch erschüttern, verletzen und infrage stellen. Die Verarbeitung und Auseinandersetzung geschieht oft unbewußt und vielfach auch erst nächtlich, etwa in unseren Träumen, schon weil wir überfordert wären über alles und jedes im Alltag zu reflektieren.

Der Depressive ist leicht kränkbar und verwundbar und besonders sensibel für Zurückweisungen, sein Selbstsystem ist zu leicht zu erschüttern: *Weil er sich zu stark im anderen gründet und sich nur über die Einheit mit dem andern annehmen und »ganz« fühlen kann.*

Schon beim vergleichsweisen Gesunden sind Störungen in der Selbstregulation durchaus normal, aber die Schwankungen und inneren Auslenkungen sind nicht so heftig. Keiner kann sich immer nur annehmen und hat immer ein rundes Gefühl, wenn er etwa morgens in den Spiegel guckt. Es ist aber sicherlich so, daß eine breite Skala besteht zwischen der gelegentlichen morgendlichen Unzufriedenheit bis hin zu einem permanent bedrückten Gefühl des Mangels, der Unzufriedenheit, ja der Depression.

Für den Depressiven ist der tragende Grund, in dem er sich aufgehoben fühlen sollte, gestört, brüchig oder beschädigt. Ein wichtiger Aspekt, dieses sich selbst beschädigt Fühlens liegt sicherlich an der Art der »Selbstdefinition«, wie ich die Einstellungen, Erwartungen und gemachten Erfahrungen hinsichtlich eines eigenen harmonischen ganzheitlichen Erlebens nennen möchte. Natürlich gehört zum eigenen Wohlbefinden einfach auch die Beziehung zu anderen Menschen dazu, die grundsätzlich stattfinden muß, will man nicht einsam und verlassen sein, was ja schon eine Depression bahnen kann. Welchen Stellenwert, ja letztlich *welche Macht* gibt man aber den eigenen Bezugspersonen? Wie stark definiert man sich hierüber?

Depressive Menschen leiden oft unter der Diskrepanz zwischen ihren meist unbewußt hohen Erwartungen und Ansprüchen an ihre Bezugspersonen, deren Erfüllung oft schon lange enttäuscht wurde (Benedetti 1992, 94). So kann also das Fehlen der dringend benötigten, aber wegen der starken Erwartungen nicht erfüllbaren Näheansprüche zu einem Teufelskreis werden, an dessen Ende die Depression steht. Sicherlich, zum ganzheitlichen Erleben gehört prinzipiell auch die Beziehung zum anderen hinzu. Man muß aber auch allein sein können, ohne sich verlassen fühlen zu müssen. Das macht die Tragik des Depressiven aus, daß er dies nicht gut kann.

Die verlorene Ganzheit

Der Jungianer Hobson (1955) hat bereits in den fünfziger Jahren auf die Rolle der verloren gegangenen Ganzheit bei Depres-

sionen und anhand einer Diskussion von zwei Behandlungsfäl-
len auf die Bedeutung entsprechender archetypischer Themen
hingewiesen, die im Rahmen des therapeutischen Prozesses sichtbar wurden und von der Wiedergewinnung der verloren gegangenen Ganzheit handeln. Wir können erwarten, daß in tiefergehenden therapeutischen Prozessen, bei denen Probleme der
Ganzheit konstelliert sind, entsprechend auch Wiederherstellungsmotive der Ganzheit auftauchen. In Hobsons Fällen traten
zwei charakteristische Themen auf. Es handelt sich einmal um
das Motiv, aus einer Zerstückelung zur Ganzheit zu gelangen
und im anderen Fall ging es um das Motiv, symbolisch über die
Rückkehr in den Schoß der Mutter wiedergeboren zu werden.
Letzteres erinnert sehr an das archetypische Motiv der »Nachtmeerfahrt«, was ich in dem gleichlautenden Kapitel näher ausführe. Das Motiv der Nachtmeerfahrt enthält das Thema des
Eintauchens in ein Meer, mit der darin erfolgenden Wandlung
und dem Wiederauftauchen in erneuerter Form. Das Meer (das
Unbewußte) stünde dann für einen archetypischen »Mutter-
schoß«, als einem Ort der Wandlung.

Wie aus den Ausführungen hervorgeht, ist die verlorene
Ganzheit ein wesentliches Motiv bei Depressionen und kann
unterschiedlich symbolisch ausgedrückt werden. Die Psyche
sucht sich immer die Bilder, die ihr entsprechen.

Das Bestehende, der Zustand des Depressiven muß also in
beiden Fällen, die Hobson erwähnt hat, umgestaltet werden, zu
etwas Neuem. In meinen Behandlungen habe ich allerdings
selten erlebt, daß die Betreffenden *sich selbst* buchstäblich
zerstückelt fühlten oder davon träumten. So zerstört erleben
sich auch die meisten Depressiven nicht mit ihrem Selbst. Ich
habe dies mehr bei ausgeprägten schizophrenen Psychosen und
an der Grenze zur Psychose stehenden Borderline-Zuständen
beobachtet. Was aber gelegentlich zu finden ist, sind Zerstückelungsmotive in Träumen mit Tiermotiven. Sie stellen
dann einen Aspekt der Persönlichkeit dar, der beschädigt und
nicht gelebt wird. Hier kann sich die im Schatten des eigenen
Unbewußten angesammelte Aggressivität wiederfinden, die bei

Depressiven destruktiv wirkt, weil sie gegen sich gerichtet ist. Ein Behandlungsbeispiel hierzu habe ich im Kapitel über das »Opfer« gebracht, in dem im Traum ein schwarzer Stier getötet wurde. Hier wurden die autodestruktiven Kräfte sehr deutlich, die sich darin ausdrückten, daß die eigene wichtige animalische Seite geopfert worden war. Auch hier war ein ganzheitlicher Aspekt verloren gegangen.

Zerstückelung als Wandlungsmotiv

»Zerstückelung« als archetypisches Motiv ist auch von kulturspezifischer Bedeutung und tritt in einem sehr unterschiedlichen Kontext auf. Es kann auch noch andere Bedeutungen haben als die einer Autoaggression oder einer beschädigten Ganzheit. Zerstückelung kann sogar mit der Idee einer radikalen Erneuerung verbunden werden. Um eine Vorstellung von der Verbreitung und Bedeutung dieses Motivs zu bekommen, sollen ein paar Beispiele aus der Kulturgeschichte gebracht werden.

Die Idee einer radikalen Umänderung des Bestehenden findet sich häufig in der Alchemie, jener eigenartigen Wissenschaft, die nicht nur das Goldmachen im Sinne hatte, sondern in ihrem spekulativen Teil sich auch im Sinne einer philosophischen Naturlehre (ihre Wurzeln reichen bis in die Antike zurück) um geistig seelische Erscheinungen kümmerte. Hierbei bediente sie sich einer zum Teil drastischen Symbolsprache.

So findet sich der Gedanke der Veränderung des Bestehenden auch ausgedrückt über *Zerstückelungsmotive*. Auf alten alchemistischen Darstellungen sieht man oft einen Mann mit einem Schwert in der Hand. Daneben liegt bereits ein zerstückelter menschlicher Körper als Ausdruck der stattgehabten Zerlegung des »toten Königs«. Hiermit ist gemeint, daß ein altes zu Ende gekommenes Prinzip in seine Ausgangsbestandteile zerlegt werden muß, damit aus ihm anschließend etwas Neues entstehen kann. Dieses Motiv der Erneuerung drückt sich auch aus in dem bekannten Ausruf: »Der König ist tot! Es lebe der König«.

Dieckmann (2001, 151f) weist in diesem Zusammenhang auf einen psychologisch interessanten Aspekt der »Grausamkeit«

hin, wie es dem Kind etwa in Form von Märchen begegnet. Es ist in entwicklungspsychologischer Hinsicht schon für das Kind wichtig, daß es diesen speziellen Aspekten der Aggression begegnet. Es macht in der Begegnung mit den Grausamkeiten der Märchen gewissermaßen eine archetypische Grunderfahrung, daß seelische Reifungsvorgänge nicht glatt von der Hand gehen, sondern daß innere Reife im Leben erst nach einer Leidensstrecke erlangt werden kann. Das findet sich nach meiner Meinung eklatant auch bei Depressionen, aus denen man, wenn sich eine fruchtbare innere Auseinandersetzung ergibt, auch aus den Qualen gereift hervorgehen kann. In entsprechenden Märchenmotiven wird etwa Rotkäppchen verschlungen und im »Machandelboom« wird der Junge sogar zerstückelt und gefressen. Bei dieser Grausamkeit bleibt es aber nicht, sonst hätten wir es schlicht nur mit entmenschter Brutalität zu tun, wie sie in den Horrorfilmen zu Genüge produziert wird. Vielmehr folgt dann bei den meisten Märchenmotiven auf die Qual und den Tod die Wiederauferstehung als ein Symbol für das geglückte Erreichen der nächsthöheren Reifungsstufe. Es werden also Qualen der Reifung dargestellt, die eng miteinander verbunden sind und zumindest im Unbewußten des Kindes Vorstellungen über Bedrohung und Errettung bilden helfen.

In der englischen Sprache wird besonders augenfällig der Zusammenhang von Zerstörung und Errettung – genauer von Zergliedern und Zusammenfügen als Ausdruck eines geistig-seelischen Aktes – deutlich. S. Nichols (1984) weist auf einen schöpferischen *Erinnerungsakt* im Zusammenhang mit dem Isis und Osiris Mythos hin. Dort setzt Isis den zerstückelten Körper (engl. dismembered = zergliedert) von Osiris wieder zusammen, indem sie ihn buchstäblich *erinnerte* (engl. re-membered = wieder eingliedern). Erinnern heißt sich ein Bild machen, wiederherstellen und ist somit ein schöpferischer Akt, da er immer von Emotionen begleitet ist und wir somit einen Teil von uns selbst hineinlegen. So heißt Erinnern im tiefenpsychologischen Bereich auch immer, etwas zu rekonstruieren, die Bruchstücke der Vergangenheit wieder auferstehen zu lassen, auch in ihrem emotionalen

Gehalt, um letztlich auch sich in seiner Gänze verstehen zu können. Denn wir haben ja auch eine Vergangenheit, die uns prägte, ohne die wir nicht wären was wir sind.

Zerstückelungsmotive finden sich neben dem Isis und Osiris Mythos auch im griechischen Mythos des Tantalus. Ferner sind Zerstückelungsmotive bei den Initiationsriten der Schamanen zu finden, wo ebenfalls nach erfolgter symbolischer Zerstückelung die Wiedererlangung der jetzt erneuerten Ganzheit im Vordergrund steht (Eliade 1954). Das Motiv zeigt sich auch in zahlreichen Märchen. Erinnert sei hier nur an das Grimmsche Märchen: Der Räuberbräutigam und Fitjes Vogel.

Jung hat sich aus psychologischer Sicht besonders mit den Visionen des Alchemisten Zosimos beschäftigt (GW Bd. 13), in denen vor allem die Bedeutung des Opfers untersucht wird und die damit zusammenhängenden Visionen des Zosimos von Zerreißung, Tötung, Qual und endlich als Ziel die Verwandlung, hin zur Ganzheit.

Eine andere beliebte alchemistische Darstellung für die Idee der Erneuerung zeigt ein eigenartiges Motiv, das die »Kochung des Alten« genannt wird. Ein Mann steht in einem großen mit Wasser gefüllten Kochbehälter. Man sieht, wie ein junger Mann eifrig das Feuer entfacht. Über dem Haupt des Mannes sieht man eine aufsteigende Taube, die als ein volatiles Symbol bereits andeutet, daß unter Einkochung der alten Materie sich ein flüchtiges geistiges Prinzip bildet. Es findet also eine Umwandlung (»Transmutation«) statt von einem Aggregatzustand in den anderen. Wir treffen hier wieder auf das verbreitete alchemistische Motiv von »solve et coagula« von Lösen und Verfestigen als einer zyklischen Beschreibung von Wandlungsvorgängen: Alte überkommene und überholte Vorstellungen und Prinzipien, dazu gehören in tiefenpsychologischer Hinsicht auch alte Symptome und fixierte Verhaltensweisen, sollen gelöst ja aufgelöst werden und neue Möglichkeiten sollen sich bilden und verfestigen. Wie man sieht, gibt es eine Vielfalt von Erneuerungsmotiven und die Zerstückelung stellt nur eine besondere Modifikation des Themas dar.

Es überrascht daher nicht, wenn man sich die Bedeutung des Archetyps der Erneuerung und der Wandlung vor Augen führt, daß dieses Motiv auch bei seelischen Störungen so bedeutsam ist. Diese Motive der Wandlung reichen weit ins Religiöse hinein, wenn wir an die Erneuerungsmotive im Christentum denken, etwa an die Taufsymbolik, und an die Auferstehung des neuen Menschen. Auch im alten China begegnen wir diesem Prinzip wieder; so etwa in der Atemlehre, in der es heißt: »Die Große Essenz des Erhaben – Höchsten lasse die Flüssigkeiten fest werden und mache das Transzendente hart wie Bein.« (Eliade 1973)

Wiederherstellungsmotive sind bei tiefenpsychologischen Behandlungen recht verbreitet, auch wenn man sie nicht sogleich als solche identifiziert, wie folgendes Beispiel zeigt:

Das Octogon, ein Ganzheitstraum

Eine 27jährige Studentin berichtete zu Beginn der Therapie folgenden Initialtraum:

»Als Kind habe ich geträumt, daß ich in einer sternförmigen – im Grundriß achteckigen Wohnung bin. Es war alles grau, schwarz, weiß und so rieselig. Es waren viele Türen da. Obwohl ich wußte: wenn ich in die Mitte gehe, schließen sich alle Türen, bin ich dennoch hin. Es schlossen sich alle Türen bis auf eine Tür. Darin stand ein fremder Mann, der machte mir Angst. Ich hatte keine Sprache«.

In diesem kurzen Traum ist bereits die zentrale Thematik der Patientin wiedergegeben. Wenn sie sich in die Mitte stellt, dann verschließen sich ihr die Türen und damit der Zugang zu anderen Menschen. Sie darf sich also nicht ernstnehmen und selbst einmal Mittelpunkt sein. Sie sagte sogar bei der Traumbearbeitung wörtlich: »Wenn mir klar wird, daß ich existiere, dann verschließen sich die anderen«. Man muß sich das vor Augen führen. Sogar die Bewußtwerdung seiner selbst führt zum Rückzug der anderen! Wie kam die Analysandin zu dieser Überzeugung, die bislang ihr ganzes Leben geprägt hatte?

Die Familienvorgeschichte ergab, daß ihre Geburt eigentlich unerwünscht gewesen war. Sie war eine Nachzüglerin, ihre Zeugung war »ein Versehen« gewesen. Die Mutter fühlte sich überfordert, nach zwei Kindern noch ein drittes Kind zu bekommen. Gleich nach der Geburt bekam sie einen Erschöpfungszustand, gab das Kind in Obhut und mußte erst einmal für einige Monate zu einer Kur fahren. Es konnte also der Analysandin auch in der späteren Kindheit nicht verborgen bleiben, daß sie nicht zur Last fallen durfte. Am besten schien es, ganz bescheiden sich im Hintergrund zu halten. Hinzu kam aber ein unausgesprochenes Konkurrenzmotiv von Seiten der Mutter gegenüber der Tochter. Diese erschien ihr ähnlich. Sie wollte von ihr hinsichtlich Geltung, Leistung und Anerkennung nicht überflügelt werden und hielt die Tochter daher unbewußt in einer depressiven Position gefangen. Archetypisch gesehen finden wir hier einen »negativen Wandlungscharakter«, der Entwicklungen nicht zuläßt. Wir sehen hier also ein Gefangensein in »sich selbst«. Zeigt man sich, verliert man die anderen.

Hier haben sich also schon sehr früh in der Kindheit Grunderfahrungen gebildet, die den Umgang mit sich selbst geprägt haben. Die Patientin hat es gelernt, sich zurückzustellen, ja sich »tot« zu stellen. Im Traum der Patientin ist das Selbst repräsentiert durch die Wohnung, die im Grundriß eine zweifache Quaternität, das *octogon* aufweist und somit den Ganzheitsaspekt doppelt betont. Das Selbstsymbol tritt uns hier in einer Mandalastruktur mit allen hierzu gehörigen Kennzeichen entgegen. Mandalas sind im tibeto-indischen Raum symbolische Darstellungen des Selbst, als einem inneren Zentrum und werden unter anderem als Konzentrationshilfen bei Meditationen eingesetzt. Sie sind charakterisiert entweder durch einen radiär symmetrischen oder quadratischen Aufbau, der gesondert die Ganzheitsaspekte symbolisiert. Auch in Träumen und aktiven Imaginationen können Symbole des Selbst auftreten, als Ausdruck für Gestaltungskräfte des Unbewußten, die sich ein stabiles Zentrum suchen.

Im Traum der Patientin findet sich ebenfalls eine solche Symbolik des Zentrums, mit einer Symmetrieachse und mit Kardinalpunkten. Diese Struktur verweist auf Stabilität, Ordnung und Ganzheit. Es ist also eigentlich alles vorhanden, was zu einer stabilen Selbststruktur gehört. Das Selbst ist nicht beschädigt. Aber das Ich darf nicht in Aktion treten, sich nicht zu sich selbst bekennen, sonst isoliert es sich sofort! Man kann hier die wichtige Rolle der Ich-Störung bei der Depressionsbildung erkennen. Ein Ich, das sich nicht zeigen darf, ist zumindest latent depressiv. An der Peripherie des Selbst, das hier durch die Türen im Traum dargestellt wird, sind die Nahtstellen zu den Außenobjekten. Diese Türen verschließen sich sofort, sobald sich die Patientin ihrer selbst bewußt wird und in die Mitte tritt. Im zwischenmenschlichen Umgang heißt dies also: »Trete ich in den Mittelpunkt und bringe mich ein, dann ziehen sich die anderen zurück und verschließen sich.« Dies ist ein depressiver Modus im Umgang mit Menschen, wie er sich häufig findet.

Sich seiner selbst bewußt werden, heißt nun nichts anderes als »selbstbewußt« sein. Das Selbstsymbol im Traum der Patientin ist nicht beschädigt. Aber vom ichpsychologischen Standpunkt aus betrachtet, kann das Ich nicht ins Bewußtseinsfeld treten und darf auch kein positiver Inhalt des Selbst werden. Interessant ist es zu verfolgen, daß sich nun im Traum keineswegs die sonst immer bereite Angst vor Objektverlust, Isolation und Einsamkeit erfüllt. Hier trifft man auf die prospektive Funktion des Traumes, die neue Möglichkeiten aufzeigt und damit sagt: Wage es ruhig aus Deinem alten Schema herauszukommen. Zeige Dich und Du wirst sehen, es geschieht nichts Böses.

Die Patientin wagt sich, auf der Bildfläche zu erscheinen und alle Türen verschließen sich erwartungsgemäß, bis auf eine. Darin bleibt der fremde Mann stehen, angsteinflößend und unbekannt. Und tatsächlich wird die Patientin vor Angst sprachlos. Sie begegnet einem fremden Mann. Es darf nicht vergessen werden, es handelt sich um einen Initialtraum, also um den ersten im therapeutischen Prozeß mitgeteilten Traum der Patientin. Wir können diesen Traum auch auf der *Übertragungsebene* deuten. Dann ist sie in mir als Therapeuten dem »fremden Mann« begegnet.

Sie hat diesen Traum nicht während der Therapie geträumt. Aber ihr Unbewußtes greift auf dieses alte, schon immer gültige

Motiv zurück und erinnert sich. Hier wird etwas zusammengefügt, weil es zu der therapeutischen Situation paßt. Ich ziehe mich nicht zurück, wenn sie sich zeigt, sondern fördere dies sogar. Aber sie ist es nicht gewohnt, im Mittelpunkt zu stehen, sondern es erfüllt sie mit Angst und Schrecken. *Subjektstufig* gedeutet ist sie hier ihrem Animus, ihrem gegengeschlechtlichen Anteil begegnet, der offenbar bedeutungsvoll, aber noch in seiner Funktion unbekannt ist. Hier stünde eine Begegnung und Auseinandersetzung mit diesem unbekannten und unbewußten Motiv des fremden Mannes an.

Psychodynamisch interessant war es, daß sie ihren Animus auch auf ihren Partner projizierte und delegierte. Von ihm sollten die Aktivitäten und Impulse kommen. Bei Abwesenheit des Partners kam es dann jeweils zu kurzfristigen depressiven Reaktionen, die in archaischer Betrachtungsweise einem »Seelenverlust« bei primitiven Völkern gleichzusetzen wäre. Sie verlor ihren Animus und damit wichtige Anteile von sich selbst, mit dem Ergebnis einer depressiven Leere, mit Antriebs- und Hoffnungslosigkeit.

In unserer Betrachtung des Traumes ist noch die Farbangabe unberücksichtigt geblieben. Die Hintergrundfarbe, ja die Hintergrundstimmung ist polarisiert in schwarz und weiß. Der Patientin fiel hierzu ein, daß sie oft dazu neigte, in Extremen zu denken und zu empfinden, eben zu übertreiben, so wie es die Mutter auch tat. Dies galt vor allem für ihre Ängste, die sie ungemein verstärken konnte. Zudem weist die Studentin darauf hin, daß ihr das Traumbild »rieselig« erschien. Es handelte sich um ein »altes Raster« wie die Patientin selbst meinte. Und tatsächlich erwies sich die Angst vor Isolation und Depression, aber auch die Angst vor dem Männlichen als ein uraltes Raster, das dringend überholungsbedürftig war.

Auch das hier auftretende Motiv der gefangenen, ausgelieferten Frau und dem fremdem Helden ist sehr verbreitet. Oft ist die Frau in der Hand einer Bestie, eines Drachens, aus der sie befreit werden soll. Der Drachen kann für vieles stehen. So können uns auch Komplexe »gefangen« halten und uns unsere Autonomie, unsere Freiheit nehmen und es erfordert oft den ganzen Einsatz eines »Drachenkampfes«, um die dämonischen Komplexe zu besiegen. So stand auch meine Patientin unter der Herrschaft eines »dämonischen« Minderwertigkeitskomplexes, aus der es sich galt zu befreien.

4. ARCHETYPISCHE THEMEN UND MOTIVE DER DEPRESSION

Grundmotive der Depression sind schon mehrfach aufgetaucht. Sie sind keineswegs spezifisch für die Depression, aber hierfür besonders charakteristisch. Die hier aufgeführten Themen stellen nur eine Auswahl dar und verweisen auf eine Thematik, die mir häufig bei den emotionalen Störungen begegnete, so daß hiermit kein Anspruch auf Vollständigkeit verbunden ist. Die beschriebenen Themen und Motive können sowohl bei der direkten Auslösung einer Depression eine Rolle spielen als auch eine Grundhaltung, ein bestimmtes archetypisches Lebensthema des Depressiven ausmachen, das ihn ein Leben lang begleitet. Bowlby (1994, 332) hat bei seiner wichtigen Arbeit zum Depressionsthema, gerade im Zusammenhang mit der Bedeutung von Trauer und Verlust darauf hingewiesen, daß bestimmte Ereignisse in der Kindheit, etwa frühe Verlusterfahrungen mit Angehörigen, zu einem bestimmenden Lebensthema werden können. Dies muß nicht direkt zu einer Depressivität führen. Wird das Thema aber im späteren Leben aktualisiert, etwa durch einen neuen Verlust dann kann eine Depression als Ausdruck einer Nichtbewältigung die Folge sein.

Wenn man sich die einzelnen Themen, die ich aufgeführt habe, genauer ansieht, dann erkennt man, daß sie alle irgendwie miteinander verwoben sind, sie gehen gewissermaßen auseinander hervor. Aber es ist gerechtfertigt, sie gesondert darzustellen, da sie oftmals eine spezifische und eigenständige Rolle einnehmen in dem großen Komplex der depressiven Störungen.

4.1 Der Schatten: Nicht nur unsere dunklen Seiten

Der »Schatten« im Sinne der Analytischen Psychologie umfaßt einen Bereich unserer inneren Existenz, der uns normalerweise nicht zugänglich ist, weil er Inhalte enthält, die nicht bewußtseinsfähig oder verdrängt sind. Dieser von Jung geprägte Begriff beschreibt bildhaft einen Ausschnitt des Unbewußten, der unsere dunklen aber auch unentwickelten Seiten enthält. Vor diesem Hintergrund kann auch erwartet werden, daß die Auseinandersetzung mit Inhalten des Schattens eine wichtige Rolle bei tiefenpsychologischen Therapien spielt. Unentwickelte Aspekte – Schattenaspekte – spielen praktisch bei allen psychischen Störungen eine Rolle und sind nicht etwa spezifisch für Depressionen. Da sie aber so eklatant »die andere Seite« zur sichtbaren Oberfläche der Depression ausmachen, erscheint mir das Schattenthema als ein besonders wichtiges archetypisches Thema bei der Depression.

Wenn man sich mit der Tiefendimension der Depression beschäftigt, dann begegnet einem nämlich eine typische Gegensatzstruktur. Erscheint der Depressive in seiner Persona klein, ängstlich, hilflos und abhängig, dann kann man sicher sein, daß er in seiner Latenz ganz gegenläufige Tendenzen trägt, etwa Züge von Macht und Aggressivität. Diese Gegensatzstruktur erklärt sich aus der frühkindlichen Entwicklung Depressiver. Sie haben aus wichtigen Gründen früh gelernt, ihre Geltungsstrebungen und aggressiven Regungen zu unterdrücken und ins Unbewußte zu verbannen. *Sie konnten nicht mehr »eins«sein mit ihnen.* So mußten sie sie verdrängen. Da sie diese Regungen nicht richtig leben und entwickeln konnten, führen diese gewissermaßen ein abgespaltenes, nicht integriertes Schattendasein und sind im Unbewußten roh und unentwickelt geblieben.

So kann man sich vorstellen, daß aus diesem Blickwinkel, eine hier bestehende ursprüngliche *Ganzheit* durch Ausbildung der depressiven Struktur verloren ging. Der Depressive lebt also im wahrsten Sinne im Zwiespalt mit sich, er ist nicht mit sich einig. So wie Narziß auch seine im Spiegel sichtbar werdende Schön-

heit und Harmonie nicht annehmen konnte, so ist die Wiedererlangung der verlorengegangenen Ganzheit, worauf auch Hobson
(1955) hinweist, ein wichtiges Thema und Ziel in der Behandlung von Depressionen.

Bei der *Wiedererlangung der Ganzheit* geht es nach meiner
Erfahrung zumindest bei der Depression um zwei Aspekte: Es
geht einmal um die Bejahung der guten und unversehrten
Anteile. Auch damit tut sich der Depressive schwer. Er kann bei
sich nichts gelten lassen. Es ist für Depressive kennzeichnend,
daß sie mit sich nie zufrieden sind und von grandiosen Vorstellungen und Erwartungen geprägt und gequält werden, denen
sie nie entsprechen können. Oft steckt ein Minderwertigkeitskomplex dahinter, dessen Behebung nur durch »außerordentliche Taten« möglich erscheint. Und als weiterer Punkt geht es
bei der Überwindung der Depression um eine »Schattenannahme«, um die Annahme unentwickelter Seiten, was vielleicht
noch schwerer fällt. In der Jungschen Psychologie wird dem
Entwicklungsgedanken eine besondere Aufmerksamkeit
geschenkt. Hierbei wird oftmals die Selbstentfaltung und
Selbstfindung, die sogenannte Individuation im Sinne eines
generell erstrebenswerten Lebenskonzeptes, mit Erlangung
einer umfassenden »Ganzheit« assoziiert. Die Anwendung des
Ganzheitsbegriffs in diesem Sinne halte ich für recht problema-
tisch, wenn damit das Ziel verbunden wird, möglichst eine
Vollständigkeit in allen Bereichen der Persönlichkeit und der
Lebensbezüge anzustreben. Das erscheint mir zu inflationär, zu
idealisierend und zu narzißtisch und zwingt gerade den Depressiven in die Knie. Es entsteht außerdem die Gefahr von Größenvorstellungen und Größenphantasien. Ich denke, gerade das
Aushalten der Unvollständigkeit ist eine Leistung, die sogar für
ein gutes Maß an Selbst-Bewußtsein und narzißtischer Kränkbarkeit spricht. Ich möchte sagen, daß diese Einstellung sogar
im besten Sinne »ganzheitlich« ist, weil sie auch den Schatten
der Unvollkommenheit mit einbezieht und ihn aushalten kann.
Es ist oftmals sehr schwer, zuzugeben, daß man in manchen
Bereichen nur mittelmäßig oder gar schlecht ist. Und doch ist es

gerade diese Fähigkeit, die eigene Unvollkommenheit aushalten zu können, die Stabilität verleiht.

Dies bedeutet nicht, daß wichtige Bereiche unseres Unbewußten wie Selbstachtung oder Durchsetzungsvermögen nun im Schatten bleiben müßten. Natürlich soll das, worunter wir leiden und woran wir Mangel haben, auch entwickelt werden. Ohne Zweifel finden wir in dieser Hinsicht in der Psyche zusammenführende und integrierende Kräfte. Dahinter läßt sich ein ordnendes archetypisches Prinzip entdecken. Es ist der Archetyp der Ganzheit und er umfaßt die lichten Seiten und die Schattenseiten und erweist sich damit als eine zentrale psychologische Größe, als eine Funktion unseres Selbst. Man darf sich aber nicht von diesem Archetyp überfluten lassen und sich zu einem Totalitätsanspruch auf der Seite des Könnens und Vermögens verleiten lassen. Wie zu jedem Archetyp muß auch hier das Ich einen bestimmten Abstand wahren. Als ein Wirkfaktor setzt dieser Archetyp im Unbewußten aber wichtige Strebungen in Gang. Gerade in Bereichen, wo etwas beschädigt ist, finden sich in der Psyche Tendenzen, die es wieder »ganz« und »heil« werden lassen wollen. Hierzu müssen auch Schattenanteile entwickelt und integriert werden. Andere Bereiche unserer Psyche werden sich hingegen vielleicht nie entwickeln.

Was gehört landläufig zu unseren dunklen Seiten?

In erster Linie werden wir an Charakterzüge, Verhaltensweisen und Einstellungen denken, wie Rachsucht, Neid, Eifersucht, Streitsucht, die wir nur schlecht an uns akzeptieren können, da sie sich mit unserem Ich-Ideal nicht vereinbaren lassen. Hierzu zählen auch inferiore Persönlichkeitsanteile, die weit in den triebhaft-animalischen Bereich hineinreichen und zu einem moralischen Problem werden können.

Charakteristisch ist, daß Schattenanteile bevorzugt projiziert werden auf andere Menschen und dort bekämpft werden. Man denke nur an das berühmte Beispiel aus der Bibel von dem Splitter, den man im Auge des anderen sieht und sich dabei nicht des Balkens im eigenen Auge bewußt wird. Ist jemand im äußeren

Habitus selbstlos und bescheiden, klein, hilflos, demütig und freundlich, dann ist er im Schatten frech, anmaßend, großspurig unfreundlich und willkürlich: kurzum »unerfreulich«. Gelegentlich schießt ja etwas hoch aus unserer Latenz. Wir sind dann überrascht und sogar betroffen über uns selbst.

Der Schatten gehört zur anderen Hälfte des Lebens dazu, ohne den wir nicht ganz wären. Denn es ist evident, daß wir nicht nur lichte Seiten haben. Die Bewußtmachung des Schattens und möglichst auch die Integration bestimmter Schattenanteile ist denn auch ein wichtiges Ziel bei analytischen Therapien, gehört aber mit zu ihren schwersten Aufgaben, weil hierzu eine schonungslose Offenheit gehört, die nicht leicht zu erreichen ist.

Neben dem *persönlichen* Schatten gibt es auch *archetypische* Schattenmotive: So ist etwa der Teufel der Schatten von Christus und umgekehrt.

Jung (GW 7, § 35) bringt ein einleuchtendes Beispiel zum Problem der Integration des Schattens hinsichtlich körperlich-animalischer Aspekte. Hieran wird auch deutlich, welche Konflikte mit der Integration eines solchen Schattenanteiles verbunden sein können:

> »Eine dunkle Ahnung sagt uns, daß wir ja nicht ganz sind ohne dieses Negative, daß wir einen Körper haben, der wie der Körper überhaupt, unweigerlich einen Schatten wirft, und daß wir diesen Körper leugnen. Dieser Körper aber ist ein Tier mit einer Tierseele, d. h. ein dem Trieb unbedingt gehorchendes, lebendes System. Mit diesem Schatten sich zu vereinigen, heißt Ja sagen zum Trieb und damit auch Ja sagen zu jener ungeheuerlichen Dynamik, welche im Hintergrunde droht. Davon will uns die asketische Moral des Christentums befreien, auf die Gefahr hin, die Tiernatur im Menschen im tiefsten Grund zu stören.«

Der Begriff des Schattens ist aber noch weiter zu fassen und beinhaltet letztlich alle seelischen Inhalte, die (noch) nicht entwickelt oder integriert sind. Es muß sich also nicht nur um moralisch bedenkliche, abgelehnte, bösartige und konfliktträchtigen Seiten handeln. So finden sich im Schattenbereich überhaupt – jenseits von moralischen Kategorien – die ungelebten Seiten in uns, die eben ein Schattendasein führen und so in ihrer ursprüng-

lichen archaischen Roheit auch nicht ohne weiteres gelebt werden könnten und daher auch integriert werden müßten. Hierzu
gehören auch Bereiche der Emotionalität, der Affektivität, der
Aggressivität aber auch des Einstellungstyps: Ist jemand von seiner Einstellung her extravertiert, dann ist er in seiner Latenz
introvertiert. Beim Depressiven ist regelmäßig zu finden, daß er
nicht in der Lage ist, sich anzunehmen. So betrachtet liegt seine
Selbstannahme im Schatten, sie fristet regelrecht ein »Schattendasein«. Gelegentlich taucht aus unserem Schatten ein solches
Thema in Träumen auf und macht uns damit auf die »anderen
Seiten in uns« aufmerksam.

Viele Beziehungsformen sind so geprägt, daß der andere Partner die eigenen Latenzen lebt. Der eine Partner lebt gewissermaßen den Schatten des anderen. Kommt in diesem Bereich etwas
aus dem Gleichgewicht, dann können depressive Störungen die
Folge sein. Beispielsweise findet man öfter bei Alkoholikern, daß
deren Partner absolut abstinent leben. Dann würde der
»trockene« Partner seine latente Suchtstruktur auf den alkohol-
kranken Partner projizieren und auch dort bekämpfen. Man
darf natürlich als Therapeut nicht vorschnell eine »Latenz«, die
im Einzelfall vielleicht gar nicht existiert, dem abstinenten Partner unterstellen, sondern man muß sie auch positiv im tiefenpsychologischen Gespräch aufspüren und nachweisen können.

Die Leiche im Keller

Jeder Mensch hat eine »Leiche im Keller«, wie es so treffend bildlich heißt. Bei den Engländern verbirgt sie sich als »skeleton on
cupboard« eher im Küchenschrank; eine amüsante Bezeichnung
für ein oft ernstes Thema. Schattenproblematik begegnet dem
Therapeuten praktisch auf Schritt und Tritt, sobald er mit dem
Unbewußten in Berührung kommt. So sind auch alle archetypischen Themen und Motive der Depression letztenendes Schat-
tenthemen, handeln sie doch von unintegrierten und ungelösten
Bereichen der Psyche. Ein Beispiel für die Auseinandersetzung
mit dem Schatten stellt die tiefenpsychologische Aufarbeitung
der eigenen Kindheit dar, da man an viele auch unangenehme

Zusammenhänge herankommt, die bisher unbewußt, etwa verdrängt oder verleugnet waren.

Oftmals wird der Schatten direkt abgebildet in Träumen und tritt dann etwa als ein Verließ, eine Höhle oder als Kellerraum in Erscheinung und kann dann sogar zu einem symbolischen Gefäß der Wandlung werden.

Beispiel für ein Schattensymbol im Traum

Ein 42jähriger Kaufmann träumte zu Anfang der Therapie einen bedeutsamen Initiationstraum. Der von Dieckmann (1972) eingeführte Begriff des Initiationstraumes meint hierbei bestimmte Träume, die ein archetypisches Thema enthalten, das wegweisend für die Behandlung sein kann. Diese Träume können während des gesamten Verlaufes einer Therapie auftreten.

»Ich kam an den Kellereingang unseres früheren Hauses und stieg die Treppe hinab. Unten angelangt bekam ich plötzlich eine Ahnung, daß hier früher etwas Furchtbares passiert war und dieses mit mir zu tun hätte, etwa daß ein Verbrechen stattgefunden hatte und man dahinter käme, daß ich darin verwickelt war«.

Dieser Traum blieb lange in der Therapie rätselhaft und unklar. Der Patient hatte zunächst keine Einfälle hierzu. Erst später konnte allmählich herausgearbeitet werden, daß er als 12jähriges Kind in den Keller gegangen war, um sich den Penis abzuschneiden. Natürlich ließ er sehr schnell davon ab aus Angst vor den Schmerzen. Aber der Fall beleuchtet, wie emotional stark aufgeladen das Thema seiner männlichen Identität war. Er konnte keine positive Beziehung hierzu finden. Seine männliche Identitätsbildung war stark behindert gewesen durch ein negativ schwaches Vaterbild. Die Mutter hatte (notgedrungen) das Sagen, wirkte sehr dominant und kontrollierend und schien das Männliche abzulehnen, favorisierte jedenfalls die Schwester und den jüngeren Bruder, der ein mädchenhaftes Aussehen hatte.

Mein Patient wurde später nach einer selbst vollzogenen Trennung depressiv und kam zu mir deswegen in Behandlung. Er hatte sich getrennt, weil er in seiner Partnerschaft wieder auf eine dominante Partnerin stieß, der er sich unterlegen fühlte. Er verfügte über kein positives männliches Rollenverständnis, wie er sich hätte verhalten müssen. In der Therapie kam er allmählich an sein Schattenthema heran: die Leiche im Keller stellte als Symbol seinen Kastrationskomplex dar. Er stieß an seine autodestruktiven Seiten und es entspann sich in einem längeren Prozeß eine Auseinandersetzung mit seinen Schattenseiten. So läßt sich der Keller als Ort des Unbewußten ansehen, in den symbolisch über die Therapie hinabgestiegen werden muß, um zur Auseinandersetzung mit unerledigten Themen zu gelangen, mit der Chance zur Veränderung und Wandlung. Dies erinnert sehr an das Motiv der Nachtmeerfahrt (Kap. 4.3) hinsichtlich des Abstiegsmotivs und der Möglichkeit der Wandlung, im Sinne einer heranwachsenden neuen Einstellung.

Als zentrales Thema kristallisierte sich bei meinem Patienten bald sein männliches Identitätsproblem heraus. Er verfügte über keine tragfähigen Vorstellungen und Verhaltensmuster zur männlichen Rolle.

Der persönliche Vater war beruflich stark eingespannt und auch psychologisch wenig »präsent« gewesen. Zuhause hielt er sich zurück und überließ alles der Mutter. So liefen alle Fäden zu Hause auf die Mutter zu. In der Analyse wurde deutlich, wie stark sich der Patient einen Vater gewünscht hätte und wie sehr er von der Mutter dirigiert worden war. Seine letzte Frau war 13 Jahre älter als er gewesen. Er hatte sich getrennt, weil er in der Beziehung zunehmend zum kleinen abhängigen Jungen regrediert war. Die sich einstellende Depression nach der Trennung war Ausdruck einer Orientierungskrise: Er konnte auf keine stabile und autonome männliche Identität zurückgreifen. Wenn man sich das Jungsche Modell der Ichentleerung vor Augen führt, dann befand sich seine männliche Identität gewissermaßen im »Keller«, nämlich im Schattenreich des Unbewußten.

Entwicklungspsychologisch ist es sehr bedeutsam, daß schon früh eine »Kontrastrepräsentanz« zur Mutter da ist, um auch die notwendige Relativierung zu ihrem Einfluß zu gewährleisten, sonst kann das mütterlich-weibliche Prinzip leicht überrepräsentiert sein. Die Entwicklung steht dann unter der Dominanz des Matriarchats. Die Vaterfigur ist unentbehrlich für Jungen und Mädchen – aber nicht nur für die erforderlichen Ablösungs- und Verselbständigungstendenzen der Entwicklungszeit, sondern auch als Projektionsträger für die Männlichkeitsbilder, die hierüber im Unbewußten gebildet werden. Für den Jungen werden hierüber Identifikationsprozesse in Gang gebracht, die behilflich sind bei dem Aufbau einer eigenen gefestigten männlichen Identität. Für das Mädchen entwickeln sich Vorstellungen über die väterlich-männliche Welt, die einmal behilflich sind, die eigene geschlechtliche *Differenz* zu festigen. Zum anderen kann sich ein inneres Männlichkeitsbild aufbauen, über das ein wichtiger Zugang zur gegengeschlechtlichen Welt gefunden werden kann, im Sinne der Bildung eines »Animus«. Dieser Animus übernimmt dann als regelrechte psychologische Funktion für die Persönlichkeit einen erweiternden Charakter.

Sind Väter psychologisch gesehen wenig präsent gewesen, dann kann sich ein wichtiges »archetypisches Leitthema« bilden, das die Betreffenden manchmal jahrelang zumindest unbewußt beschäftigen kann: Es ist die »*Vatersuche als Selbstfindung*«. Es wird ein Vater gesucht, über den man sich entwickeln kann. Bei meinen Patienten stellte sich sehr bald dieses Motiv als ein Leitthema einer Analyse heraus.

Animus und Anima

Die eigenen Schattenanteile können vom Unbewußten oftmals in Form von gegengeschlechtlichen Bildern zum Ausdruck kommen. So können in den Träumen eines kühlen und beherrschten rationalen Mannes sentimentale Frauenfiguren auftauchen, die sich temperamentvoll äußern oder sich tief bewegt zeigen. Hieran kann man eine kompensatorische Bewegung des Unbewußten erkennen, das zu einseitige Haltungen und Lebenseinstellungen korrigieren hilft. Daß wir in unserer Persönlichkeit auch »eine andere Seite« haben, zeigt sich in Form vieler Symbole und Bilder. Diese müssen nicht immer gegengeschlechtlich angelegt sein. Man kann sich aber prinzipiell überlegen, daß im Manne eine versteckte Weiblichkeit ruht, wie umgekehrt auch bei der Frau eine versteckte Männlichkeit zu entdecken ist, die zunächst von den eigenen Elternbildern ausgefüllt sind. C. G. Jung hat hier eine regelrechte Funktion des Unbewußten erkannt, die sich über eine in uns angelegte Zwiegeschlechtlichkeit äußert, die er bei der Frau Animus und beim Manne Anima nannte. Er sagt (GW 17, § 338):

> »Jeder Mann trägt das Bild der Frau von jeher in sich, nicht das Bild dieser bestimmten Frau, sondern einer bestimmten Frau. Dieses Bild ist im Grunde genommen eine unbewußte, von Urzeiten herkommende und dem lebenden System eingegrabene Erbmasse, ein »Typus« (»Archetypus«) von allen Erfahrungen der Ahnenreihe am weiblichen Wesen. Dasselbe gilt auch von der Frau, auch sie hat ein ihr angeborenes Bild vom Manne.«

Es handelte sich bei Animus und Anima also um archetypische Bilder und Strukturen. Wie jeder Archetypus übernehmen Animus und Anima vermittelnde Funktionen zwischen dem Bewußten und dem Unbewußten. Als Archetypen stellen sie hierbei Bereitschaftssysteme dar, die sich mit spezifischen Bildern füllen können. Diese sind aber höchst individuell. So kann man auch nicht erwarten, daß es universal gültige Bilder von Männlichkeit und Weiblichkeit gibt, die gewissermaßen obligatorisch in der unbewußten Psyche eines jedes Menschen anzutreffen sind. Vielmehr variieren nach meiner Erfahrung die gegengeschlechtlichen Bilder erheblich. Jung war hier nicht ganz konsequent. Er entwarf Charakterisierungen vom Männlichen (Animus) und vom Weiblichen (Anima), die zeittypisch waren und in der Gegenwart zum Teil heftigen Widerspruch hervorriefen. Wie etwa bei Ursula Baumgardt (1988, 133), die sogar den Animus als ein komplexhaftes Reagieren definiert, im Sinne eines Minderwertigkeitskomplexes, der nicht primär zum weiblichen Wesen gehört. Ausgangspunkte für diese Kritik sind unter anderem Jungs Äußerungen wie etwa 1929 (GW 13, § 60): »und wie die Anima des Mannes zunächst aus minderwertiger affektiver Bezogenheit besteht, so besteht der Animus der Frau aus minderwertigem Urteil, oder besser: Meinen«. Es ging hier also um die Hervorhebung unentwickelter »minderwertiger« Bereiche,

nämlich um eine vermeintlich in der frühen Kindheit noch unentwickelte emotionale Seite des Mannes und analog einem unentwickelten Denkprinzip bei der Frau. Dies mag manchmal zutreffen, manchmal aber auch nicht. Man darf es eben nicht
verallgemeinern. So erschient es mir für Behandlungen wichtig,
daß man beim einzelnen Menschen genau hinsieht, welche Konfiguration Animus und Anima *bei ihm* einnehmen. Insbesondere
in seinem Alterswerk wandte sich Jung mehr den prospektiven
und lebenszugewandten Bereichen dieser Archetypen zu und
betonte ihren bereichernden und erweiternden Aspekt.

In den letzten Jahren kam es von Seiten einiger Jungianer –
als erster wohl Blomeyer (1976) – dann etwa bei James Hillmann
(1981), bei Verena Kast (1990) oder Daniela Heisig (1996) zu
Überlegungen, daß es auch im Unbewußten der Frau Weiblich-
keitsbilder gibt, die man folglich ebenso »Anima« nennen sollte.
Entsprechendes gelte auch für den Animus. Für mich gibt es keinen Zweifel, daß auch eigengeschlechtliche Bilder vom Unbewußten gebildet werden. Aber man verläßt damit das Konzept
Jungs, der ja Wert auf die Gegensatzstruktur der Psyche legte.
Gerade vom Gegenläufigen in uns gehen besondere energetische
Spannungen aus. Ich bezeichne solche auftretenden eigenge-
schlechtlichen Bilder beim Mann daher lieber als »archetypisches
Bild des Männlichen« oder entsprechend bei der Frau als »arche-
typisches Bild des Weiblichen« und reserviere weiterhin die
Begriffe von Anima und Animus für auftretende *gegenge-
schlechtliche* Bilder.

Man muß davon ausgehen, daß die Bildung von Anima- und
Animusbildern von verschiedenen Einflüssen abhängen. Sie
beruhen zum einen auf kollektiven Einflüssen der Umgebungskultur, in der jemand aufwächst. So war das Weiblichkeitsbild
noch vor siebzig Jahren anders beschaffen als in der Gegenwart.
Eine spezielle manipulative Prägung erfuhr etwa das Weiblich-
keits- und Frauenbild im Dritten Reich, das von starkem Patrio-
tismus und Rassismus geprägt war. Die Frauen erschienen idea-
lerweise gebärfreudig, waren dem Manne ergeben und sollten
möglichst viele edle, heldenhafte Söhne und hingebungsvolle

Töchter dem Führer schenken. Das Männlichkeitsideal im ausklingenden Mittelalter war wiederum geprägt von den Tugenden des Ritters, wie Tapferkeit, Edelmut, Gottesfürchtigkeit und »Ritterlichkeit« gegenüber der Frau.

Neben der jeweiligen Umgebungskultur spielen vor allem aber auch persönliche Erfahrungen bei der Bildung gegengeschlechtlicher Bilder eine entscheidende Rolle. So wird das Weiblichkeitsbild schon früh zunächst von der eigenen Mutter beeinflußt. Ein Stück eigener Seele wird also zunächst überformt und geprägt durch die unmittelbaren Erfahrungen an und mit der Mutter. Sie hat gewissermaßen Modellcharakter für Vorstellungen über das Mütterlich-Weibliche. Diese frühen Bilder werden später erweitert und angereichert durch hinzukommende neue Erfahrungen. Dies führt zugleich zu einer Entdifferenzierung, zur Loslösung von der Mutterfigur, was ja einen wichtigen Entwicklungsschritt darstellt. Gleiches gilt für den Animus des Mädchens hinsichtlich seiner Beziehung zu Vaterbildern. So können die in uns entstehenden gegengeschlechtlichen Bilder zu einer Beziehungsfunktion werden, hin zu bestimmten Bereichen, die unsere bewußte Einstellung und unsere Verhaltensmöglichkeiten erweitern helfen. Auf diese Weise übernimmt der sich formierende Archetypus allmählich eine vermittelnde Funktion zwischen bestimmten Bereichen des Unbewußten und dem Bewußten.

Beispiel

In den Träumen eines depressiven und sehr kontrollierten Mannes tauchten ab einem bestimmten Abschnitt seiner Therapie Frauengestalten auf, die lachten und tanzten. Es ist unschwer zu erkennen, daß sich hier in der Tiefe des Unbewußten ein kompensatorisches Animabild formierte, das sich aber noch im Schatten des Unbewußten befand. Er war ja nicht derjenige, der lachte und tanzte, aber er konnte von diesen Motiven schon träumen. Bezeichnenderweise war seine Mutter immer ernst, depressiv und zurückgenommen gewesen. In der frühen Entwicklungszeit war sein Animabild entsprechend »mütterlich« geprägt, die Beziehung zu den lustvollen Seiten des Lebens war entsprechend eingeengt. Erst unter der Therapie kam es zur Entdifferenzierung von der Mutter und die Anima wurde zu einer eigenständigen symbolbildenden Funktion, die erneuernde Impulse übernehmen konnte. Es bestand nun die Aufgabe, zu einer Integration dieses Schattenbildes zu kommen und die in sich schlummernde »leichte Muse« zu entdecken und sich von ihr »animieren« zu lassen.

Gerade in Animus und Anima begegnet uns oft ein Gegenpol, eine gegenläufige Seite zu den depressiven Bereichen, die beide zusammengenommen die für die Depression so charakteristische Gegensatzstruktur ausmachen.

Hier möchte ich aber anmerken, daß nach meiner Erfahrung Animus und Anima keineswegs bei allen Menschen regelmäßig eine führende oder gar obligatorische Rolle spielen. Ich kenne viele Behandlungen, wo Animus und Anima eine untergeordnete oder gar keine Rolle zu spielen scheinen. Es sind dann andere archetypische Bilder und Strukturen, die die Entwicklung bestimmen. Wenn aber Animus und Animabilder auftauchen, dann können sie allerdings eine wertvolle Bereicherung des therapeutischen Prozesses darstellen.

Der Animus in einem Gegenübertragungstraum

Gelegentlich träumt auch der Analytiker von seinen Patienten. Dies ist ein interessanter Umstand und weist darauf hin, daß auch das Unbewußte des Therapeuten nicht unbeeindruckt und unberührt geblieben ist von dem seelischen Geschehen seines Patienten. Sogenannte »Übertragungsträume« bei Patienten und bei Therapeuten haben eine hohe therapeutische Relevanz in vielerlei Hinsicht. Sie geben Auskunft über den Beziehungstand zwischen beiden Partnern, vor allem soweit es um unbewußte Einstellungen zwischen ihnen geht. Man macht die Erfahrung, daß in tiefergehenden therapeutischen Prozessen eine Wechselwirkung zwischen Patient und Therapeut entsteht, die nicht nur das Bewußtsein betrifft, sondern auch deutlich das Unbewußte beider berührt und einbezieht.

In der »Psychologie der Übertragung« hat C. G. Jung (GW 16, § 422ff) ein Schema entworfen, das die unbewußten und bewußten Wechselwirkungen zwischen zwei Personen beschreibt und auch auf die therapeutische Situation zwischen Therapeut und Patient angewandt werden kann. Es sind hierbei sechs mögliche Beziehungsformen und Wechselwirkungen denkbar. Psychische Inhalte können hiernach sowohl zwischen den Bewußtseinsebenen von Patient und Therapeut in Wechselwirkung treten als auch jeweils zwischen Bewußtsein und Unbewußtem eines der Partner und schließlich sich gänzlich zueinander auf unbewußter Ebene abspielen. Zwischen den Personen können sich introjektive und projektive Prozesse abspielen im Sinne eines gegenseitigen Austausches von Geben und Empfangen; von Entäußerung und Verinnerlichung.

Vor allem unbewußte Wechselwirkungen sind naturgemäß schwer zu erkennen, lassen sich aber gut studieren, wenn sie in Träumen sichtbar werden. Den folgenden Traum berichtete mir eine Kollegin, die sich bei mir in »Supervision« befand, das heißt einen Behandlungsfall mit mir besprach. Hieran läßt sich sehr schön die Konstellation eines archetypischen Elementar- und eines Wandlungscharakters im Unbewußten der Therapeutin erkennen als Ausdruck einer eingetretenen Auseinandersetzung mit sichtbar gewordenen depressiven Inhalten der Patientin.

Zur Erinnerung: Erich Neumann (1974 a) hat als Hauptcharakteristikum des Mütterlich-Weiblichen einen behütenden und schützenden »Elementarcharakter« von einem die Entwicklung fördernden »Wandlungscharakter« unterschieden. In tiefergehenden therapeutischen Prozessen ist auch das Unbewußte des Therapeuten stärker in den Prozeß involviert, was dann zu *archetypischen Gegenübertragungen* führt (Dieckmann 1980). Nach meiner Auffassung kann man auch hier zwei Hauptcharakteristika unterscheiden: einen Elementarcharakter, der schützende, bergende und ernährende Eigenschaften enthält und einen Wandlungscharakter, der die Entwicklungs- und Wachstumsprozesse fördert. Die Therapeutin träumte nun:

»Es war mein Analysenzimmer, aber die Couch stand woanders als sonst. Auf der Couch lag ausgestreckt und regungslos Frau E. Sie wirkte wie tot. Abgetrennt und nicht weit davon war eine Stehtisch. An dem standen Männer mit schwarzen Abendanzügen und tranken Sekt. Es herrschte eine ausgelassene Feierstimmung. Mir fiel nun auf, daß Frau K. atmete. Sie war also nicht tot«

Die Kollegin berichtete, daß die Patientin in einer Therapiestunde in eine hoffnungslose Stimmung verfallen war und sich die Frage gestellt hatte: »Was wäre, wenn Schluß wäre, wenn ich nicht mehr leben wollte? Es würde keinen Verlust für jemanden darstellen«. Die Patientin fühlte sich für niemanden wichtig und war in eine depressive Stimmung verfallen. Die Kollegin bekam einen gehörigen Schreck und fing an, sich Sorgen zu machen um Ihre Analysandin.

Die Kollegin berichtete aus der Familienvorgeschichte ihrer Patientin und es wurde insbesondere die Mutterbeziehung betrachtet. Sie hatte eine Mutter, die hochgradig unselbständig schien und ihre Tochter dringend für sich benötigte und sich an sie klammerte. So beklagte und beschwerte sie sich etwa über den Vater der Patientin und erwartete wie in vielen anderen Dingen des Lebens ständig Rat und Hilfe.

Die Patientin fühlte sich schon von früh an überfordert mit diesen Aufgaben und sie war selbst mit ihren Wünschen nach Nähe, Geborgenheit und Stärke stets zu kurz gekommen. Die Mutter hatte ihre Tochter »parentefiziert«, das heißt, selbst zu einer Elternfigur gemacht und ihr offenbar kaum ein eigenes persönliches Interesse an ihrem Befinden und Wohlergehen entgegengebracht, was einem negativen Elementarcharakter des hier konstellierten mütterlichen Archetyps entspricht. Es herrschte eine verkehrte Welt und so war die Patientin in wichtigen Bereichen ihrer eigenen Entwicklung zu kurz gekommen. Sie machte nur unzureichend die Erfahrung, gehalten und getragen zu werden. Spiegelnde Nähe und Wärme waren nur notdürftig erlebt worden, was auf ihrer Seite zur Ausbildung einer depressiven Struktur beitrug.

Die Patientin traute sich nicht, etwas im Leben zu fordern und für sich zu beanspruchen und entwickelte die Überzeugung, ihr stünde nichts zu. Es bildete sich ein Minderwertigkeitskomplex, mit einhergehenden Ängsten vor Ablehnung und Herabsetzung durch andere.

Als die Patientin in der Therapie depressiv wurde, regierte die Therapeutin positiv-mütterlich. Sie machte sich Sorgen und hatte Angst um die Patientin, stellte sich also im Gegensatz zur Mutter, die nur um sich kreiste, auf die Patientin ein. Es kam so zu einer positiven, sorgenden und auf Hilfe sinnenden Gegenübertragung auf Seiten der Therapeutin. Stellt sich eine solche Haltung beim Therapeuten ein, dann teilt sie sich auch immer atmosphärisch dem Patienten mit, auch wenn der Therapeut sich insgesamt weiterhin zurückgenommen verhält. Auf archetypischer Ebene betrachtet, konstelliert sich der positive Elementarcharakter des mütterlichen Archetyps mit seinen fürsorglichen Aspekten. Hinzu kommen aber noch weitere bemerkenswerte Möglichkeiten aus dem Unbewußten, wie eine Analyse des Traumes zeigt.

Im Traum liegt die Patientin auf der Couch »wie tot«, sie ist aber nur regungslos. Hier ahnt man noch etwas von der Angst der Therapeutin. Es wird aber auch der depressive Zustand der Patientin geträumt, der sich bildlich über ihre Regungs- und Tatenlosigkeit zeigt. Was fehlt, sind Freude und Lebendigkeit. Diese werden dargestellt von den Männern, die sich in Feierstimmung befinden und Sekt trinken. Die prospektive Möglichkeit dieser Szene liegt darin, daß die Patientin eine Verbindung zu den Männern und umgekehrt – auch die Männer zu ihr – aufnehmen könnte. Das wäre ein zukunftsweisendes und belebendes, im wahrsten Sinne »animierendes«, ja dionysisches Element. Man kann den Traum als Darstellung der latenten Möglichkeiten, die in der Patientin selbst bereit liegen, ansehen, und die vom Unbewußten der Therapeutin bereits erkannt werden. In dieser »subjektstufigen Deutung« entsprächen dann die feiernden Männer den frohsinnigen und lebensbejahenden männlichen Anteilen der Patientin, die psychologisch ihrer Animusfunktion (ihrer schlummernden Möglichkeiten) entsprechen.

Hier kommt ein Beziehungsgedanke hinein. Wenn die Patientin eine bessere Beziehung zu ihrem Unbewußten bekommt, dann gerät sie an eine gewissermaßen »antidepressive« Funktion in sich. Aber mit der Beziehungsaufnahme war es noch weit hin. Die Patientin hatte sich nämlich eine neurotische Ideologie gebildet, die lautete: »Ich brauche keinen Menschen.« Hier sprach eine kalte, ja radikale Seite aus der Patientin, die die Therapeutin mit Sorge vernahm, und woraufhin sie auch im Traum dagegenhielt, mit dem Motiv der feiernden Männer. Diese Männer sind aber noch im Traum von der liegenden Patientin abgetrennt, das heißt, es besteht noch keine Beziehung.

Ich möchte diesen Teil der unbewußten Gegenübertragung auch als Teil einer »archetypischen Gegenübertragung mit Wandlungscharakter« bezeichnen, weil hier gegen die depressive Stagnation Entwicklungs- und Wandlungsmotive gesetzt werden. Das Unbewußte der Therapeutin reagiert in eigenen Bildern, die etwas von der Latenz der Patientin erspüren und sie verstärken.

Mit der schwarzen Perücke hat es auch ihre spezielle Bewandtnis. Die Patientin war nämlich höchst unzufrieden mit ihrem kurzen Haarschnitt, nachdem ihr Kollegen einmal scherzhaft gesagt hatten, sie sehe damit aus wie ein KZ-Insasse.

Im Traum liegt die Perücke schon bereit, aber es fehlt noch die Aktion. Im Kontext mit den Einfällen der Patientin ist sie noch nicht von der psychologischen Wirkung der festhaltenden Mutter befreit. Sie ist noch einseitig damit befrachtet, für die Mutter da sein zu müssen. Sie hat sich von diesem Motiv noch nicht gelöst. Es herrscht noch die depressive Starre vor.

Die Annahme des Schattens

Ein wichtige Rolle bei analytischen Therapien nimmt, wie schon weiter oben angedeutet wurde, die »Schattenannahme« ein. Hierunter versteht man die Erlangung einer inneren Offenheit und Bereitschaft, sich der eigenen dunklen Seiten anzunehmen, sich ihnen zuzuwenden und sich mit ihnen auseinanderzusetzen, statt sie zu verdrängen und zu bekämpfen. Man findet gerade bei Depressiven oftmals eine unerbittliche Einstellung sich selbst gegenüber, die keine »Schwäche« duldet, und alles was danach aussieht unbarmherzig verfolgen und wo es geht auch »ausmerzen« will. Hier denke ich an einen 49jährigen erfolgreichen Geschäftsmann, der unter einem quälenden Minderwertigkeitskomplex litt, der immer wieder Anlaß zu ängstlich-depressiven Zuständen gab. Bei geschäftlichen Kontakten mit seinen Partnern kam er sich manchmal derart minderwertig vor, daß er Blut und Wasser schwitzte, einen hochroten Kopf bekam und unter allerhand Ausflüchten (»auf Toilette gehen« oder »ich muß Zigaretten holen gehen«) vom Verhandlungstisch weg stürzte, um sich draußen wieder zu erholen. Er träumte nun:

»Im Traum war ich verliebt in unsere Sekretärin – die ist überhaupt nicht hübsch, sondern ehrlich gesagt eher ein bißchen häßlich. Ich küßte sie leidenschaftlich. Als ich aufwachte, war ich noch ganz benommen. Ich war glücklich und den ganzen Tag über angenehm zufrieden.«

Der Patient war selbst ganz überrascht von diesem Traum. Allmählich wurde ihm bewußt, daß er bislang ein eher distanziertes Verhältnis zur Mitarbeiterin gehabt hatte, aus Gründen seiner eigenen Kontakthemmungen und *weil er sich selbst in ihr wiederfand*. Im Traum kam es nun zur Anerkennung und Wertschätzung der Frau. Auf der Subjektstufe interpretiert, kam es im Traum zur Annahme minderwertiger Anteile bei sich selbst. Es war die häßliche minderwertige Frau in sich, die er annahm, ja liebte. Es kam zur Vereinigung der Gegensätze. Dies ist ein wichtiger psychologischer Vorgang, dem in der Analytischen Psychologie eine erhöhte Aufmerksamkeit gilt. Diese im Traum vollzogene Gegensatzvereinigung – die alchemistische Symbolik spricht von »coniunctio« – entspricht einem ganzheitlichen Aspekt. Er bekämpfte sich nicht mehr länger, sondern setzte sich mit seinem Minderwertigkeitskomplex verständnisvoller auseinander. Im Traum kam es sogar zu einer stürmischen Bejahung, zu einer liebenden Annahme. Hier sorgte das Unbewußte drastisch dafür, daß eine reservierte, gehemmte Einstellung mit Hilfe starker positiver Gefühle überwunden wurde. Man kann die Frau im Traum als eine Animagestalt ansehen, die noch ein minderwertiges Schattendasein führte, die aber angenommen und damit »erlöst« wurde. Die Annahme des Minderwertigen wurde also zu einem wichtigen Antipoden zur bislang eingenommenen depressiv-entwertenden Haltung des Patienten sich selbst gegenüber und führte zu einer kompensatorischen Einstellung. Der Traum markiert so auch die Entwicklungslinie, die es einzuschlagen galt. Hier kam nicht der befreiende Impuls von der Anima, wie es oft geschieht, sondern von einem handelnden Ich. In der Therapie wurde es dem Patienten klar, *daß er es war, der sich bemühen mußte.*

Die »Annahme des Schattens« repräsentiert demnach ein wichtiges Entwicklungsmotiv und markiert die erste positive Annäherungsform an sich selbst. Sie stellt die Voraussetzung zur Entwicklung und zur Wandlung dar. Wie bedeutsam und verbreitet dieses Motiv ist, kann man sich auch an biblischen Gleichnissen vor Augen führen. So ist etwa die Fußwaschung, die Jesus an seinen Jüngern vollzog, aus einem tiefenpsychologischen Blickwinkel als eine Wertschätzung des geringsten Teiles des Leibes anzusehen. Wer den geringsten Teil wertschätzt, der anerkennt den Menschen in seiner Gänze. Hier treffen wir eine »ganzheitliche Bejahung« in ihrer tiefsten Bedeutung an, sie umgreift auch den dunklen Schattenaspekt und nimmt ihn vorbehaltlos an.

Alchemistische Wandlungen:
Nigredo und Albedo, von der Dunkelheit zum Licht

»Dunkelheit« und »Licht« bezeichnen symbolisch besonders hervorgehobene psychologische Zustände, wie sie auch bei der Depression zu finden sind. Der Begriff der »Verdunklung« ja »Umnachtung« ist als psychischer Zustand symbolisch kennzeichnend für die melancholische Gemütsverfassung und die einhergehende geistige Einengung, die bis zu einer inneren Leblosigkeit führen kann, in der sich die Betreffenden »wie tot« fühlen können. Wir greifen instinktiv zu diesen Bildern der Finsternis und Düsterkeit, wenn wir die depressiven Zustände charakterisieren wollen. Der Depressive ist eben besonders stark von Schattenaspekten seiner Psyche umgeben. Es befinden sich viele lebensvolle, aber ungelebte Bereiche seines Lebens im dunklen Schattenreich seines Unbewußten. Sie sitzen dort manchmal regelrecht »fest« und sind nur schwer zugänglich. Ist die Depression überwunden, dann würde man dies auf symbolischer Ebene eher mit lichten und hellen Motiven kennzeichnen wollen. So kann eine symbolische, ja archetypische Entwicklung der Bewußtseinszustände beschrieben werden, vom dunklen finsteren Aspekt hin zum Licht des Tages und des damit verbundenen neu erwachenden und erneuerten Bewußtseins. Es findet also eine Entwicklung vom dunklen zum lichten Aspekt statt. *Entwicklung hat in der Tiefenpsychologie immer auch etwas mit Bewußtwerdung zu tun:* Neue Inhalte kommen ins Bewußtsein (wieder) hinein, die den alten Zustand damit wandeln.

Bei seiner Beschäftigung mit Symbolik stieß C. G. Jung darauf, daß gerade in der Alchemie die Motive der Entwicklung und Wandlung einen hervorragenden Stellenwert einnehmen und durch eine reiche Symbolik gekennzeichnet sind, an der besonders gut psychologische Sachverhalte studiert werden können. Die Alchemie hat nur in einer sehr oberflächlichen Spielart etwas mit »primitiver Chemie« und mit dem Goldmachen zu tun. In ihrem naturphilosophischen Anteil ist sie im Grunde als ein Vorläufer der modernen Tiefenpsychologie zu verstehen, da sie sich um die tieferen Aspekte des menschlichen Daseins und um grundlegende Vorgänge geistig-seelischer Prozesse kümmert.

Nach alchemistischer Auffassung strebt die ganze Schöpfung spontan einem edlen und vollendeten Zustand zu. Der Ausgangszustand wird hierbei als »Schwärze« oder »Nigredo« bezeichnet. Kommt die Entwicklung voran, dann wird der darauf folgende Zustand in der Alchemie als »Weißung«, »Albedo« oder als ein »lunarer Zustand« bezeichnet. Wie C. G. Jung gezeigt hat, sind die Alchemisten bei ihren naturphilosophischen Spekulationen und aktiven Imaginationen intuitiv von der Entwicklung der menschlichen Psyche ausgegangen, die sie gewissermaßen als Modell nahmen für die postulierten Entwicklungs- und Wandlungsvorgänge in der Natur. Hierbei ist die Sprache der Alchemisten durchsetzt von mythisch-symbolischen

Ausdrucksweisen und stellt eine Fundgrube für die Symbolforschung dar. Symbolgeschichtlich reichen die Wurzeln der Alchemie bis in die Antike zurück.

Natürliche Reifungs- und Differenzierungsvorgänge der Psyche laufen das ganze Leben über ab. Das Motiv der Überwindung einer Depression wäre dann gewissermaßen ein Spezialfall der allgemein psychischen Tendenz, sich entwickeln und entfalten zu wollen. So umfaßt etwa eine Hell-Dunkelsymbolik alle Arten von Entwicklungsvorgängen der menschlichen Psyche. Beginnt sich etwa die frühkindliche Psyche ihrer selbst bewußt zu werden, dann ist das gleichzusetzen mit einer Loslösung aus der bisherigen unbewußten »Einheitsdunkelheit« – der »Nigredo« der Alchemisten – in die sie bislang unterschiedslos eingebettet schien. Es handelt sich also um einen ersten Entwicklungsschritt in der Bewußtseinsentwicklung, deren neu erlangte Stufe folglich »Albedo«, die Weißung (das helle, lichte Bewußtseinsprinzip) genannt wird.

Magisch-symbolisch ausgedrückt: »Auf die Stufe der Nigredo folgt die Albedo«. Für Nichteingeweihte wäre dies schlicht unverständlich. Die Alchemisten haben sich aus verschiedenen Gründen immer dunkel-mysteriös ausgedrückt. Diese Vorgehensweise erschien dem besonderen Gegenstand angemessen, mit dem sie es zu tun hatten, nämlich dem Bereich der Schöpfung. Aber dies entsprach auch ihrer inneren Verpflichtung, diese Bereiche vor profaner Zudringlichkeit zu schützen. Ein weiteres Motiv kommt aber noch hinzu: Das Besondere hat die Menschen schon immer angezogen und so schleicht sich in die »Geheimsprache« einzelner Alchemisten gelegentlich auch etwas Elitäres und Eitles ein, was man schon leicht an den blumigen Selbstanpreisungen mancher Traktate spüren kann.

Im Sinne des Individuationsprozesses strebt nun die Bewußtseinsentwicklung des Menschen weiter. Sie will unabhängig sein, sich aus früher Mutterbindung lösen und weiter wachsen zu einem »solaren«, oder herkömmlich personal ausgedrückt »männlich-geistigen« Prinzip, in dem das Bewußtsein voll erwacht und entfaltet ist. Bei den Alchemisten wird dieser goldene, solare Zustand auch Rubedo, die Rötung genannt. Ihn gilt es als das höchste Prinzip zu erlangen. Wir finden also einen Drei-Stufen-Prozeß: Das Bewußtsein entwickelt sich aus der anfänglichen Unbewußtheit (Nigredo) zu einer relativen Bewußtheit (Albedo), die aber noch mutterbezogen ist und gelangt zur wahren Autonomie in der Stufe der Rubedo, des goldenen Zustandes.

So verstanden heißt also »Goldmachen« bei den Alchemisten nicht etwa eine profane Herstellung von Gold, sondern bedeutet, ein höchstes geistiges Bewußtseinsprinzip zu erlangen. Erst mit diesem Zustand ist Ganzheit erreicht. Es ist hier wieder daran zu erinnern, daß in der Alchemie idealtypische Zustände ausgedrückt werden. Wer erreicht schon auf Erden ein höchstes Bewußtsein, eine »höchste Vollkommenheit«?

In einer bekannten Illustration aus einer alchemistischen Schrift zeigen sich die Stufen des alchemistischen Prozesses, symbolisch dargestellt an einem sogenannten »Moormenschen«. Es handelt sich um eine Illustration aus der Handschrift »Splendor solis«, einer Sammlung alchemistischer Traktate, erschienen im 16. Jh.

Eingekleidet in einen prächtigen Renaissancerahmen vollzieht sich der alchemistische Prozeß der Wandlungen. Die Haut des Moormenschen ist noch in der Hauptsache schwarz gefärbt und verkörpert einen Faulungs- und Verwesungszustand, der ihm noch anhaftet, als er sich aus dem dunklen Schlamm (des Unbewußten) aufrichtet und zu befreien versucht. Es ist der Anfangszustand aller »Dinge«, zum Beispiel unserer Gedanken, Gefühle, Strebungen, Regungen, Intentionen, Phantasien, soweit sie sich eben im Keimungsprozeß befinden und sich gerade erst zu regen beginnen. So ist also der Zustand der Nigredo keineswegs nur für die Ursprungssituation der frühkindlichen Bewußtseinsbildung reserviert. Vielmehr beschreibt er alle psychologischen Sachverhalte, die sich noch in statu nascendi befinden. So befindet sich auch der Depressive in einem Zustand der Nigredo, der Finsternis und der Verdunklung, solange das Neue, die neue Weise zu sein, sich noch nicht entfaltet hat.

Der umgebende schwarze Faulschlamm, aus dem sich der Moormann aufzurichten beginnt, entspricht bei den Alchemisten einem ganz besonderen »Stoff«, den sie auch *materia prima*, oder *massa confusa* oder auch *Chaos* nannten. Wahrscheinlich meint die Bezeichnung materia prima in den alten Traktaten zunächst nichts anderes als »Stoff in statu nascendi«, ohne besondere Eigenschaften, sondern diese erst potentiell in sich bergend. Es wäre gewissermaßen die Psyche als Substrat, aus der etwas »gemacht« werden kann. Interessanterweise kann dieser Zustand der Nigredo auch wieder das Ergebnis vorangegangener Vernichtungs- und Verwesungsprozesse sein und wird daher auch *Putrefactio* (Verwesung) genannt.

Dynamisch betrachtet, muß also die »Schwärzung« nicht immer einen primären Ausgangszustand darstellen, sondern kann selbst aus einem höher organisierten Zustand durch »Verwesung« hervorgegangen sein: Das Alte ist zugrundegegangen und Neues kann nun entstehen. Für psychische Prozesse heißt das, daß die Entwicklung zunächst einmal dahin führt, daß erst ein Schritt zurück getan werden muß, bevor die eigentliche Entwicklung stattfinden kann. Tatsächlich stellt sich bei manchen psychotherapeutischen Prozessen erst ein Zustand der Depression ein als Ausdruck dafür, daß die Betreffenden in ihre Problematik so richtig »eingetaucht« sind. Dieser Zustand der Nigredo ist manchmal unabdingbar, bevor sich etwas Neues bilden kann.

Der nun auf die Schwärzung folgende Verwandlungsteil deutet sich bereits in einem Arm des Moormannes an. Er ist weiß und kündigt den Zustand an, der durch die »Abwaschung« entsteht. Es ist der Zustand der Albedo. Aber auch der dritte, der »goldene« Zustand ist ebenfalls schon angedeutet in dem rechten schon rot gefärbten Arm und Kopf und findet seine Entsprechung in dem roten Mantel (rot gleich gold), den ihm ein engelhaftes weibliches Wesen entgegenhält. Es könnte die »Alchimia«, eine Animagestalt sein, als Mittlerin und Beziehungsfunktion zu dem alchemistischen Wandlungsprozeß. Mit der symbolischen Einkleidung in den roten Mantel ist die Rubedo, der goldene Zustand erreicht.

Nigredo als Melancholie

Jener dunkle Zustand, in dem noch nichts zu erkennen ist, alles noch im Werden ist, sich noch nichts definitiv zeigt, wird in der Alchemie direkt auch als »Melancholie« bezeichnet. Hier zeigt sich bei den Alchemisten eine erstaunliche Beobachtungsgabe für psychologische Zustände. So scheint ja tatsächlich in der Umnachtung der Melancholie alles still zu stehen und in tiefer Dunkelheit gefangen zu sein. Es herrscht gewissermaßen eine Zeitlosigkeit: Es tut sich nichts, es verändert sich nichts. Und es ist zugleich ein Stadium der Ungewißheit und Unwissenheit (über sich selbst). Der neue Bewußtseinszustand, zum Beispiel ein gefestigtes, ganzheitliches Selbstbewußtsein, muß erst erlangt werden.

Jung zitiert in seinem Alterswerk »Mysterium coniunctionis« (GW 14, 2 § 390) eine Stelle aus einem alchemistischen Traktat, in der ziemlich genau der Bewußtseinszustand der Depression beschrieben wird. Dort tritt die Nigredo personifiziert als alter Greis auf und sagt von sich selbst:

»Ich bin ein hinfälliger und schwacher Geist, mit dem Beinamen Drache; deswegen bin ich in eine Höhle eingeschlossen. Ein feuriges Schwert fügt mir große Qualen zu, der Tod aber schwächt mein Fleisch und Gebein; mein Leben und mein Geist verlassen mich, denn das ist der Lohn der Bosheit; in Staub und Erde liege ich, damit aus Dreien Eines werde. O Seele und Geist verlaßt mich nicht, daß ich wiederum das Tageslicht erblicke, und aus mir jener Held des Friedens, den der ganze Erdkreis erblicken möge, aufgehe«.

Vertieft man sich in diesen Text, dann wird hier deutlich, wie in symbolischer Sprache viel über den Zustand der Depression ausgesagt wird, die hier als altes, unbewegliches und abgelebtes Prinzip dargestellt wird. Bemerkenswert ist die Erklärung, daß der Greis für seine »Bosheit« mit Depression büßen muß. Hier findet sich der tiefe Schuldkomplex wieder, der viele Depressive »drückt«, sie in Demutsgesten bringt und bis zur depressiven Starre unlebendig werden läßt.

Das neue Bewußtsein – die Überwindung der Depression – wird erlangt durch eine Wandlung, in der Geist, Seele und Körper zu einer Einheit, zu einer »Ganzheit« kommen. Dies wird darin ausgedrückt, daß der erneuerte Greis wieder ans Tageslicht kommt.

Behandlungsbeispiel

Tag und Nachtsymbolik ist ein überaus verbreitetes archetypisches Motiv und findet sich häufig zur Kennzeichnung bestimmter Bewußtseinszustände und Entwicklungsstadien. So träumte eine Patientin mit einer depressiven Struktur folgenden Traum:

> »Ich war mit meiner Tochter in einer Art Hotel. Es war stockdunkel. Wir wachten von Schritten über uns auf. Wir hatten Angst. Wir wußten, daß über uns eine mächtige böse Frau lebte, die uns umbringen wollte. Mittlerweile wurde es Morgen. Ich beschloß, die Tür aufzumachen, um sie rechtzeitig erkennen zu können. Ich sah am Ende des Flurs einen Mann stehen mit seinem Sohn. Der hatte dicke Beine und stand damit ganz fest auf dem Boden. Ich dachte mir erleichtert, die Gefahr ist vorüber, es kann mir nichts mehr passieren.«

Das Hotel war für die Patientin eine Etappe ihrer Lebensreise. Sie kam in ihren Assoziationen darauf, daß sie sich immer zurückgestellt hatte zugunsten anderer Menschen, so wie es die Mutter vorgelebt hatte. Sie lebte in ständiger Rücksichtnahme auf andere. Dies war gewissermaßen tödlich, erstickte es doch die Selbstachtung und führte zu einer depressiven Haltung. Es wurde der Patientin deutlich, daß die Mutter mit ihrer zwingenden selbstlosen Art über sie herrschte und ihr keinen Freiraum ließ für sich.

Ohne hier auf alle Aspekte des Traumes eingehen zu können, erscheint mir bedeutsam, daß der Herrschaftsbereich der festhaltenden und kontrollierenden Großen Mutter in Finsternis gehüllt ist: Die Patientin befindet sich psychologisch gesehen in dunkler depressiver Position. Sie lebt noch in dieser Lebensetappe auf der Nachtseite des Lebens. Sie befindet sich von der Autonomieentwicklung her noch im Zustand der Nigredo, derer sie sich aber bewußt geworden ist. Sie erkennt die Gefahr und will etwas gegen diese Herrschaft der Großen Mutter unternehmen, was symbolisch *durch die Morgendämmerung, durch ein herauftkeimendes neues Bewußtsein gekennzeichnet wird.* Es ist die Albedo, die Tagseite des neuen Bewußtseins, das jetzt dämmert. Es wird personifiziert dargestellt durch einen Vater mit einem Sohn. Wir treffen hier auf ein neues männliches Prinzip, daß sich polar zur Patientin mit ihrer Tochter aufbaut und das sich der Mutter entgegenstellt. Es steht stabil auf »dicken Beinen«, wie es so schön im Traum heißt. Es ist ein stabiles bodenständiges »patriarchales Bewußtsein«, das herausführt aus dem Herrschaftsbereich der Mutter, deren Macht damit gebrochen wird. Mythologisch betrachtet ist es durch das neu aufkommende Vatermotiv zur Geburt eines Heros gekommen, der die Kraft hat, sich der Muttergöttin entgegenzustellen. Eine der wesentlichen psychologischen Aufgaben des Vaters liegt ohnehin darin, als hinzukommender Dritter das Kind aus dem dualen Mutter-Kind-System herauszuführen. Dieser psychologische Sachverhalt hat seinen Niederschlag im Konzept der »ödipalen Triangulierung« gefunden, von der man heute weiß, daß die Differenzierungs- und Loslösungsimpulse im Grunde schon wesentlich früher einsetzen als erst in der ödipalen Phase.

Zu den dicken Beinen des Mannes fiel der Patientin ein, daß er einen stabilen Realitätsbezug verkörperte. Es ging um feste Standpunkte und um das genaue Hinsehen. Eine Eigenschaft, die die Patientin noch stärker zu entwickeln hatte. Denn bislang überwogen noch in ihren Realitätsbezügen Angstprojektionen, etwa zu versagen oder nicht gut genug zu sein. Intrapsychisch betrachtet, wuchs hier im Dämmer des Tages, des neuen Bewußtseins, eine Animusfigur heran, die in der Lage war, dem Bewußtsein neue Inhalte, neue Einstellungs- und Verhaltensweisen zu vermitteln.

4.2 Magie der Bindungen: Autonomie versus Abhängigkeit

Bindung und Bindungsfähigkeit haben im menschlichen Leben einen zentralen Stellenwert. Ich denke, nur wenn wir als Einsiedler leben wollen, benötigen wir keine Bindungen. Wie wichtig Bindungen schon in frühester Kindheit sind, hat die moderne Bindungsforschung gezeigt. Der englische Psychoanalytiker John Bowlby hat unter Heranziehung von relativ neuen Wissenschaftszweigen wie Ethologie und Kontrolltheorie gezeigt, daß es beim Kind ein *angeborenes* Bindungs und Beziehungsbedürfnis gibt, das durch eine bestimmtes Bindungsverhalten gekennzeichnet ist. Es sorgt dafür, daß etwa zur Mutter Nähe erlangt oder aufrecht erhalten wird (Bowlby 1994, 57). Dies kann in einem gelegentlichen Schauen und Horchen des Kindes bestehen, wo sich gerade die Mutter aufhält und hin und wieder sich in einem Austausch von Begrüßungen zeigen. Es kann aber auch unter Umständen zu einem Nachfolgen oder Anklammern führen und auch zu Rufen und Schreien, was normalerweise Erfolg hat. Es ist sehr bemerkenswert, daß schon Kleinkinder durch ihr Bindungsverhalten für bestimmte Reaktionen bei ihren Bezugspersonen sorgen, die letztlich ihrer Entwicklung wieder zugute kommt. Hier hat die Natur ein fein abgestimmtes Entwicklungsprogramm gestaltet.

Bowlby mißt dem Bindungsverhalten eine ebenso wichtige Rolle im menschlichen Leben zu, wie dem Nahrungsverhalten und dem Sexualverhalten. Bindung ist für die ganze seelische Entwicklung wichtig, weil in dem Klima von Nähe zum Beispiel die so wichtigen Sicherheits- und Geborgenheitserfahrungen gemacht werden können. Er schreibt:

»Viele der intensivsten Emotionen entstehen während der Bildung, der Aufrechterhaltung, der Unterbrechung und der Erneuerung von Bindungsbeziehungen. Die Anknüpfung einer Bindung wird als Sich-Verlieben beschrieben, die Aufrechterhaltung einer Bindung als Lieben und der Verlust eines Partners als Um-jemanden-Trauern« (Bowlby 1994, 59).

Die Bindungs und Beziehungserfahrungen, die das Kind schon in frühester Kindheit macht, haben gewissermaßen Modellcharakter für seine späteren Beziehungen. Eine der häufigsten Formen von Störung ist die allzu leichte Auslösung von Bindungsverhalten, die sich in einer ängstlichen Bindung äußert

(Bowlby 1994, 60). Das könnte eine erste Grundlage für eine Depressionsbereitschaft abgeben. Es wird bei diesen Kindern vor allem schnell der Verlust der Beziehungsperson gefürchtet.

Bindungen und Beziehungsbande können natürlich verschieden erfahren werden und hängen auch von den Reaktions- und Umgangsweisen der frühen Bezugspersonen, den Vätern und Müttern ab. Man kann sich denken, daß es verschiedene Ausgestaltungen, verschiedene Erfahrungsweisen gibt im Bereich der Bindungen und Beziehungen. In diesem Zusammenhang ist auf einen wichtigen Aspekt aufmerksam zu machen, der eine andere Betrachtungsweise der Depressionsentstehung erlaubt. Es ist der Faktor der Angst. Worauf schon Riemann (1996, 60ff) hingewiesen hat, liegt beim depressiven Menschen eine grundlegende Angst vor Distanz und Ferne zu wichtigen Bezugspersonen vor. Aus verschiedenen Gründen (Überbehütung oder Formen der Vernachlässigung) kann es dazu gekommen sein, daß der Betreffende es nicht gelernt hat, sein Eigen-Sein, seine Selbständigkeit zu entwickeln, um so mehr braucht er andere. Dem Depressiven bedeutet Nähe Sicherheit und Geborgenheit, ihr zuliebe verzichtet er auf »Eigendrehung«. Wir können schlußfolgern: Er opfert hierfür seine Entwicklung aus einer tiefen *Verlustangst* heraus. So ergibt sich nach Riemann bei Depressiven eine Grundform der Angst: Es ist die Angst vor Selbstwerdung, die als Ungeborgenheit und Isolierung erlebt wird (Riemann 1996, 15). Lieben und Geliebtwerden gehört zu den Grundbedürfnissen des Menschen, aber je mehr Angst ins Spiel kommt, je überwertiger sie ist, um so größer werden die damit verbundenen Abhängigkeitsgefahren.

Auf eine vereinfachte Formel gebracht: Es gibt Bande der Liebe und es gibt Bande der Abhängigkeit, die nichts mit der natürlichen Abhängigkeit des Kindes mehr zu tun haben. Letztere können den Betreffenden regelrecht fesseln, ihn wehrlos und schlimmer noch ihn abhängig werden lassen. Bindung, Verstrickung und krasse Abhängigkeit stellen also graduelle Unterschiede auf der »Bindungs- und Beziehungsskala« dar. Es gibt demzufolge hinsichtlich der späteren Entwicklung positiv und negativ zu bewertende Bindungen. Als vordringliches Ziel vieler Analysen gilt die Erlangung oder Wiedererlangung von Bindungs- und Beziehungs*fähigkeit*. Es handelt sich also um eine Fähigkeit. Denn Bindung und Beziehung erscheinen oftmals mit großen Ängsten überfrachtet und müssen erst einmal in einem sorgfältig geführten therapeutischen Prozeß von diesen befreit werden. Es handelt sich eben um eine Fähigkeit, die häufig erst erlernt werden muß. *Meistens muß die Erlernung der Bindungs- und Beziehungsfähigkeit auch einhergehen mit der Erlernung der Trennungsfähigkeit.* Nur wer sich notfalls trennen und allein sein kann, kann auch gefahrloser Bindungen eingehen.

Zustände von (relativer) Bindungslosigkeit können sogar zur Lebensthematik werden. Der Betreffende befindet sich immer auf der Flucht vor Bindung und Einlassung, weil diese unbewußt etwa mit Abhängigkeit und Freiheitsverlust gleichgesetzt wird. Auf drei häufig hierfür infrage kommende Gründe soll hier kurz hingewiesen werden:

1. Entweder sind die Betreffenden bereits derart an Elternbilder gebunden, etwa ein »Muttergebundener« oder eine »Vatergebundene«, daß es ihnen aus Gründen eines drohenden und gefürchteten erneuten Autonomieverlustes mit einem anderen Partner »reicht«;

2. Oder sie bleiben aus neurotischer Loyalität an ein Elternteil gebunden, um ihn nicht allein zu lassen;

3. Schließlich kann ein tiefes Mißtrauen gegenüber Bindungen bestehen, da eine positive Nähe unbekannt ist, weil sie in der Kindheit nie richtig erfahren wurde und daher auch nicht vertragen wird.

Der Begriff der Bindung erschöpft sich aber nun keinesfalls nur in einer Pathologie der Partnerbeziehungen sondern enthält eine ganze Reihe anderer überraschender Perspektiven. Im Spektrum menschlichen Erlebens und Handelns gibt es neben Partnerbeziehungen, Elternbeziehungen oder allgemeiner ausgedrückt »Objetkbeziehungen« im klassisch analytischen Sinn auch Beziehungen und »Bande« zu anderen Motiven unseres Lebens und man kann sie eigentlich nicht mehr mit dem Terminus der Objektbeziehung umschreiben. So gibt es etwa Bande des Todes, der Krankheit, der Zauberei, der Sucht und auch Bande Gottes, worauf Eliade (1988, 114ff) eindringlich hingewiesen hat. Auch diese Bande und Bindungen beherrschen machtvoll unser Leben und sie machen deutlich, daß es *sich bei dem Phänomen der Bindung um einen Archetypus handelt,* der am eindrücklichsten durch die Mutter-Kind-Beziehung dargestellt wird.

Machtvolle Götter

Auch bei den Göttern ist es nicht anders als bei den Menschen – auch sie sind beziehungs- und bindungsfähig, aber zum Teil auf eine sehr machtvolle Art. Der Archetypus ist erwartungsgemäß in den verschiedensten Bereichen der Religion und der Kulturgeschichte nachzuweisen.

So hat Mircea Eliade (1988) aus der Sicht des Religionswissenschaftlers auf die »Bindung« als eine interessante magische Eigenschaft der Götter hingewiesen. Hierbei wird hervorgehoben, daß die Motive des Bindens und der Bindung bei Göttern verschiedener Kulturkreise zu finden sind. Der machtvolle vedische Gott des alten Indiens, Varuna, gilt als der unbesiegbarste unter den Göttern. Seine starke magische Waffe ist seine maya d'Asura, seine Magie als Herrscher, die Formen und Blendwerke erschafft! Diese magische Waffe hat oft die Form einer Schlinge, eines Knotens eines Bandes oder mehrerer Bänder. Die indischen Götter »binden« auf magische, das heißt unsichtbare und geheimnisvolle Weise ihre Feinde, in dem sie sie mit den Banden der Krankheit und des Todes bestrafen. Die Götter aber haben auch die Fähigkeit zu »entbinden«, von Krankheit, Irrtum und Tod. Klar ausgedrückt findet sich dies bei den Hebräern:

»Mich umfingen die Fesseln des Todes,
mich befielen die Ängste der Unterwelt,
mich trafen Bedrängnis und Kummer,
da rief ich den Namen des Herrn an:
Ach Herr, rette mein Leben.«

Wir finden hier angesichts eines klassischen Zustandes von Depression eine Hinwendung zu einem überpersönlichen Bereich, zu einem Göttlichen Selbst. Wenn man sich nur auf den psychologischen Aspekt beschränkt, dann zeigt es sich, daß die Besinnung auf einen unzerstörbaren ewigen Kern, das innere Leben regulieren und retten kann. Positive Bindungen – nicht nur im zwischenmenschlichen Bereich sondern auch transzendenter Art – sind die seelische Nahrung aus der wir leben.

Bindung kann sowohl segenbringend als auch schadenstiftend sein, was sich auch im Volksaberglauben, aber auch in der Volksmedizin wiederfindet. In der ganzen Welt verbreitet ist das Tragen von Knoten an der Stelle von Amuletten. Knoten und Fäden werden auch bei Hochzeitsritualen getragen als Ausdruck der »Anknüpfung« an den erwünschten Schutz. Wir können diese ethnografischen Befunde, wie sie Eliade (1988) erhoben hat, auch auf der psychologischen Ebene wiederfinden. Hier erlangt der Begriff der Bindung psychologisch gesehen den Rang der Beziehung. Hierauf übertragen hieße es: Es gibt negative und positive Beziehungsbande.

Behandlungsbeispiel: Die große Spinne

»Beziehungsbande«, vor allem negativer Art, werden vom Ich-Bewußtsein oftmals nicht bemerkt, so daß das Unbewußte zur Illustrierung des Problems oftmals auf eine kollektive Symbolik zurückgreift, die sich in archetypischen Bildern niederschlägt.

Hierzu ein sogenannter »Spinnentraum« einer 38jährigen Architektin. Es war zu erfahren, daß das Spinnenmotiv öfter an ganz bestimmten Stellen ihres Lebens aufgetaucht war. Es handelte sich also um einen typischen Serientraum, der auf eine magische Beziehung zum Spinnenmotiv schließen ließ. Unter Serienträumen versteht man in der Analytischen Psychologie wiederkehrende Träume, in denen bestimmte Symbole, Symbolgruppen oder Handlungsmotive wiederholt auftauchen. Hierbei erschließen und erhellen sich allmählich die verschiedenen Facetten der genannten Strukturen dem Verständnis des Träumers. Die Problematik der Patientin zu Beginn der Analyse bestand darin, daß sie im Begriffe stand zu heiraten, aber depressiv geworden war. Es stellte sich als psychologisches Konfliktmotiv heraus, daß die Analysandin noch viel stärker an die Mutter gebunden und von ihr abhängig war, als ihr bewußt war. Die bevorstehende Heirat hätte eine weitere Entfernung zur Mutter bedeutet, was aber zunächst schuldgefühlshaft über die Depression ausgedrückt wurde. Als Initialtraum berichtete die Analysandin einen Traum, den sie schon einmal in der Pubertät geträumt hatte:

> Ich befand mich in meinem Zimmer in meinem Elternhaus. Das Zimmer war ganz erfüllt mit einem Spinnennetz. Die einzelnen Fäden waren so dick wie Taue. Die Spinne selbst konnte ich nicht sehen. Ich hatte aber große Angst vor einer Begegnung. Ich bat zwei Freunde von mir, die Spinne aufzuspüren und sie zu erledigen.

Wichtig ist die Ortsangabe im Traum: »in meinem Zimmer im Elternhaus.« Die Träumerin befindet sich in der Traumsituation also im elterlichen Bereich. Sie ist im Traum dorthin zurückgekehrt. Noch nicht einmal in ihrem ureigensten Raum hat sie Ruhe, sondern sie findet als Warnung das Spinnennetz vor, deren Fäden immerhin die solide Stärke von Tauen haben. Man sollte sich einen Moment lang diesem Bild überlassen: In meinem Elternhaus begegne ich einem Spinnennetz, dessen einzelne Fäden so dick sind wie Taue! Es sind also Stricke aufgespannt. Welche Bewandtnis hat es mit ihnen? Bevor die Frage geklärt werden kann, treffen wir noch eine weitere Feststellung: Bedeutsam ist auch der zeitliche Hintergrund, vor dem der Traum geträumt wurde. Die Träumerin träumte ihren Traum nämlich das erstemal in der Pubertät.

Die Pubertät kennzeichnet eine Zeit des Aufbruchs. Es will sich etwas Neues entwickeln und durchsetzen. So markiert die Pubertät eine Wandlung von der Kindheit ins Erwachsenenleben. Diese Zeit ist in psychischer und biologischer Hinsicht meist von einem Energieschub begleitet. Das Triebleben entfaltet sich. Neben der sich meldenden Sexualität drängt es den Betreffenden auch stärker in die Expansivität. Auf eine Mutter-Kind-Beziehung übertragen bedeutet diese Konstellation eine weitere Loslösung und Verselbständigung gegenüber der Mutter, was nicht immer reibungslos vonstatten geht. Im vorliegenden Fall wurde es deutlich, daß die Mutter die Tochter stark an sich gebunden hatte und sie nicht ohne weiteres »hergeben« und loslassen wollte. Die entsprechenden Expansionsstrebungen der Tochter mußten bei dieser also ein gehöriges Maß an Angst mobilisieren. Schickte sie sich doch an, die Bindung an die als mächtig erlebte Mutter zu verlassen um selbständiger zu werden. In dieser Situation griff nun das Unbewußte auf das alte archetypische Bild des Spinnennetzes zurück. Spinne und Spinnennetz können wir als archetypische Bilder der Großen Mutter ansehen, die in transpersonaler Hinsicht eine *magische Bindung* des Kindes an die Große Mutter anzeigen. Die bekannten »Spinnenphobien« können oft gesondert über ein Symptom den Hintergrund einer unbewältigten Abhängigkeit von einem Elternteil ausdrücken.

Wir können uns an dieser Stelle natürlich fragen, warum denn der Traum der Patientin solche großen Umstände macht und ein Symbol wählt, das der Träumerin zunächst nicht die »wahre Natur« ihres Konfliktes zeigt. Es hätte doch beispielsweise gleich eine verbietende Mutter geträumt werden können. Es ist zu bedenken, daß die Patientin in diesem Stadium noch nicht eigentlich konfliktfähig war. Der Mutterkonflikt war noch relativ ichfern und begann sich daher auch noch bewußtseinsfern abzubilden. Das ganze Problem konnte nicht anders als auf einer transpersonalen Stufe erlebt und abgebildet werden. Eine solche »Archetypisierung« von Konflikten zeigt an, daß das Problem noch nicht in einem ich-nahen persönlichen Bezugsfeld ausgetragen werden kann. Das Unbewußte sucht sich dann eine kollektive Ausdrucksmöglichkeit. Entsprechend der bestehenden relativen Ich-Schwäche werden ja auch Hilfskräfte in Gestalt der beiden männlichen Freunde mobilisiert.

Im vorliegenden Traum erscheint die Spinne selbst nicht, sondern es wird nur eines ihrer Attribute, das Spinnennetz, sichtbar. Die Spinne selbst ist offensichtlich so furchtbar, daß die Träumerin ihrer gar nicht erst ansichtig wird.

Eine Spinne greift nie direkt ihr Opfer an, sondern sie knüpft erst kunstvoll ihr Netz und wartet. Hat sich das Opfer erst einmal verstrickt, dann gibt es praktisch kein Entrinnen mehr. Es zeigt sich sogar, je mehr das Opfer sich befreien will, um so heftiger verstrickt es sich. Wenn wir diesen Vorgang psychologisch betrachten, dann heißt das auf eine entsprechende Mutter-Kind-Beziehung übertragen, daß hier die Fäden der Mutter so geschickt ausgelegt sind, daß sie zunächst einmal nicht bemerkt werden, aber sofort wirksam werden, sich sofort zuziehen, wenn man sich ihnen entwinden will. Es sind »Beziehungsbande«. Hierzu können ausgesprochene oder unausgesprochene Botschaften der Mutter gehören. Im vorliegenden Fall hatte die Mutter stets signalisiert, daß sie leiden wird, wenn man sie verläßt. Dies sind machtvolle Botschaften, die ein Kind stark an die Mutter »binden« können. Diese Botschaften sind umso wirksamer, je unbewußter sie verankert sind und können so den Ausgangspunkt eines pathogenen Mutter-Komplexes bilden.

Die Botschaften, nach denen sich das Kind richtet, sind dann wie ein unsichtbares Netz ausgelegt und dirigieren das Opfer. Die Spinne (die »Urheberin«) bleibt zunächst unsichtbar. Das heißt zum Beispiel, daß ein solcher, in einem pathogenen Mutterkomplex Gefangener, zunächst auch nicht bemerkt, was mit ihm los ist, in welchen Verstrickungen und Abhängigkeiten er sich eigentlich befindet. Schon gar nicht ist ihm zugänglich, daß dies etwas mit seiner Mutterbeziehung zu tun hat. Die Spinne wird nicht sichtbar. Nur das »wissende Unbewußte« kennt bereits die Zusammenhänge und beschreibt sie in einer eigenen Sprache. Die große Spinne spinnt die Schicksalslinien und Schicksalsfäden jedes einzelnen ihrer Kinder. Als Göttin Maya ist sie im Hinduismus als Weberin des Schicksals bekannt. Hier spinnt sie die Muster der äußeren Wirklichkeit, der äußeren Sinneswelt und ist so am Aufbau der Welt und nicht nur am Schicksal des Einzelnen beteiligt. Es ist die Welt der Erscheinungen, ihrer Verknüpfungen und ihrer Entwicklungslinien. Auch die *Odyssee* (7, 198) weiß von dem Lebensfaden als einem Symbol des menschlichen Schicksals zu berichten, der von den Schicksalsgöttinnen gewoben wird. Dort heißt es: »Da werden wir ihn das Geschick erleiden lassen, das die trübseligen Spinnerinnen ihm bereiteten auf ihrer Spindel, in jener Stunde, als ihn die Mutter gebar«.

Es ist nun interessant zu sehen, wie im Verlauf des vorliegenden Traumes der weitere Umgang mit der Spinne angelegt wird. Die Träumerin schickt ihr zwei Freunde, also zwei Männer entgegen, die tapfer den Kampf mit der Spinne aufnehmen sollen. Intrapsychisch betrachtet stellen die beiden Männer den kämpferischen Animus der Träumerin dar und repräsentieren und personifizieren damit ihre latenten kämpferischen Möglichkeiten, die sich ja von der festhaltenden und verstrickenden Spinne befreien will. Diese Eigenschaften stehen ihr noch nicht direkt zur Verfügung, sondern werden »als typisch männliche Qualität« auf die Freunde projiziert. Von dorther soll Hilfe kommen.

Wir finden eine solche Konfiguration des Kampfes in den Mythen, wie schon dargelegt wurde, oft als »Heldenkampf« dargestellt. Im Drachenkampfmotiv etwa finden wir den Befreiungskampf des Helden gegen einen tyrannischen Drachen, was entwicklungspsychologisch dem Stadium der aufkeimenden männlichen Ich-Entwicklung entspricht, deren zunehmende Eigenständigkeit und Unabhängigkeit von der Mutter oftmals regelrecht »erkämpft« werden muß. Das Ziel des Drachenkampfes ist fast immer, worauf auch Neumann (1974 b, 170) hinweist, die Jungfrau, die Gefangene, oder allgemeiner eine Kostbarkeit, oder einen Schatz zu erobern und zu erlangen. Hier entspricht die Jungfrau der Träumerin, die aus dem Machtbereich der Spinne errettet werden soll. Es wird hierbei im Traum noch einmal unterstrichen, daß das Ich der Träumerin diesen Befreiungskampf noch nicht zu leisten vermag, sondern sie ist eben auf Hilfskräfte angewiesen.

Auf der Objektstufe gedeutet, stellen die zwei Freunde auch die realen Loslösungsmöglichkeiten von der Spinne dar. In dem Maße, in dem sie sich den Männern zuwendet, kann sie sich von der bindenden, verstrickenden und nicht loslassenden MutterSpinne befreien. Sehr bedeutungsvoll ist hier das Verdopplungsmotiv der Männer. Es zeigt an, daß das kämpferisch-männliche Prinzip hier besonders betont werden muß. Es müssen zwei antreten. Prinzipiell haben archetypische Motive ja positive und negative Aspekte. Wir haben uns hier stärker auf die negativen Aspekte des Spinnenmotivs eingelassen, weil sie der Traumintention am ehesten zu entsprechen scheinen.

Das Traummotiv zeigt eindrucksvoll die Konstellationen der Träumerin, unter denen sie stand. Über den erneut geträumten Traum wurde nun eine entscheidende Entwicklung eingeleitet, die zur allmählichen Loslösung aus den inneren Bindungen und Fesseln führte, die sie solange festgehalten hatten.

4.3 Verschlungenwerden und Abstieg: Die Nachtmeerfahrt

> »Da betete Jona im Bauch des Fisches zu dem Herrn, seinem Gott und sprach: Aus meiner Not rief ich zu dem Herrn, und er erhörte mich.«
>
> (Jona 2, 2-3)

Die Begriffe der Umschlingung und Verschlingung entsprechen zwei machtvollen psychologischen Motiven der Oralität, die insbesondere bei Depressiven zu finden sind, aber keineswegs hierauf beschränkt sind. Wegen der Verbreitung dieses Motivs kann man von einem Archetypus des Oralen sprechen. Wie Neumann (1980, 32 u. 135) betont, handelt es sich bei der Oralität und der damit verbundenen archetypischen Symbolik nicht nur um eine Weise des Zugehens und Begreifens der Welt, also um eine bestimmte Form der »Welterkenntnis«, sondern auch um Einverleibung und Bemächtigung. Über Oralität wird die Welt »erfaßt«, »begriffen« und »einverleibt«. Die Bedeutung liegt im Aufnehmen und Nach-Innen-Nehmen, ja verinnerlichen, was dem psychoanalytischen Terminus der Introjektion entspricht. »Oral ist nicht nur Saugen und Lutschen sondern auch Lallen, Sprechen und Singen« (Neumann 1980). Das Orale ist demnach nicht nur einer infantilen (und darauf beschränkten) Libidostufe zuzuordnen, sondern es geht um das Auftauchen einer grundlegenden und weitverbreiteten Symbolwelt, die auch bei Erwachsenen eine wichtige Rolle spielt. Als solche haben die beschriebenen »introjizierten«, also verinnerlichten Muster schon beim Kind einen gewissen Vorbildcharakter, auf die auch später im Erwachsenenleben symbolisch zurückgegriffen wird und sich auch in unserer Alltagssprache ausdrückt, etwa: »Das schmeckt mir nicht«, oder: »Das habe ich gefressen.«

Freud hat diese Zusammenhänge früh erkannt. Den Begriff der Introjektion übernahm er von Ferenczi, der diesen Ausdruck eingeführt hat, als einen zur »Projektion« symmetrischen Begriff. Freud (GW 3, 374) führt zu dem Introjektionsbegriff aus:

»In der Sprache der ältesten, oralen Triebregungen ausgedrückt: das will ich essen oder will es ausspucken, und in weitergehender Übertragung: das will ich in mich einführen und das aus mir ausschließen.«

»Droht« – bildlich gesprochen – etwa ein depressiv strukturierter Mensch seine Partner symbiotisch zu verschlingen, so heißt dies analytisch gesprochen, daß er das Liebe, Anerkennung und Aufwertung vermittelnde »Objekt« vereinnahmen, sich »zu eigen« machen will, weil er nicht über genügend Selbst-Sicherheit und Selbst-Bestätigung verfügt. Intrapsychisch herrscht hierin ein Mangel. Das eigene Selbst ist hierbei verdunkelt, es wird im eigenen Wert, im eigenen Vermögen nicht richtig eingeschätzt und wahrgenommen. In analytischer Sprache ausgedrückt: Es sind in der eigenen Entwicklungszeit keine selbstwertvermittelnden »Introjekte« gebildet worden.

Bemächtigung oder Anheimfallen sind – je nach Standort – grundlegende Phänomene die den Menschen überhaupt in seiner Beziehung zur Umwelt kennzeichnen, die aber auch eine innerseelische Rolle spielen. Diesen Archetypus treffen wir auch in Mythen und in Märchen an. Zu erinnern sei nur an das Märchen vom Rotkäppchen, an Hänsel und Gretel, oder an den Wolf und die sieben Geißlein. In der griechischen Mythologie begegnet uns dieses Motiv etwa in Kronos, einem Titan, der seine Kinder verschlang, weil ihm prophezeit wurde, daß er durch eines von ihnen entmachtet würde.

Es gibt verschiedene psychologische Zusammenhänge, in denen das Motiv auftaucht. In der Tiefenpsychologie geht es bei dem Motiv der Verschlingung zunächst einmal um eine spezielle psychologische Beziehungsform zu den Außenobjekten, die in ihrer extremen Äußerungsform tatsächlich mit Verschlingungstendenzen, etwa der nahen Bezugsperson etwas zu tun haben. Anklammerung, Abhängigkeit, Symbiosewünsche, orale Gier sind Stichworte, die den neurotischen Anteil des oralen Bereichs kennzeichnen.

Entwicklungspsychologie

Im Rahmen der Entwicklungspsychologie müssen wir uns hierbei vor Augen halten, daß Zuwendung und Nähe beim Kleinkind eng gekoppelt sind mit Erfahrungen der Ernährung, des Umsorgt- und Versorgtseins. Das Sprichwort: »Liebe geht durch den Magen« veranschaulicht diesen wichtigen Aspekt. So erklärt sich auch die enge und frühe Verzahnung von Oralität und narzißtischer Zufuhr – und damit zusammenhängend – mit den sich bildenden Vorstellungen über den eigenen Selbstwert. Nahrung und Ernährung können vor diesem Hintergrund später einen Ersatzcharakter bekommen für fehlende Liebe. Menschen, die zu kurz gekommen sind, zu wenig Liebe bekommen haben, sind eben »ausgehungert« nach Zuwendung, Liebe, Anerkennung und Aufwertung. Hierbei zeigt es sich, daß sie in ihrer Entwicklung es nicht gelernt haben, sich selbst Zuwendung und Anerkennung zu holen. Sie erwarten dies im besonderen, ja oft im extremen Maße vom Partner, der hier in einen regelrechten »oralen Sog« geraten kann, den er nicht befriedigen kann. Die Partnerin eines depressiven Patientin sagte mir in einem solchen Zusammenhang einmal: »Ich habe das Gefühl, ich kann machen was ich will, es genügt ihm nie, irgendwie wirkt er immer unzufrieden.« Interessant ist in diesem Zusammenhang, daß der

Partner ansonsten als sehr bescheiden und zurückhaltend von seiner Umwelt erlebt wurde. Dahinter steckte aber letztlich eine Blockade hinsichtlich der eigenen oral-fordernden und zugreifenden Impulse.

Der Betreffende wirkt dann nach außen selbstlos und ohne große Bedürfnisse und macht daher einen »angenehmen Eindruck«, da er niemandem zu nahe treten will, nichts für sich fordert und immer genügsam erscheint. Blockaden im expansiven Bereich wirken immer nach außen »angenehm«. In Wahrheit findet sich aber im Unbewußten ein Aufstau der nicht gelebten oral-expansiven und fordernden Seiten, die sich bei näherem Hinsehen doch bemerkbar machen, etwa in Form einer Ungeduld oder chronischen Unzufriedenheit, wie im obigen Beispiel sichtbar wurde. Hiermit können sich regelrechte orale Riesenerwartungen an die Umwelt verbergen, die hinter der bescheidenen Maske zunächst nicht vermutet werden, aber im engsten Umfeld sehr bald zur Geltung kommen können.

Hinsichtlich der frühkindlichen Ursachen dieser gerade bei manchen Depressiven sichtbar werdenden »oralen Riesenerwartungen« muß festgestellt werden, daß nicht immer nur ein Mangel in der frühen Kindheit für diese Defizite verantwortlich gemacht werden kann. Es kann auch eine Verwöhnung, eine »Überversorgung«, ein »Zuviel« in der Kindheit stattgefunden haben, mit Unterdrückung der eigenen Aktivitäten, was zum gleichen Ergebnis führt: Bei den Betreffenden entwickelt sich eine »oral-aggressive« Behinderung, oder etwas allgemeiner ausgedrückt ein *oraler Komplex*, der sie abhängig macht von anderen Menschen. Sie können nicht selbst auf Menschen zugehen, sich also nicht adäquat versorgen, haben Angst vor Ablehnung und Zurückweisung und müssen warten und abwarten, daß sich andere um sie kümmern und auf sie zugehen, was sich für den Psychotherapeuten nach außen als sogenannte » neurotische Passivität« präsentiert. Um so größer ist bei den Betreffenden die »orale Erwartungshaltung«, die aber nicht immer gleich zu entdecken ist, da sie sich hinter äußerer Bescheidenheit (»er ist so bescheiden, er fordert so gar nichts für sich«) verbirgt. Man spricht in diesem Zusammenhang von oral-*passiven* oder oral-*rezeptiven* Erwartungshaltungen.

Neben den Erwartungen an die Außenwelt findet sich als Kennzeichen bei depressiv strukturierten Menschen auch eine Projektion der eigenen Bedürfnisse, insbesondere der oralen Impulse und Erwartungen in andere. Die Außenwelt wird, wie es so schön heißt, »oral dämonisiert«. So erlebt der depressiv Strukturierte die Welt leicht aus der oralen Perspektive als fordernd und anfordernd. Im Umgang mit anderen Menschen erlebt er schnell, daß man etwas (Besonderes) von ihm »erwartet« und schrickt zurück, da er ja ohnehin meint, nicht über viel zu verfügen. Seine Überzeugungen ist: »Was kann ich schon groß geben«? Die Welt wird hier als überfordernd, ja als *verschlingend* erlebt.

Behandlungsbeispiel

Ein depressiver 56jähriger Geschäftsmann berichtete mir, daß er die Menschen meide, weil er das Gefühl hatte, daß alle etwas von ihm wollen, daß sie an ihm saugen wollen, ja ihn am liebsten »aussaugen« wollen. Im nächsten Moment erklärte er mir, daß er in seinem Geschäft aber auch privat in seiner depressiven Krise ständig Hilfe und Unterstützung erwartete. Seine Frau war schon der Verzweiflung nahe, weil sie ihn nicht mehr aufrichten konnte. Als ich ihn auf *seine* Schattenseite, nämlich die hier sichtbar werdende aussaugende Seite hinwies, wurde er zunächst böse. Ich hatte zu schnell an seiner Projektion gerüttelt und sie infrage gestellt.

Das Motiv des Verschlungenwerdens tritt als archetypische Erlebnisform in den unterschiedlichsten Zusammenhängen auf. Hierbei bezieht es sich nicht immer auf einen depressiven Erlebnismodus. Für das betroffene Ich hat es aber immer einen bedrohlichen Charakter. Jeder Therapeut macht zum Beispiel die Erfahrung, daß manche Depressive in ihrer Bedürftigkeit nach Zuwendung und Unterstützung einen geradezu verschlingen wollen, auch wenn sie das bewußt nicht bemerken und ganz bedürfnislos wirken.

Verschlungenwerden als spontan-mythologisches Motiv

Auch als Eigenerfahrung bekommt man von Depressiven, wie im obigen Beispiel sichtbar wurde, oft das Erlebnis des Verschlungenwerdens mitgeteilt. Sie berichten dann, daß sie in ein »dunkles Loch« gefallen sind. Das Bild vom Fallen in ein dunkles Loch oder Verschlungenwerden von einem dunklen Loch ist wohl das häufigste spontan-mythologische Motiv, das Depressive erwähnen. Hierbei geht es um den Libidoverlust, den sie erleiden. Dieser depressive Zustand ist durch »... losigkeit« gekennzeichnet, nämlich Lustlosigkeit, Appetitlosigkeit, Antriebslosigkeit und Freudlosigkeit, verbunden mit negativen Tendenzen, wie Selbstentwertung und Selbstvorwürfen bis hin zu Suizidimpulsen. In der Depression ist also etwas wichtiges »verloren«gegangen, was sich vorher im Besitze des Betreffenden befand. Dieses Geschehnis findet auch eine symbolische transpersonale Entsprechung. Neumann (1974 a, 41f) sagt hierzu:

> »Es erscheint zum Beispiel in der bekannten Symbolik des Verschlungenwerdens des Lichts, der Sonne, des Mondes des Helden durch die Finsternis, die als Nacht, Abgrund Hölle, Ungeheuer usw. auftritt. Eine tiefenpsychologische Analyse deckt dann auf, daß es sich um den Einbruch eines Archetyps handelt, wie die furchtbar verschlingende Mutter.«

Diese Symbolik gilt auch für Vorgänge *innerhalb der Psyche*. Im Falle der Depression ist ein sonst immer verfügbarer Bewußtseinsinhalt (von Vitalität und Selbstbewußtsein) wieder zurückgenommen ins Unbewußte. Der Betreffende wirkt nun unlebendig und es »fehlt« ihm nun Selbst-Bewußtsein. Führt man sich diese Dynamik vor Augen, dann kann man auch die symbolischen Parallelen zu dem merkwürdigen Motiv der »verschlingenden Mutter« besser verstehen, wenn wir uns hierbei klar machen, daß das Unbewußte – wie eine Mutter – sowohl Neues gebiert aber auch zurücknimmt. Das Unbewußte stellt zum Beispiel die Matrix dar für die Bewußtseinsentwicklung und die Ichbildung beim Kind. Das Ich entwickelt sich nämlich aus einem unbewußten Vorstadium, *so wie* sich ein Kind aus der Mutter entwickelt! Es geht bei den mythischen Aussagen – etwa bei den

Schöpfungsmythen – um symbolische Beschreibungen und *Analogiebildungen,* die sich auf beobachtete psychische Vorgänge beziehen.

In diesem Zusammenhang sind die Entwicklungspsychologischen Überlegungen von Neumann hilfreich. Nach Neumann tendiert die Entwicklung des Bewußtseins dahin, ein selbständiges und relativ geschlossenes System zu bilden, in dessen Zentrum das Ich steht. Neumann (1974 b, 222ff) hat *archetypische Stadien der Bewußtseinsentwicklung* beschrieben, die in Analogie zu Schöpfungsmythen stehen. Bei beiden geht es ja um die Geburt von etwas Neuem. Im Falle des Bewußtseins löst sich dieses allmählich als Ichkeim aus dem ihn völlig umschließenden Unbewußten heraus, das in diesem Stadium »uroborisch« genannt wird. Dieser Begriff nimmt Bezug auf die mythologische Uroboros-Schlange. Sie ist stets ringförmig dargestellt (»Schwanzfresser«) und steht als Symbol für das sich selbsterzeugende, das heißt immer vorhandene Unbewußte, das den Ich-Keim noch vollständig umschließt. Hier besteht eine enge Analogie zur frühesten Mutter-Kind-Beziehung, in der das werdende Ich ebenfalls noch vollständig umgeben ist von der Mutter und von ihr dirigiert wird. Aus diesem Grunde steht der Uroboros auch psychologisch für den Archetyp der Großen Mutter, die in diesem Stadium auch als » uroborische Mutter« bezeichnet wird.

Die Phase, in der der Ichkeim sich verselbständigt und sich aus dem ihn umgebenden mütterlichen System auszugrenzen beginnt, ist naturgemäß mit einem hohen Energieaufwand verbunden und stellt sich im Mythos folglich als ein Heldenkampf dar. Die Ichdifferenzierung kann mythologisch deswegen mit einem Drachenkampf verglichen werden, weil oftmals die festhaltenden Kräfte der Mutter, des Unbewußten, sehr stark sind. Zu groß ist die Verlockung, sich wieder in ein unbewußtes seliges Sein aufzulösen. Diese Tendenz, sich längerfristig ins Unbewußte rückaufzulösen (Rückkehr zur Mutter) stellt für die Ichdifferenzierung natürlich eine echte Gefahr dar und findet sich als zugrundeliegendes archetypisches Muster in vielerlei Situationen, etwa beim Drogenmißbrauch und bei psychischen

Krankheiten. Natürlicherweise geschieht uns eine Rückkehr zum uroborischen Unbewußten allnächtlich im Schlaf, wo kein unterscheidendes und erkennendes Ich mehr tätig ist. Hier übernimmt das Unbewußte im wahrsten Sinne eine regenerierende, eine Wiedergeburts-Funktion.

Verschlingungs- und Wiedergeburtsmotive sind prinzipiell den beschriebenen archetypischen Bewußtseinsstadien zuzuordnen. Weil die Bewußtseinsentstehung, wie Steffen treffend bemerkt (1982, 84), ihre Entwicklung und ihre Auseinandersetzung mit dem Unbewußten zu den einprägsamsten Erfahrungen der Menschheit gehören, sind sie archetypische Figur geworden und erscheinen in der Projektion auf den Mythos.

Nach diesen entwicklungspsychologischen Überlegungen ergibt sich für das Ich: Wenn die energetische Spannung im Ich zurückgeht, dann werden auch Bewußtseinsinhalte nicht lange im Ich gehalten, sie sinken wieder zurück ins Unbewußte, werden also »unbewußt«. Im Falle der Depression bedeutet dies dann eine energetische Entleerung des Ich. Die Energie wandert ins Unbewußte, was sich symbolisch auch ausdrücken läßt über Verschlingungsmotive oder tritt symbolisch in Erscheinung als Abstiegsmotiv etwa eines Helden ins Dunkle, in die Unterwelt, in die Hölle. Kommt es zur Progression, das heißt zur Änderung des in der Dunkelheit gefangenen Zustandes, dann kann sich dies nach Neumann sinnbildlich so darstellen, daß der Held etwa einen von einem Ungeheuer bewachten Schatz – nach einem Heldenkampf versteht sich – hebt und ans Tageslicht bringt. Oder im Falle einer vollendeten Verschlingung von einem Ungeheuer findet sich als häufiges mythisches Motiv, daß der Held diesem ein Stück abschneidet, etwa ein Stück von dessen Herzen. Er gewinnt damit wieder Energie und kann gestärkt und erneuert wieder auftauchen. Dies kann symbolisch als (psychische) Wiedergeburt dargestellt werden.

Wendet man diese Symbolik auf das archetypisch Mütterliche an, so hätte sie zwei Seiten: Sie schenkt das Leben, gebiert es; sie kann es aber auch wieder nehmen oder verschlingen. Dies entspricht dem positiven und negativen Elementarcharakter des mütterlich-weiblichen Archetyps, wie es Neumann beschreibt. Der »Raum«, in den das verschlungene Ich hineinfällt, kann körpersymbolisch dann der Uterushöhle entsprechen. Dieser ist der symbolische Ort, der je nach psychologischer Situation einmal als ein Ort des Festhaltens und sogar Verschlingens erscheint. Der Uterus kann aber auch als Ort des Enthaltens und Umsorgtseins, der Regeneration und des Wachstums erscheinen.

Beispiele

Ein 38jähriger Patient träumte während einer Depression, daß er in eine tiefe Höhle fiel. Nur noch ein Lichtschimmer drang von der Außenwelt hinein. Er war eingeschlossen. Seine Glieder waren wie aus Blei, er konnte sich nicht aufraffen und um Hilfe rufen. Symbolisch gesehen ist der »Held« ins dunkle Unbewußte gefallen und kann sich nicht mehr helfen. Bezeichnend war es, daß mein Patient, als sich die Depression zu lichten begann, träumte, daß er in einem Boot saß und an Land steuerte. Hier machen sich wieder Aktivität und Zielgerichtetheit bemerkbar.

Ein anderer Patient mit starken regressiven Wünschen nach Anlehnung und Geborgenheit – hierbei aber nicht aktuell depressiv – träumte von einem Unwetter. Er befand sich auf See und es stürmte heftig. Da zog er sich zurück in den Schiffsbauch, legte sich in eine Koje und verbarg sich dort.

Ich denke, hier drücken Bilder es besser aus als langatmige Erläuterungen, wie unterschiedlich Gefäßsymbolik sein kann, hier in Form eines Höhlenmotivs, das für einen depressiv-regressiven Aspekt verwendet wird und ein anderesmal nur für einen Schutz gebenden Aspekt steht.

Wendet man das Verschlingungsmotiv auf die *Entwicklungspsychologie* an, dann hat das Ich in verschiedenen Entwicklungsstadien, nämlich in der Kindheit, in der Pubertät und in der Adoleszenz immer wieder Ablösungsschritte von den Elternfiguren zu vollziehen, die es jeweils selbständiger werden lassen. Der Betreffende hat sich hierbei immer wieder aufs neue zu bewähren. Bei der wachsenden Autonomie handelt es sich um einen Energie verzehrenden Prozeß. Es kann einen regelrechten Ablösungskampf geben vor dem Zurücksinken zur Mutter oder natürlich auch zum Vater, denn Ablösungsleistungen müssen in der Regel im Dienste der eigenen Verselbständigung von beiden Elternfiguren geleistet werden. Dieser Ablösungskampf ist eine energetische Entwicklungsleistung des Einzelnen und kann mythologisch ebenso als ein Kampf des Helden mit dem Ungeheuer angesehen werden. Das Ich droht bei all diesen Schritten, wenn die Befreiung nicht gelingt, zurückzusinken in eine alte Abhängigkeit. Bezieht man diese Symbolik auf den *innerseelischen* Raum, dann handelt es sich beim »Heldenkampf« des sich entwickelnden Ich um Ablösungs- und Verselbständigungsstrebungen des wachsenden Ich-Bewußtseins gegenüber dem eigenen Unbewußten: Dem Unbewußten wird immer mehr Terrain »abgetrotzt«, etwa indem das Selbst-Bewußtsein heranreift, was den »Horizont erweitert«. Dieses eben sichtbar gewordene psychologische Muster faßt C. G. Jung zusammen unter dem Begriff des *Jona-Walfisch-Komplexes,* in Anspielung an die Erlebnisse des Propheten Jona. Dieser Komplex hat viele Varianten, wie etwa die gefräßige Hexe, den Wolf, den Drachen etc. (Jung, GW 5, § 654), die allesamt Verschlingungsmotive enthalten.

Die Nachtmeerfahrt

Die Unterwelt oder das Unbewußte wird bildhaft häufig als Meer dargestellt, etwa als das »mare nostrum« der Alchemisten. Ein sehr verbreitetes Motiv hierzu ist die sogenannte »Nachtmeerfahrt«. Der Völkerkundler Leo Frobenius (1873-1938) hat für dieses verbreitete und variationsreiche mythologische Reisemotiv verschiedene Modifikationen zusammengefaßt, die er auch »Walfischdrachenmythen« nennt.

Nach dem hier verkürzt wiedergegebenen Schema von Frobenius (Jung GW 5, § 309) wird der Held von einem Wasserungeheuer im Westen verschlungen und gelangt mit ihm über eine Meerfahrt in den Osten. Unterwegs verspürt er großen Hunger und schneidet sich ein Stück vom herabhängenden Herzen ab. Oftmals findet er sich auch noch in Gesellschaft von Menschen wieder, denen ein ähnliches Schicksal bereitet wurde.

Sobald der Fisch auf dem Trockenen landet, schneidet er ihn von innen her auf und schlüpft heraus. Oftmals befreit er bei der Gelegenheit noch alle, die früher verschlungen wurden. Die zahllosen Mythen, die es hierzu gibt, stellen Variationen der hier anzutreffenden archetypischen Struktur dar. In apersonaler Symbolik ist es sogar die Sonne selbst, die etwa in den ägyptischen Totenbüchern eine Nachtmeerfahrt antritt – das Sonnengestirn wird von der Finsternis der Nacht »verschlungen« – und steht symbolisch für die Reise der Seele durch die Unterwelt zur Wiedergeburt. Auf manchen altägyptischen Darstellungen, etwa im Ägyptischen Totenbuch findet sich *Re* (altägyptischer Name des Sonnengottes), wie er hell erleuchtet in der Sonnenbarke steht und auf dem unterirdischen Nil dem Osten entgegenfährt. Auch in anderen Kulturen finden wir diese symbolische Struktur wieder. So stieß ich kürzlich auf Abbildungen von Felszeichnungen aus Westneuguinea, bei denen in stilisierter Form Seelenschiffe zu finden sind, auf denen die verstorbenen Seelen ihre Reise in den Westen zum Land der Toten antreten (Eliot 1976). Descensus- oder Abstiegsmotive sind ungemein verbreitet und zeugen von der Faszination diese Themas, das es auf die Menschen ausübt.

Psychologisch ist sicherlich wichtig zu unterscheiden, ob es sich beim Descensusmotiv um ein Verschlungenwerden, also ein zunächst passives Geschehen, oder um eine aktive Tat, um einen Abstieg handelt, indem der Held mutig die Unterwelt aufsucht, um sich hier zu bewähren. Eine weitere Spielart dieses Mythems findet sich in der Bibel, in der der Abstieg des Propheten Jona in den Fischbauch beschrieben wird (Jona 1). Der Abstieg ist hierbei schon intendiert, da Jona sich im Sinne des Opfers, wie auszuführen sein wird, ins Meer werfen läßt. Am Beispiel Jonas wird es für *Drewermann* (1991, Bd. 1, 292) deutlich,

»(daß) nicht vorrangig historische Erfahrungen die Gestalt des Propheten Jona geformt haben, sondern daß lediglich bestimmte archetypische Bilder zur Deutung gewisser historischer Gegebenheiten auf den Plan gerufen wurden; die Bedeutung der archetypischen Bilder selbst indessen ist offen für die Verdichtung aller möglichen Erfahrungen, die

für vergleichbaren Gefühlszuständen, im Falle des Propheten Jona also zu Gefühlen der Angst, der Flucht, der Schuld, der Aussichtslosigkeit, der Verzweiflung usw. geführt haben oder führen können.«

Ein berühmtes Motiv der Sonnenverschlingung findet sich auch in der Alchemie. Im *Rosarium philosophorum* (Frankfurt 1550), einem alten und bedeutenden alchemistischen Text, wird ein grüner Löwe dargestellt, der die Sonne verschlingt. Hier steht der grüne Löwe für die ungeformte Materia prima, oder auch Chaos genannt. Man kann den grünen Löwen psychologisch dem Unbewußten zurechnen, aus dem die Sonne (das Bewußtsein!) einst geboren wurde und nun wieder in ihren Ursprung zurückgenommen wird, bevor sie wieder aufs neue geboren werden kann. Hier wird also ein Teil eines Zyklus erzählt, der mit Erzeugung und Rücknahme, mit Geburt und Sterben zu tun hat. Dies gilt für die Entstehung und Entfaltung des Ichbewußtseins genauso wie für einzelne Inhalte des Bewußtseins, die sich vorher im unbewußten aufgehalten haben. Ein Symbol schildert ja immer ein Muster, einen »allgemeinen Fall«, der sich mit spezifischen Inhalten füllen läßt. Auch das Bewußtsein des Depressiven ist verdüstert und ist bildlich gesprochen in die Düsterkeit des Unbewußten gefallen. Der Depressive ist sich seiner Möglichkeiten, die er hätte, nicht mehr bewußt: Er hat nur ein mangelhaftes oder gar kein Selbst-Bewußtsein mehr. Er ist, um im alchemistischen Bild zu bleiben, »vom Löwen gefressen worden«. Die sogenannten Primitiven kannten diesen Zustand als »Seelenverlust«. Und es kostete die ganze Energie des Schamanen, die verlorengegangene Seele zu suchen und sie wieder wohlbehalten zurückzugeleiten.

Das Motiv des fressenden Tieres ist in der Kulturgeschichte weit verbreitet. So auch in Form dämonischer Drachen, wie sie auf tibetischen Mandalas im *vajrayana* abgebildet sind, die an den Eintrittspforten zum geheiligten Bezirk stehen und die »Zeit« ausspeien also gebären, sie aber auch wieder vernichten, das heißt zurücknehmen können. Sie verkörpern damit machtvolle Aspekte des Werdens und des Vergehens.

Die Jona-Geschichte

Jona wird von Gott aufgefordert, der sündigen Stadt Ninive zu predigen, daß sie bald verloren und dem Untergang geweiht ist. Jona bekommt aber Angst und möchte nach Tharsis fliehen, der Stadt des großen Glücks. Im ganzen Mittelmeerraum galt Tharsis als »Goldener Westen«. Es entspricht dem spanischen Tartessos im Mündungsgebiet des Guadalquivir (Steffen 1982, 19). Er schifft sich ein, »hinweg aus den Augen des Herrn«. Aber Gott schickt aus Zorn über seinen Ungehorsam einen gewaltigen Sturm, so daß das Schiff zu kentern droht. Da fürchten sich die Schiffsleute und werfen Ballast ab. Sie werfen das Los, um zu erfahren, um wessen willen sie dieses Unglück zu erdulden haben und es fällt auf Jona. Er berichtet ihnen mit schlechtem Gewissen, daß er vor Gott floh. Sie fürchten sich nun sehr und fragen, was sie nur mit ihm machen sollen, daß das Meer ruhig wird und von ihnen läßt. Er antwortet, daß sie ihn nehmen und ins Meer werfen sollen: »So wird das Meer ruhig werden und von Euch lassen, denn ich weiß, daß dieser gewaltige Sturm um meinetwillen über Euch gekommen ist.« Da sich das Meer nicht beruhigen will, flehen die Männer zu Gott um Vergebung, wenn sie Jona ins Meer werfen: »Und rechne uns nicht unschuldiges Blut an.« Und sie nehmen und werfen Jona ins Meer. Es überfällt sie noch einmal eine große Furcht und sie opfern dem Herrn und tun ein Gelübde.

»Und der Herr entbot einen großen Fisch, Jona zu verschlingen, und Jona war drei Tage und drei Nächte im Bauche des Fisches.« Da betet Jona im Bauch des Fisches: »Du warfst mich in die Tiefe mitten ins Meer, und die Flut umschloß mich; all deine Wogen und Wellen gingen über mich. Schon dachte ich, ich sei verstoßen, hinweg aus deinen Augen. Wie werde ich je wieder schauen deinen heiligen Tempel? Die Wasser gingen mir bis an die Seele, die Tiefe umschloß mich, Meertang umschlang mein Haupt an den Gründen der Berge. Ich aber will mit lautem Danken dir Opfer bringen; was ich gelobt habe will ich erfüllen. Die Hilfe steht bei dem Herren.«

Da gebietet der Herr dem Fisch und er speit ihn an Land. Darauf kommt die erneute Aufforderung an Jona, nach Ninive zu gehen. Diesmal geht er hin, predigt in der Stadt und findet Gehör. Der König ordnet ein allgemeines Fasten und Buße an, worauf Gott ein Einsehen hat und von seiner Strafe abläßt. Die Jona-Geschichte endet damit, daß Jona Gott zürnt, da er seine Milde schon habe kommen sehen: Warum sollte er da überhaupt noch nach Ninive gehen und dort predigen? Es schwingt hierbei mit, daß er das ganze Unterfangen für sinnlos hielt, wenn Gott ohnehin vergeben würde. Er übersieht, daß erst durch seine Tat, durch seine Warnung vor Vergeltung eine Wandlung im Volk eintrat. Gott hält ihm auf seine Einwände denn auch seine Kleinmütigkeit vor.

In der Geschichte wird deutlich, daß Jona zunächst aus Angst zurückweicht. Er fühlt sich zu klein und nichtig für diese Aufgabe und flieht stattdessen in eine Stadt des Glücks (Tharsis). Man könnte dies als Ersatzbefriedigung ansehen gegenüber einer angstmachenden Aufgabe. Jona hat eine Minderwertigkeitsproblematik. Er traut es sich nicht zu, vor fremden Leuten zu predigen und auf die bevorstehende Strafe Gottes hinzuweisen. Er kann nicht auf Menschen zugehen und ihnen etwas sagen. Er flieht stattdessen – ein typisch depressiver Modus der Vermeidung. Auf der Seereise, die als weiterer seelischer Schicksalsweg gesehen werden kann, läßt Gott einen Sturm aufkommen, der das Schiff zum Kentern zu bringen droht. Der Zorn des Herrn kann hier als eine strafend kontrollierende Instanz angesehen werden, die mit der Feigheit nicht einverstanden ist. Dies entspricht einer typischen Konfiguration bei Depressiven, die meist ein strenges Über-Ich haben. Auf einen Verstoß gegen diese Gewissensinstanz folgt meist eine (Selbst-)Bestrafung. Um hierbei zu überleben, muß ein Opfer gebracht werden. Das Ich wird »über Bord« geworfen. Er handelt nicht mehr, entscheidet nicht mehr, sondern zieht sich aus dem Verkehr: Die aktiven, aggressiven Kräfte – symbolisch durch die Männer dargestellt – richten sich gegen ihn. Die »Wendung gegen das Selbst« ist ein weiterer typisch depressiver Modus. Durch Verzicht auf Aktivität und Entfaltung werden die »Götter« – die bedrohlichen Gewissensinstanzen – gewissermaßen günstig gestimmt. Viele Depressive laufen vorsichtshalber mit »gesenktem Kopf« herum, weil sie Angst haben, daß sonst das Schicksal zuschlägt, wenn sie zu vorwitzig mit stolz erhobenem Haupt herumgingen. In der Jonageschichte schickt Gott einen großen Fisch, der ihn verschlingt und vor dem endgültigen Untergang bewahrt. Er sinkt nicht zu tief in die Depression, sondern gerät in einen abgekapselten, introversiven Zustand (der Fischbauch), und ist in dieser Zeit für die Umwelt unerreichbar, hat aber die Chance zur Reflexion und zur Einkehr. Jona geht in sich und bereut. Das ist der entscheidende Schritt: Er ist noch einmal bereit es zu wagen. Er ist bereit, expansiv zu werden. Hierauf ereignet sich die Wende. Man beobachtet das häufig bei Depressionen. Die Betreffenden kommen aus der Depression wieder hoch, »tauchen auf«, wenn sie bereit sind, aktiv zu werden«. Jona wird hierauf ausgespien. Das Unbewußte, die Depression, hat ihn wieder frei gegeben.

Hier finden wir einen Zustand vor, den der Jungianer Steinberg (1989) eine »transformative Depression« nennt. Die Psyche kommt gewandelt aus dem Abtauchen ins Unbewußte wieder hervor. Solche Formen der Depressionen sind gar nicht so selten und können zunächst viel innere Einsamkeit bringen, haben aber im Keim die Chance der inneren Erneuerung, sofern die Fähigkeit besteht, sich selbstkritisch auseinanderzusetzen und dann zu handeln.

Ein wichtiges Symbol in diesem Zusammenhang ist das Wasser. Es hat zwei ganz unterschiedliche Aspekte. Es enthält sowohl fruchtbare Anteile als »Wasser des Lebens« (z. B. das Fruchtwasser) es kann aber auch den Tod bringen und wird zu einem verschlingenden Todeswasser wie in der Sintflut, oder zum Todesfluß »Styx« der griechischen Mythologie. Ebenso enthält auch der Walfischbauch zwei gegensätzliche Bedeutungen, die einmal sowohl als »Bauch der Hölle« als auch als »Schoß der Wiedergeburt« erscheinen können (Steffen 1982, 21). Zu Anfang der Jona-Geschichte steht die Symbolbedeutung noch nicht fest.

Es ist noch nicht klar, wohin es sich entwickeln wird. Das ist eine typische Ausgangskonstellation. Die Entwicklung ist noch offen, das Symbol ist noch ambivalent. Wasser und der Walfisch beherbergen also noch beide potentielle Möglichkeiten in sich. Es hängt entschieden von der inneren Auseinandersetzung des Jona mit sich ab, ob aus dem »Tief« – das dunkle Loch – in das er geraten ist, ein fruchtbarer Prozeß wird, oder ob er zugrunde geht. Der Walfischbauch gehört wie etwa auch der Uterus zum Bereich der *Gefäßsymbolik,* die einen regressiv auflösenden und verschlingenden Charakter bekommen kann, oder aber zur seelischen Wiedergeburt verhilft.

Behandlungsbeispiel

Eine 35jährige Patientin hatte große Schwierigkeiten, sich auf Partnerschaften einzulassen. So sehr sie sich danach sehnte, so sehr hatte sie eine tiefe Angst vor Enttäuschung und Verletzung. In der Therapie stellte sich heraus, daß Partnerschaften einen enormen Stellenwert hinsichtlich einer Bestätigung ihrer Existenzberechtigung hatten. Sie hatte zugleich eine große Angst vor positiver Nähe, weil diese ihr nicht vertraut war. Fühlte sie sich geliebt, dann war das soviel, als hätte sie ab da erst eine Daseinsberechtigung erteilt bekommen, nach der inneren Formel: Ich werde geliebt, also darf ich sein. Die Vorgeschichte war geprägt von viel Lieblosigkeit und Ablehnung in der Kindheit. Sie hatte sich nie angenommen oder bestätigt gefühlt. Nun verliebte sie sich in einen Mann, der ihr scheinbar Avancen machte. Sie deutete seine Freundlichkeit als Verliebtheit und wurde damit prompt Opfer ihrer Wünsche und Sehnsüchte. Als sie sich ihm nämlich offenbarte, passierte genau das, wovor sie sich immer gefürchtet hatte. Er wies sie freundlich zurück mit dem Hinweis, daß er bereits eine gute Partnerschaft habe. Hierauf stürzte sie in eine tiefe Depression. Ihr glitt der Boden – ihre Selbstsicherheit – unter den Füßen weg. Sie war enorm beunruhigt und es entstand ein aufgewühlter Angstzustand. Sie sah vor ihrem geistigen Auge ein tiefes dunkles Wasser – es war keine Halluzination im klassischen Sinn – und bekam Angst: »Ich fragte mich, ob das dunkle Wasser, das ich sah, das Wasser des Lebens ist oder das Wasser des Todes«. Sie wirkte noch stark aufgewühlt von dem Erlebnis als sie es mir berichtete. Ihre Verzweiflung war noch deutlich spürbar.

In dieser erstaunlichen Mitteilung zeigte sich, daß über die Verzweiflung der Patientin ein hochambivalenter Zustand in ihrer Beziehung zum Unbewußten, letztlich zu ihrem Selbst – entstanden war, in dem es nicht klar war, ob sie einen inneren Halt finden oder »untergehen« würde. Suizidgedanken waren hier erfreulicherweise nicht aufgekommen. Aber es entstand zunächst eine ausgeprägte Verunsicherung – ja eine Selbstentfremdung. Das eigene Selbst erschien verdunkelt, gab keine Sicherheit und keine Stabilität. Augenfällig ist die Parallele zur Nymphe Echo im Narzißmythos. Echo wird, nachdem sie sich zunächst schamhaft zurückgehalten hat, nach Offenbarung ihrer Liebe stolz zurückgewiesen und damit tief gekränkt. Das verkraftet sie nicht. Sie bleibt aber weiter fixiert und verzehrt sich soweit, daß sie zuletzt nur noch »Stimme« ist und keinen Körper mehr hat.

Die tiefen dunklen Fluten des Unbewußten können einen sogartigen ja suchtartigen und gefährlich verlockenden Charakter annehmen. Wünsche nach endgültiger Geborgenheit und Auflösung in einer Verschmelzung können sich in einer Todessehn*sucht* manifestieren, wie folgendes *Behandlungsbeispiel* zeigt, das von einer Kollegin stammt:

Eine 37jährige Patientin begab sich in Behandlung wegen wiederkehrender Depressionen mit aufkommenden Leere- und Sinnlosigkeitsgefühlen. Aus der Vorgeschichte war bemerkenswert, daß sie eine selbst depressive Mutter hatte, die eigentlich nie eine behütende und bergende Funktion übernommen hatte. Schon früh wurde die Patientin von ihr parentefiziert, das heißt selbst zu einer Elternfigur gemacht, in den sie immer auf die verschiedensten Ängste und Sorgen der Mutter eingehen mußte. Der Vater war psychologisch wenig präsent und bot von daher keinen Ausgleich. Die Patientin erinnerte sich in der Therapie an ein schreckliches Ereignis: Sie berichtete, daß eine offensichtlich an Depressionen leidende Bekannte von ihr mit einer Nachtfähre in den Urlaub gefahren war und sich nachts in suizidaler Absicht ins Meer gestürzt hatte. Die Patientin berichtete dieses Ereignis seltsam einfühlend und wenig schockiert und malte aus, wie sich die Frau in die nächtlichen dunklen Fluten gleiten ließ und allmählich darin versank. Sie schien überhaupt nicht die alarmierende Dramatik dieser Bilder zu sehen, die die Kollegin und ich zum Beispiel beim Bericht deutlich spürten. Es wurde – über die Identifikation mit der Bekannten – die ausgeprägte, ja übermächtige eigene Sehnsucht nach Auflösung und endgültiger Geborgenheit sichtbar, die sie nie ausreichend erfahren hatte. Die Patienten war nicht aktuell suizidgefährdet, es wurde aber deutlich, wie ansprechbar sie für den gefährlichen Sog des archetypischen Bildes der Großen Mutter war, die ihre Kinder wieder zu sich nimmt. Dem Sog wird nachgegeben, auch um den Preis des Verlustes der eigenen Autonomie und Persönlichkeit, ja der eigenen Existenz, zugunsten eines kollektiven Aufgehobenseins in »Mutter Natur«.

Drei Modifikationen

Ausgehend vom Archetypus der Nachtmeerfahrt, den man ja als psychologische Bewegung zum Unbewußten und aus dem Unbewußten ansehen kann, gibt es verschiedene Modifikationen, die sich in der Art des Kontaktes zum Unbewußten unterscheiden:

1. Man kann verschlungen und gewandelt wieder hervorkommen,
2. Man kann verschlungen werden und unverändert wieder daraus auftauchen, und – als bedrohliches Motiv:
3. Man kann verschlungen werden und nicht mehr auftauchen.

Letzteres gehört zu den am meisten erschütternden und belastenden Situationen. Neben dem Suizid gehören vor allem chronifizierte Prozesse hierher, für die ein Ende der Depression nicht abzusehen ist. Jeder Therapeut und erst recht jeder Psychiater kennt diese Verläufe, die einem eindringlich klar machen, das es auch für jede helfende Absicht Grenzen geben kann. Ich bin aber im Laufe der Jahre vorsichtig geworden mit endgültig negativen Prognosen. Oft genug konnte ich beobachten, wie selbst nach jahrelang anhaltenden Depressionen eine Besserung, ja ein unerwarteter Aufschwung eintrat, sogar ohne jegliche spezifische Therapie, was für alle Beteiligten sehr beeindruckend war. Wann die Dunkelheit einer Depression sich wieder lichtet ist eben nicht genau zu bestimmen. Zu wenig wissen wir oftmals von den Schicksalskräften und inneren psychischen Vorgängen, die jemanden gefangen halten.

Beispiel für eine Verschlingung mit Wandlung

Ein 36jähriger Soziologe träumte folgenden Traum: Es war an einem See oder an einem Fluß. Das Wasser war milchig trüb. Kinder spielten am Wasser, auch meine kleine Tochter Elena (2 ½ Jahre). Plötzlich war sie weg. Ich bin getaucht. Sie lag auf dem Grund regungslos. Unter Wasser war alles klar zu sehen. Ich habe sie rausgeholt und später auf dem Erdboden gedreht, daß das Wasser rauslief. War eine Behinderung zurückgeblieben? Ich wußte es nicht genau, ich hatte ein enttäuschtes Gefühl.«

Bei meinem Patienten war eine reaktive Depression entstanden im Zusammenhang mit einem Rückgang des sexuellen Interesses seiner Frau. Der Rückgang der Sexualität hatte deutlicher eingesetzt seit der Geburt des Kindes. Seither empfand seine Frau eine erhebliche Belastung und Einschränkung ihrer persönlichen Freiheit und reagierte mit Rückzug. In solchen Fällen kann zunächst vermutet werden, daß unbewußt nach einer einfachen Formel resümiert wird: »Sexualität hat mir ein Kind beschert, das ich zwar liebe, aber das mir meine persönliche Freiheit raubt. Ich lehne jetzt innerlich Sexualität ab, ich habe keine Lust mehr darauf.« Für meinen Patienten hatte jedenfalls der Rückzug erhebliche Folgen für sein Befinden. Er litt an dem Entzug, ja verzagte, und wurde schließlich depressiv, weil das Problem jetzt schon ins dritte Jahr ging und er ihre Vorwürfe ungerecht fand, daß er sich heraushalte und viel weniger Belastungen ausgesetzt sei als sie. Er war berufstätig und setzte sich nach Maßgabe seiner Möglichkeiten für das Kind ein. Bei der Bearbeitung des Traumes konnte zunächst die Bedeutung des Kindes herausgearbeitet werden. Er hatte eine innige und liebevolle Beziehung zu dem Kind. Man kann in der Bearbeitung von Träumen oft davon ausgehen, daß die darin abgebildeten Figuren Komplexen entsprechen. Personen wären dann nach dieser Interpretation personifizierte Komplexe. So stünde etwa die kleine Tochter für den Beziehungskomplex meines Patienten. Hier hatte er nun im Traum nicht aufgepaßt! Der so wichtige, ihm am Herzen liegende Beziehungskomplex war buchstäblich ins Wasser gefallen. Intrapsychisch betrachtet, lag er auf dem Grund des Unbewußten, was einem depressiven Zustand entspricht: Die positive

Zuwendungs- und Beziehungsenergie liegt tief im Verborgenen und ist nicht mit Leben erfüllt, was sich an der Regungslosigkeit des Kindes zeigt.

Aber wie es sich für ein Symbol gehört: Es ist mehrschichtig angelegt, es hat verschiedene Bedeutungen. So war meinem Patienten, als er zu seiner Therapiestunde bei mir klingelte, durch den Kopf gegangen: »Wenn Elena nicht wäre, wäre ich auch schon längst weg aus der Beziehung«. Hier war also in unbewußter Phantasie Elena auf den Grund des Sees gebracht worden, als Ausdruck einer archaischen Regung, ein Hemmnis für eine Trennung zu eliminieren. Zugleich war mit Elimination aber auch der Wunsch verbunden, eine ursprüngliche Beziehung wiederherzustellen, eben ohne die Beeinträchtigung durch Elenas Existenz. Es geschah gewissermaßen eine Auflösung der unbewußten Formel der Partnerin, daß Sexualität Einschränkungen beschert und daher gemieden wird. Aber Elena blieb ja nicht verschollen. Hierin lag einfach keine tragfähige Lösung. Sie mußte vielmehr gerettet werden. Wenn wir uns wieder mehr auf den in Elena fundierten Beziehungskomplex beziehen, konnte es nur heißen, daß mein Patient handeln mußte. Er mußte aktiv werden, um die Depression zu überwinden. Bislang hatte er gewartet, daß die Partnerin aktiv wurde. Sie sollte sich ändern.

Mythologisch betrachtet: Der Held mußte aktiv werden und die auf dem Meeresgrund liegende Kostbarkeit retten und befreien. Die Nachtmeerfahrt bestand also in einem Eintauchen in das Element des Unbewußten einer *aktiven Befreiung* und einem Wiederauftauchen mit der gewandelten Einstellung, daß bei der verfahrenen Situation nur Eigenaktivität angebracht war. Das hieß konkret, für sich zu sondieren, wo er nur beleidigt wartete, daß sich die Partnerin änderte und es hieß auch zu sondieren, wo er tatsächlich mehr Eigenaktivität entfalten konnte. Der Beziehungskomplex bezog sich nicht nur auf die Ehe. Tatsächlich hatte der Patient bemerkt – er war sensibler geworden – daß auch andere Menschen seine Nähe und seine Freundschaft suchten. Er konnte mehr auch die bestehenden Außenkontakte würdigen, was sicherlich einen gewissen Ausgleich bot. Zugleich schwang aber eine Sorge mit: Würden die Bemühungen, würden die Lebensrettungsmaßnahmen für die Beziehung genügen, oder würde eine beschädigte Beziehung übrig bleiben, so wie es im Traum angedeutet wurde? Dies mußte zunächst offen bleiben.

Es folgt ein Beispiel für eine Nachtmeerfahrt, aus dem sich nicht sogleich eine Wandlung ergab, weil der Traum auch nicht in eine Therapie eingebettet war, sondern vor Ausbruch einer Psychose geträumt wurde. Die Patientin begab sich erst später, nach einem Klinikaufenthalt, in ambulante Psychotherapie.

Beispiel für eine Nachtmeerfahrt mit vorübergehendem Seelenverlust

Mir berichtete eine 47jährige Patientin einen Traum, den sie vor Ausbruch einer depressiven Psychose hatte. Als Konflikthintergrund ergab sich eine abrupte Trennung des Mannes. Der Ehemann hatte sie nach 20 Ehejahren verlassen, mit der lapidaren Bemerkung, er habe ein andere Frau kennengelernt, die er liebe. Ohne hier auf Einzelheiten der Ehe einzugehen, ist aber zu erwähnen, daß die Patientin sich schon in der Ehe sehr unselbständig verhalten hatte. Sie ließ alles ihren Mann machen, der ihr dominant erschien und mit dem sie sich nicht traute sich auseinanderzusetzen. Er litt hingegen an ihrer Passivität, die er ihr auch öfter vorwarf. Der Traum lautete: »Ich sah, wie eine weiß gekleidete Person in einem Boot sitzt, mitten in einem dunklen See. Plötzlich kippte das Boot mit der Person lautlos um und wurde vom See in die Tiefe geholt«.

Wir haben hier einen magisch anmutenden Vorgang. Wie ein Wesen, bedrohlich, mythisch und unbestimmt, »holt« sich der See das Boot mit dem Insassen und hält beide verborgen, tief in seinem Grund. Geträumt in kollektiven Bildern, begegnet uns hier das dunkle Unbewußte als düsterer See, mit seinen negativen Vorzeichen und Schattenaspekten. Auch hier begegnet uns das Motiv der *Nachtmeerfahrt*. Dieser Archetypus hat allerdings negative Vorzeichen und Konsequenzen, insofern er die ganze Persönlichkeit überflutet hat und sich nicht als Bestandteil eines Individuationsprozesses ausweist, der also zu Entwicklung und Wachstum verhilft, sondern hier das Ich ohne weiteres verschlingt. So ist auch nichts zu spüren von einer schützenden

Geborgenheit. Es passiert vielmehr ein Katastrophe – lautlos zwar – aber umso beängstigender. Es wird ein Untergang dargestellt eines handlungsunfähigen Ichs. Bald nach dem Traum begann bei der Patientin eine längere Periode einer depressiven Psychose, die Patientin war »umnachtet«, ihr Geist hatte sich »verdunkelt«. Hierbei hatte sie das Gefühl, keinen eigenen Willen, kein Ich mehr zu haben. Sie fühlte sich absolut leer, hohl und innerlich tot. Sie konnte nichts mehr verrichten und fühlte sich ohne jegliche Energie. Sie war nicht mehr in der Lage, für sich zu sorgen und mußte zunächst in einer Klinik behandelt werden. Man erkennt schon, daß es in diesem Nachtmeermotiv anders zugeht als bei den vorigen Beispielen. Es fehlt ein schützendes Gefäß, wie bei Jona und es fehlt an Aktivität wie im letzten Beispiel.

Im Falle dieser Patientin kippte das helle, lichte Bewußtseinsprinzip in die Dunkelheit und wurde damit verschlungen. Hier war eine »Wandlung« ins Negative zu verzeichnen und wie bei jeder Psychose war zunächst nicht sicher, um es mythologisch auszudrücken, wann es zur »Wiedergeburt«, zur Wiedererlangung und Reintegration des Ich kommen würde.

Bei allen archetypischen Bildern können wir grundsätzlich immer positive und negative Vorzeichen und Bedeutungen unterscheiden. Das Element des Wassers – der See, das Meer, der Strom, der große Regen – kann etwa Fruchtbarkeit, Entwicklung und Wachstum bedeuten. Ebenso können aber auch negative, bedrohliche Aspekte konstelliert sein, wie wir es am betrachteten Beispiel feststellen können.

Der oral-aggressive Aspekt

Ein Aspekt der Oralität ist wegen seiner Bedeutung hier noch näher auszuführen. Es geht um die spezifisch aggressiv-kämpferische Seite der Oralität. Im Vordergrund stehen dann etwa »Beißen« und »Fressen« im Sinne eines Angriffs. Oralität in diesem Sinne kann dann wie ein aggressives Werkzeug eingesetzt werden und kann zusätzlich mit fordernden Impulsen vergesellschaftet sein. Solche aktiv-kämpferischen Impulse stehen oftmals

Depressiven nicht zur Verfügung, da ihre Entwicklung hierin behindert war.

Diese Impulse finden sich dann nur im Unbewußten, aus denen sie manchmal hervorschießen können, wie ein böses zubeißendes Ungeheuer aus dem Meer, wie folgender Traum eines Analysanden zeigt:

»Ich war am Meer. Ich sah, wie ein Killerwal plötzlich an Land kam und eine Antilope riß und sie fraß. Ich konnte alles an einem Radarschirm verfolgen. Er griff dann eine Schwimmerin an und riß ihr beide Beine ab. Ich erklärte mich gegenüber den umstehenden Menschen bereit, einen Arzt zu holen. Ich ging daraufhin in die nahegelegene Stadt. Das alles dauerte aber unheimlich lange. Als ich zurückkam, wurde ich von der Gruppe geschnitten, als seien sie mit mir böse.«

Mein Patient hatte zu der Zeit seines Traumes eine neue Beziehung zu einer Frau begonnen. Es zeigte sich, daß sie nach einer Weile anfing, ihn zu kritisieren und an ihm herumzunörgeln und mit ihm unzufrieden wirkte. Ihm war klar, daß sie mit ihrer früheren Beziehung innerlich noch nicht abgeschlossen hatte, was noch Auswirkungen auf ihre Stimmung hatte. Er wollte dies aber nicht ausbaden, konnte sich aber andererseits nicht richtig dagegen zur Wehr setzen. Stattdessen bekam er depressive Verstimmungszustände und auch Verlustängste. Wie in der Analyse ermittelt werden konnte, hatte er schon in der Kindheit sich brav und angepaßt verhalten und es früh gelernt, seine aggressiven Seiten zu verdrängen. Es konnte herausgearbeitet werden, daß die Zurückstellung aggressiver Impulse in Anpassung an die Mutter und die Schwester erfolgt war. Beide zeigten sich nämlich schwer enttäuscht vom schwachen und desinteressiert erscheinenden Vater des Patienten. Umso mehr erwarteten sie von meinem Patienten, als zweitem Mann in der Familie, einen positiven Ausgleich. Er sollte sich stets als Kavalier zeigen und lieb, nett, höflich und aufmerksam sein. Er sollte Aggressionen meiden und sich zügeln, im Gegensatz zum Vater, der gelegentlich alkoholisiert war.

Hinsichtlich des Umgangs mit oralen Impulsen war für die Entwicklung meines Patienten weiter bedeutsam, daß die selbst zu Depressionen neigende Mutter sich ein Leben lang mit ihrer eigenen Oralität herumschlug. Sie tat sich schwer zu genießen, sich etwas zu holen und zu gönnen. Sie trieb immer wieder Diäten und zügelte damit ihre Impulse, die aber immer wieder durchbruchartig (wie ein Killerwal) durchkamen. Im vorliegenden Fall finden sich bei meinem Patienten also zwei Bereiche der Oralität, die konflikthaft besetzt sind: Man darf nicht verbal aggressiv sein und schon garnicht etwas für sich fordern und durchsetzen. Dieses Verhaltensschema hatte klare Auswirkungen auf meinen Patienten. Er entwickelte im Alltag leicht ein schlechtes Gewissen, wenn es darum ging, sich etwas zu gönnen und es fiel ihm schwer, sich auseinanderzusetzen. Dies hatte auch Folgen für seine aktuelle Beziehung. Seine Freundin erinnerte ihn zunehmend an seine Mutter. Sie hatte als Grundhaltung etwas Diszipliniertes an sich und erwartete Gleiches von ihm, konnte andererseits aber sehr bissig werden und ihn angreifen. Die entstandene Konfliktkonstellation schlug sich auch prompt in seinen Träumen nieder. In seiner aktuellen Beziehung wiederholte sich für ihn das alte Muster: Man war unzufrieden mit ihm. Es kam jetzt aber darauf an, sich zu wehren und sich mit der Freundin auseinanderzusetzen und auch die eigenen Interessen zu verfolgen und durchzusetzen. Das hieß natürlich nicht, ihr in der Auseinandersetzung gewissermaßen »die Beine wegzubeißen«, wie es der Killerwal im Traum tat. Aus dem Unbewußten – dargestellt im archetypischen Bild des Meeres – tauchte aber zunächst ein roher archaisch-destruktiver Impuls auf, der natürlich in seiner Gewalt für den Patienten als Betrachter des konstellierten Problems gefährlich erschien.

Zum Wal assoziierte mein Patient, daß er eigentlich ein freundliches *mütterliches* Tier war, das praktisch nie an Land ging. Es hatte aber auch andere, gefährliche Seiten, wie es sich im Traum zeigte. Der Wal verhielt sich sogar wie ein Hai. Hier fiel ihm seine Mutter ein. Sie war keinesfalls nur kontrolliert und bescheiden, sondern konnte auch recht stark und aggressiv sein. Auch seine Freundin konnte sehr »bissig« sein. So vereint das

191

Symbol des Wals verschiedene Aspekte in sich, wie es für Traumsymbole typisch ist. Der Wal verkörpert einen Aggressionskomplex, mit der Bedeutung, sich etwas geradezu räuberisch zu holen, aber auch etwas aggressiv zu zerstören. Dieser Komplex war sowohl der Mutter als auch meinem Patienten zuzuordnen. Das Symbol des Wales hatte, anders ausgedrückt, sowohl eine subjektstufige Bedeutung (»der Wal in mir«) als auch eine objektstufige Bedeutung (»Der Wal draußen«). Diese vielschichtigen Zusammenhänge waren zum Zeitpunkt des Traumes meinem Patienten noch nicht voll bewußt und mußten erst ausgelotet und bearbeitet werden. So erweist sich der Aggressionskomplex in der Vielschichtigkeit seiner Symbolik buchstäblich als ein »echtes Kind des Meeres«, das heißt, er ist noch ganz dem Unbewußten zugeordnet und bricht gelegentlich durch, räubert und zerstört. Anders als im Beispiel von Jona enthält die Symbolik dieses Wales nicht bergende und wandelnde Qualitäten, sondern bezeichnet eindeutig aggressive Aspekte, die noch nicht integriert sind.

In diesem Zusammenhang tauchte aber eine Frage auf, die meinen Patienten beunruhigte und bewegte. Schlummerte denn in seinem Unbewußten wirklich ein so gefährlicher Killerwal? Die Antwort hierauf ergab sich allmählich aus der Auseinandersetzung mit dem Problem: Es hing entschieden von der Betrachtung ab, wie bestimmte Impulse meines Patienten gewertet wurden. Mit den Augen seiner Mutter gesehen, waren seine Impulse gewissermaßen »mörderisch« und »schlimm«, wie bei einem Killerwal. Bei Licht betrachtet, waren es noch rohe ungeformte Impulse, die wegen ihrer mangelhaften Einbindung in sein Alltagsverhalten noch hervorschießend und unkontrolliert erschienen. Sie waren gewissermaßen wie ein Killerwal, womit aber eine dramatisierende Tendenz des Patienten deutlich wurde, der noch so manches aus der Perspektive der Mutter sah. In der Auseinandersetzung mit diesem Traumsymbol erwuchs für meinen Patienten eine wichtige Erkenntnis zur Funktion seines Unbewußten. Es spiegelte ihm unbestechlich seine innere Realität wider: nämlich seine Tendenz zu dramatisieren und seine Ängste, nicht so sein zu dürfen wie er war, weil er – übertrieben gesagt – befürchtete, sonst wie ein Monster dazustehen.

4.4 Verlust und Trennung

Eine Beobachtung macht man regelmäßig bei Depressiven, wenn sie einen Verlust erlitten haben: Sie können nicht richtig trauern. Trauern ist eine adäquate Verarbeitung des Schmerzes, die aber offenbar nicht immer zur Verfügung steht. Wie unter anderem Bowlby (1994) betont, weiß ein Trauernder normalerweise was ihm verloren gegangen ist und sehnt sich nach dessen Rückkehr Wahrscheinlich wird er Trost suchen bei seinen Freunden und vertraut irgendwie sich selbst, daß er es eines Tages schon schaffen wird mit dem Verlust fertigzuwerden. Der Schmerz kann groß, ja sehr groß sein, er geht aber in der Regel nicht einher mit den typischen Erscheinungen der inneren Entleerung wie bei Depressionen. Ein Ausnahme geht mir hierzu aber durch den Sinn: Bei schweren *traumatischen* Verlusten, wenn gewaltsame Momente eine Rolle spielen, etwa in Kriegszeiten, oder wenn ein Angehöriger durch einen Verkehrsunfall ums Leben kommt, dann kann die innere Fähigkeit zur Trauer und zum Schmerz nicht ausreichen. Es können sich dann auch bei nicht depressiv Veranlagten mehr oder minder langanhaltende depressive Zustände anschließen.

Im Gegensatz zu den üblichen Trauerreaktionen verhält es sich in der Depression anders. Menschen, die auf einen Verlust hin depressiv werden, entwickeln die typischen Zeichen der Depression, mit Apathie, Konzentrations- und Energiemangel, Freudlosigkeit, Appetitlosigkeit eventuell Schlaflosigkeit und einem inneren Leeregefühl. Erwächst daraus eine Melancholie, dann kommen vielleicht noch selbstverneinende Impulse hinzu, mit Vorstellungen innerer Hoffnungslosigkeit, ja sogar innerer Wertlosigkeit. Dieser Zustand kann über eine längere Zeit anhalten. Sigmund Freud hat bereits 1917 (GW Bd. 10) in seiner Arbeit über Trauer und Melancholie bemerkenswerte Ausführungen gemacht, die dem Geheimnis der Depression näher kommen. Er stellte fest, daß der Melancholiker (Freud verstand hierunter alle depressiven Zustände) an einem herabgesetzten Selbstwert leidet. Dies geht dem Trauernden ab. Ich erwähnte es schon anfangs: der Trauernde weiß, was er verloren hat. Ich denke, beim Depressiven sieht es anders aus, er weiß nicht genau, was er verloren hat. Es ist nämlich sein Selbstwertgefühl, das dahin geschwunden ist. Er hat es unangemessen verknüpft mit dem anderen Menschen, es von ihm abhängig gemacht und daraus geschöpft und gelebt. Nun ist der andere fortgegangen und hat seinen Selbstwert und die hieraus erwachsenen Lebensimpulse »mitgenommen«. So ist keine Energie mehr vorhanden. Er hat »an Substanz« verloren. Das Ich ist energetisch entleert.

Die sich einstellende Verlassenheit kann auch Ängste und Unsicherheiten mobilisieren, so daß ein unruhig-getriebenes Bild der Ratlosigkeit entsteht. Manche Menschen reagieren schon äußerst sensibel, ja mit Panik auf kleine Trennungssituationen, die entstehen. Wenn etwa Streitigkeiten in Partnerschaften dazu führen, daß der andere Partner sich zurückzieht und die Beziehung erst einmal verweigert, dann können hierüber Alarmängste ausgelöst werden mit Verunsicherungen, depressiven Gefühlen und versteckten Trennungsängsten. Zermürbend kann es werden, wenn sich etwa ein Machtkomplex in der Beziehung etabliert mit nichtendenwollender Rechthaberei und Beziehungskämpfen. Dies kann zu einer hochneurotischen Kampfehe mit wechselseitigen sadistischen und masochistischen Positionen führen, wie sie beispielhaft in Edward Albees »Who's afraid of Virginia Woolf« zur Darstellung gekommen ist. Zwei solchermaßen leidend aneinander gekettete Menschen können wie zwei Magneten fest miteinander verhaftet sein und wehe dem Therapeuten, der in bester aber naiver Absicht vorhat, eine solche Ehe »trennen« zu wollen.

Trennung bedeutet aber in diesem Zusammenhang nicht nur Verlust des anderen sondern *auch Abtrennung von sich*: Man ist nun wie abgeschnitten von sich. In diesem Zusammenhang habe ich bei Depressiven oft den Eindruck gehabt, als seien sie nur noch ein Schatten von sich. Und so verhält es sich auch. Ihr Selbst lebt nicht, kommt nicht durch, bringt keine Lebensimpulse, sie sind davon abgetrennt. Sie haben ihr Selbst verloren. So erklärt es sich auch, daß viele Depressive klagen, sie hätten eine Leere in sich. Das ist ein völlig zutreffendes Bild, das sie dann über sich geben. Sie sind innerlich leer, weil sie innerlich in ihrem abgeschlossenen Ich verarmt sind.

Substanz und seelische Energie

Steinberg (1989, 344) macht in diesem Zusammenhang, ausgehend von Jungs Ich-Erschöpfungstheorie, auf die oft zu findende innere Gleichsetzung von seelischer Energie, von Libido und Geld aufmerksam. Geld kann nämlich unbewußt gleichgesetzt werden mit Substanz. Wer Geld hat, verfügt auch über eigene Substanz, verfügt über einen eigenen Wertzuwachs. Diese Zusammehänge können den Umstand erklären, daß depressive Menschen oft ihre finanziellen Angelegenheiten nicht mehr erledigen können. Sie haben kein Gefühl mehr für ihren Besitz, weil sie auch über keine Libido mehr verfügen, so daß sich der Mangel an Einsatz für ihre Geldangelegenheiten nicht nur aus der allgemeinen Antriebsstörung erklären läßt. Ich denke, daß man von hier aus auch besser verstehen kann, warum bei manchen schweren, psychotischen Depressionen sich ein *Verarmungs*-Wahn einstellt. Hier geht der innere Mangelzustand tatsächlich so weit, daß sich nur noch das dunkle Gefühl völliger »Verarmung« einstellen kann. In ständiger Sorge um die Möglichkeit zu verarmen oder bereits verarmt zu sein, kreisen ihre Gedanken fruchtlos um das Thema, was den inneren Verarmungsprozeß deutlich ausdrückt.

Auch meine ich, daß aus der unbewußten Gleichsetzung von Libido und Wert es sich verstehen läßt, warum sich in manchen Fällen einer psychotischen Depression die unkorrigierbare Vorstellung einstellt, wertlos oder unheilbar krank zu sein. Es ist nicht nur das Ausmaß der Depression selbst, das dieses Gefühl zur Folge hat, sondern es ist auch das Gefühl, selbst nichts mehr wert zu sein, über nichts mehr zu verfügen. Wobei sicherlich bei den Selbstanschuldigungen der Melancholiker, nichts wert zu sein, nicht nur der Verlust an »inneren Werten« eine Rolle spielt, sondern auch die Neigung zur Autodestruktivität und zur radikalen Selbstverurteilung hinzukommt, die auch die zarten Pflanzen aufkeimender Lebenshoffnung nicht gelten läßt. Die hier zum Ausdruck kommende Radikalität gegen sich selbst macht jeden betroffen, der diese Zustände, als Arzt oder Familienangehöriger, mitbekommt.

Bei Verlust und Trennung wird man sich fragen, ob es nicht bedeutungsvoll ist, wie es zu der Trennung oder zum Verlust kam: Ob der Betreffende vielleicht verlassen wurde, oder ob es sich um einen Verlust handelte, der durch andere Schicksalsfaktoren – etwa durch eine akute Krankheit – bedingt war. Dies scheint nur auf den ersten Blick sehr bedeutsam zu sein. Natürlich wird ein Mensch einen schicksalsbedingten Verlust anders bewerten als eine Trennung. Im letzteren Fall wird er diese eventuell als aggressiven Akt, als Verletzung erleben. Aber auch im Falle eines Schicksalsverlustes kann man beobachten, daß sich zumindest im Unbewußten aggressive Regungen bilden gegenüber etwa einem Angehörigen, der früh verstarb. Sein Weggang wird häufig unbewußt so erlebt, als habe er einen aktiv verlassen. Dies mobilisiert im Unbewußten oft Wut und Enttäuschung, was wiederum nicht zugelassen werden kann, sondern depressiv abgewehrt wird. So erlebte ich wiederholt, daß Menschen depressiv wurden, deren Angehörige akut verstarben, obwohl zu ihnen gar keine Beziehungen mehr bestanden. Im Hintergrund stand aber immer noch die Hoffnung, sich mit ihnen zu versöhnen, oder noch etwas klären zu können.

Einsamkeit

Ein besonders wichtiger Faktor ist gerade in heutiger Zeit die Einsamkeit geworden. Es kann eine furchtbare Einsamkeit geben. Unzählige Menschen leben vorübergehend oder dauernd in einer quälenden Isolation. In einer Zeit abnehmender Bindungen, in denen die Familien sich auflösen, sind Bindungen zunehmend ein kostbares Gut geworden. Die Kirchen, traditionelle Vermittler von Werten, schrumpfen in ihren Gemeinden immer mehr zusammen. Das Bedürfnis nach Bindungen und Beziehungen schrumpft aber natürlich nicht im gleichen Maße. Haben die Kirchen denn nichts mehr zu bieten, oder haben wir verlernt, zu sehen was der Glaube uns zu geben hätte? Ich glaube letzteres. Andererseits sind die Deutschen auch ein Land der Vereine und Verbände, so daß hier wichtige Bedürfnisse gestillt werden könnten. Dennoch breitet sich Hoffnungslosigkeit und Vereinsamung aus. Angst und Mißtrauen verbreiten sich in den Städten und Kommunen. Wahrlich kein guter Boden für Mitmenschlichkeit. Viele flüchten sich in eine Scheinwelt von Drogen und Konsum, oder in eine »multimediale« Computerwelt. Wir Menschen wollen aber nun einmal Bindungen eingehen, auch wenn sie ganz locker und lose erscheinen. Bindungen und Beziehungen sind die seelische Nahrung, ohne die wir sonst verkümmern.

Letztenendes ist es die Liebe, die so wichtig ist und die auch kein Arzt »verordnen« kann. So muß hinter einer Depression natürlich nicht immer nur eine Selbstwertstörung stehen, mit illusionären Erwartungen an den anderen und mit den sich hieraus ergebenden leichten Kränkungen und Verletzungen, die am Ende in Depressivität münden. Dies mag für viele depressive Störungen gelten, die der Arzt und der Therapeut zu sehen bekommt. Aber es gebricht auch an Liebe in unserer heutigen Zeit. Sie ist lieblos und anonym geworden. Und die Ängste haben zugenommen. Sicher ist eines: Man kann sich nicht nur selbst annehmen und es dabei bewenden lassen. Das würde einen unangenehmen und grandiosen Narzißmus kultivieren. Wir benötigen auch das Miteinander und das Gegeneinander der Gefühle, der Meinungen der Hoffnungen und der Wünsche.

Vergänglichkeit und Zeit

So möchte ich hier noch auf eine weitere Dimension hinweisen. Es ist die Vergänglichkeit. Wir Menschen lieben die Vergänglichkeit nicht. Wir wollen alles festhalten, was uns teuer und lieb ist. Und so werden auch Trennungen gefürchtet, weil sie das

Bestehende ändern, weil wir hergeben müssen, was wir besitzen. Wie heißt es?: Trennung ist auch immer ein wenig sterben.

Zum Abschluß des Kapitels möchte ich zur Frage der Vergänglichkeit zwei unterschiedliche Gesichtspunkte des so wichtigen Themas der Zeit aufzeigen, anhand dessen deutlich wird, wie vielschichtig Zeit und Zeiterleben im Menschen angelegt sind und welche Bedeutung sie für die menschliche Existenz haben.

Vergänglichkeit kann neben einer inneren Anhänglichkeit und dem Wunsch, Werte zu bewahren auch aus einem anderen Grund beklagt werden: Weil die Zeit verrinnt und man nicht zum eigentlichen Leben kommt. So gibt es eine Reihe von depressiven Zuständen, etwa in der Lebensmitte, im Klimakterium, oder wenn nur schlicht ein Ortswechsel ansteht, wo sich eine Bangigkeit und Unsicherheit bis hin zu Depressionen einschleicht, die mit der ängstlichen Frage zu tun haben, ob man denn genügend gelebt hat. So beschäftigte sich eine Analysandin von mir in einer Stunde eingehend mit diesem Thema der Vergänglichkeit. Akut war das Thema jetzt geworden, da ihr Mann aus beruflichen Gründen in eine andere Stadt versetzt wurde. Es stand ein Umzug an. Sie fing die Therapiestunde damit an, daß jetzt wieder das »ewige Thema der vergehenden Zeit« aufkäme. Auf meine Bitte, mir das näher zu erläutern, sagte sie mir, daß sie etwas Zwanghaftes in ihrer Beziehung zum Faktor Zeit verspürte: »Ich bin geizig mit der vergehenden Zeit, ich will die Zeit nicht vergehen lassen«. Ich fragte sie nun, was denn vergehen könnte? »Das Leben vergeht mit seinen Möglichkeiten, die es so bietet«. Und nun kam überraschend noch ein Zusatz: »Ja, zum Beispiel das Leben zu genießen mit wichtigen Bezugspersonen, mit Freunden.« Dies kam in ihrem Leben zu kurz, denn sie hatte ihr Leben gefüllt mit Pflichten, als Hausfrau, als Mutter, als Partnerin und mit beruflichen Fortbildungen. Sie erkannte nun, daß es nicht an den äußeren Pflichten allein lag, die ihr wenig Zeit für sich ließen, sondern an ihrer Haltung sich selbst gegenüber: »Ich *gönne* mir nicht viel. In der Ehe haben wir wenig, zu wenig unternommen.« Sie hatte immer das Gefühl, in erster Linie für die Pflichten, für die anderen da sein zu müssen. Das hatte sie von ihrer Mutter übernommen, die ihr die unbedingte Pflichterfüllung vorgelebt hatte und sich immer dabei zurückgenommen hatte. So stand die Analysandin unter einem inneren Eindruck des Verbots, geriet aber dadurch in ein bedrücktes Gefühl, ihr Leben nicht richtig zu leben. Kein Wunder, daß sie geizig war mit der Zeit und sie nicht »hergeben« wollte. Der Umzug bedeutete für sie, nicht nur Altes und Gewohntes aufzugeben, sondern bedeutete auch, daß erst einmal viel Zeit vergehen könnte, bis neue Freunde gefunden waren. Neue Kontakte zu finden war nicht leicht. Kommunikation mit anderen Menschen war sogar eher anstrengend, weil es keine lustvolle Kommunikation war. Vielmehr war diese anstrengend, weil sie damit ausgefüllt war, sich an andere Menschen anzupassen. So mied sie eher Kontakte, obwohl sie sich – verkehrte Welt – danach so sehnte.

Es stand jetzt die schwierige Aufgabe an, sich vom inneren Mutterbild zu befreien, das bislang strikt dafür gesorgt hatte, daß sie so sehr an Pflicht und Leistung gebunden war. Eine schwierige Aufgabe, hieß es doch, sich aus alten Bindungen und Verpflichtungen wenigsten ein Stück zu lösen und die eigenen Lebensbedürfnisse zu akzeptieren.

Im Zusammenhang mit dem Begriff der Vergänglichkeit stoßen wir an grundlegende Probleme der Zeit, des Zeitempfindens und des Umganges mit der Zeit. Beschäftigt man sich näher mit dem Problem der Zeit, dann kann man überraschende Entdeckungen machen. Bei leichten depressiven Störungen und depressiven Haltungen können die Betreffenden die Angst entwickeln, daß man zuviel Zeit, eigene Zeit, verliert, weil man sie für irgendetwas anderes aufopfern muß. Verlust an Zeit kann aber noch in anderer Weise ein Thema der Depression werden. Es handelt sich hier um einen interessanten Aspekt, der sich aus der Zeitlichkeit der menschlichen Existenz ergibt. Bei schweren – endogenen – Depressionen kann es zu einem Verlust der Fähigkeit kommen, die Zeit zu strukturieren. Das heißt, es geht die Fähigkeit verloren, die Zukunft zu entwerfen, sie zu ordnen, Ziele zu setzen und sie anzustreben. Das melancholische Bewußtsein kann einen solchen Zustand an innerer Leere bekommen und kann so überbordet sein mit inneren Qualen, wie Selbstanklagen und Verletzungen, daß die Anbindung an weitergreifende Perspektiven aufgehoben ist. Die Qual wird buchstäblich zeitlos. Hier macht Cappiello McCurdy (1987) auf einen interessanten Aspekt aufmerksam, nämlich auf die bei schweren Depressionen zu bemerkende Aufhebung des Zeitbezuges. Tatsächlich fehlt bei schweren depressiven Störungen der Zukunftsentwurf völlig. Die Dinge haben »keine Zukunft«, haben keine Perspektive mehr und es erscheint alles hoffnungslos und leer. Hier ist zu bedenken, daß die menschliche Existenz, wie etwa die Existenzphilosophie zeigt, gekennzeichnet ist als etwas Auftauchendes, als etwas Werdendes. Die menschliche Existenz ist also immer eine Entwicklung in der Zeit, sie ist immer auf die Zukunft hin entworfen. Hierzu bedarf es eines anordnenden Faktors in uns, der die innere Ordnung, unser Gewordenes, unserer Biografie, und unsere künftigen Intentionen zusammenhält und anordnet. Diese Funktionen übernimmt das »Selbst« als zentraler regulierender Faktor unserer Psyche. Der Melancholiker sitzt gewissermaßen »fest« in der Zeit, in der Vergangenheit. Die Zeit hat keine Ausdehnung mehr für ihn.

Man kann sich diesen Mangel mit tiefenpsychologischen Mitteln erklären als Ausdruck einer Störung in der Beziehung des Ich zum eigenen tragenden Grund, dem Selbst mit seiner regulativen Funktion. Diese Ich-Selbst-Achse, wie Neumann (1980, 62f) diese Beziehungsachse genannt hat, ist also gestört. Hier nähern wir uns meiner Eingangs-These, daß es sich bei Depressionen in der Hauptsache um Störungen des Selbstbezuges handelt, wie ich es dargestellt habe im Kapitel über »Selbstwert und Depression«. Lag der Akzent dort mehr im Bereich der Störungen in der *Selbstwert*-Regulation, so können wir jetzt die Bezugsachsen, aus denen das Phänomen der Depression beleuchtet werden kann, erweitern um die Dimension der Zeit, deren Ordnung und Anordnung dem Selbst obliegt, das aber im Falle der Depression nicht mehr zur Verfügung steht. Das archetypische Thema des Verlustes bei Depressionen mit seinen vielfältigen Bezügen ist um die wichtige Kategorie der Zeit erweitert worden. Psychische Störungen sind, so kann man jetzt sagen, zu einem großen Teil »Werdensstörungen«. Im Falle der Depression verliert das Ich die Berührung mit dem Selbst (Cappiello McCurdy 1987, 313), aus dem die kreativen Impulse stammen. Sie dringen aber nicht durch zum erstarrten Ich. Auf diese Weise ist das Ich isoliert und entwurzelt, ohne Zeitbezug, ohne Zukunftsentwurf.

Abgerundet wird die Betrachtung über die Entstehung von Depressionen, wenn die Rolle des Selbst auch hinsichtlich der *Identitätsfrage* mit einbezogen wird. Hier bestehen enge Verknüpfungen zwischen Identität und der Ich-Selbstbeziehung. Man kann sich nämlich schlecht vorstellen, wie eine intakte Beziehung zu sich selbst aussehen soll, wenn sie nicht Hand in Hand geht mit einer gefestigten Identität. Identität ist hier gemeint im Sinne Eriksons (1980) als Kontinuität des eigenen Seins. Hierzu gehört ein Unverwechselbarkeits- und Einheitsgefühl, eingeschlossen hierin ist auch die geschlechtliche Identität. Störungen hierin können durchaus auch Depressionen nach sich ziehen.

Man muß im Grunde stimmig sein mit sich. Das tut man natürlich nicht immer. Nicht in jeder Frage des Lebens haben wir einen gefestigten Standpunkt. Größere Störungen im Bereich der Identität haben aber nach meiner Erfahrung immer auch Auswirkungen auf unsere emotionale Verfassung, die sich bis zur Depressivität auswachsen kann. Gewöhnlich sind Identitätsstörungen auch durch Symptome eines unsicheren Realitätsgefühls gekennzeichnet, etwa durch Fremdheitsgefühle hinsichtlich der eigenen Person und hinsichtlich der eigenen Situation, etwa im Bereich der Außenweltsbezüge, was gemeinhin tiefenpsychologisch als Depersonalisation beziehungsweise als Derealisation bezeichnet wird.

4.5 Ablösung und Verselbständigung: Jorinde und Joringel

Momente der Ablösung und Verselbständigung stellen sich unausweichlich in unserem Leben ein. Sie ergeben sich aus den verschiedenen Lebensstadien und Schwellensituationen, in die wir eintreten müssen, mit den damit verbundenen Ängsten und Unsicherheiten. So geht dieses Kapitel inhaltlich aus dem vorigen unmittelbar hervor. Ablösungen und entwicklungsbedingte *notwendige* Trennungen (im Gegensatz zu konfliktbedingten Trennungen), etwa von der Kindheit, von der Jugend können oftmals nicht vollzogen werden, weil noch neurotische Fixierungen und Bindungen an die entsprechenden Lebensabschnitte bestehen, die einen noch nicht »frei« geben für weitere Entwicklungen und Wandlungen. Ein entsprechendes Beispiel war schon im Kapitel über »Bindungen« beschrieben worden anhand eines Spinnentraumes. Das dort schon anklingende Thema der unsichtbaren Bindungen wird hier wieder aufgegriffen und fortgeführt anhand eines Märchenbeispiels, das in exemplarischer Form *Ablösungs- und Selbstfindungskonflikte* enthält, wie sie beim *Zustandekommen von Depressionen* häufig sind.

Jorinde und Joringel
– das Grimmsche Märchen in seiner Urfassung

Es war einmal ein Schloß, mitten in einem großen, dicken Wald, darin wohnte eine Frau ganz allein, das war eine Erzzauberin. Am Tage machte sie sich zur Katze oder zur Nachteule, des Abends wurde sie aber wieder ordentlich wie ein Mensch gestaltet. Sie konnte das Wild und die Vögel herbeilocken, und dann schlachtete sie's kochte und bratete es. Wenn jemand auf hundert Schritte dem Schloß nahe kam, so mußte er stille stehen, und konnte sich nicht von der Stelle bewegen, bis sie ihn lossprach: Wenn aber eine keusche Jungfrau in diesen Kreis kam, so verwandelte sie dieselbe in einen Vogel und sperrte sie dann in einen Korb ein, in die Kammern des Schlosses. Sie hatte wohl sieben tausend solcher Körbe mit so raren Vögeln im Schlosse. Nun war einmal eine Jungfrau, die hieß Jorinde; sie war schöner als alle anderen Mädchen, die, und dann ein gar schöner Jüngling, Namens Joringel, hatten sich zusammen versprochen. Sie waren in den Brauttagen, und sie hatten ihr größtes Vergnügen eins am anderen. Damit sie nun einstmals vertraut zusammen reden könnten, gingen sie in den Wald spazieren. »Hüte dich, sagte Joringel, daß du nicht so nahe ans Schloß heran kommst!« Es war ein schöner Abend, die Sonne schien zwischen den Stämmen der Bäume hell ins dunkle Grün des Waldes, und die Turteltaube sang kläglich auf den alten Maibuchen.

Jorinde weinte zuweilen, setzte sich hin in den Sonnenschein und klagte. Joringel klagte auch; sie waren so bestürzt, als wenn sie hätten sterben sollen; sie sahen sich um, waren irre, und wußten nicht, wohin sie nach Hause gehen sollten. Noch halb stand die Sonne über dem Berg, und halb war sie unter: Joringel sah durchs Gebüsch, und sah die alte Mauer des Schlosses nah bei sich, er erschrak und wurde todtbang. Jorinde sang:

»Mein Vöglein mit dem Ringlein rot
Singt leide, leide, leide;
Es singt dem Täublein seinen Tod,
Singt leide, lei – Zicküth! Zicküth! Zicküth!«

Joringel sah nach Jorinde. Jorinde war in eine Nachtigall verwandelt, die sang Zicküth! Zicküth. Eine Nachteule mit glühenden Augen flog dreimal um sie herum, und schrie dreimal Schuh – hu –hu –hu! Joringel konnte sich nicht regen; er stand da wie ein Stein, konnte nicht weinen, nicht reden, nicht Hand noch Fuß regen. Nun war die Sonne unter; die Eule flog in einen Strauch, und gleich drauf kam eine alte krumme Frau aus diesem hervor, gelb und mager, große rote Augen, krumme Nase, die mit der Spitze ans Kinn reichte. Sie murmelte, fing die Nachtigall, und trug sie auf der Hand fort. Joringel konnte nichts sagen, nicht von der Stelle kommen; die Nachtigall war fort, endlich kam das Weib wieder und sagte mit dumpfer Stimme: »Grüß dich, Zachiel! Wenns Möndel ins Körbel scheint, bind los, Zachiel zu guter Stunde!« Da ward Joringel los; er fiel vor dem Weib auf die Knie, und bat, sie möge ihm seine Jorinde wieder geben; aber sie sagte, er solle sie nie wieder haben, und ging fort. Er rief, er weinte, er jammerte, aber alles umsonst. Uu! Was soll mir geschehen? Joringel ging fort und kam endlich in ein fremdes Dorf; da hütete er die Schafe lange Zeit. Oft ging er rund um das Schloß herum, aber nicht zu nahe dabei; endlich träumte er einmal nachts, er finde eine blutrote Blume, in deren Mitte eine schöne Perle war; die Blume brach er ab, ging damit zum Schlosse; alles was er mit der Blume berührte, ward von der Zauberei frei; auch träumte er, er hätte seine Jorinde dadurch wieder frei bekommen. Des Morgens, als er erwachte, fing er an, durch Berg und Tal zu suchen, ob er eine solche Blume fände; er suchte bis an den neunten Tag, da fand er die blutrote Blume am Morgen früh. In der Mitte war ein großer Tautropfe, so groß wie die schönste Perle. Diese Blume trug er Tag und Nacht bis zum Schloß. Wie er hundert Schritt nach an das Schloß kam, da wurde er nicht fest, sondern ging fort bis ans Tor. Joringel freute sich hoch, berührte die Pforte mit der Blume, und sie sprang auf; er ging hinein, durch den Hof, horchte, wo er die vielen Vögel vernahm. Endlich hörte ers; er ging und fand den Saal, darin war die Zauberin und fütterte die Vögel in den siebentausend Körben. Wie sie den Joringel sah, ward sie bös, sehr bös, schalt, spie Gift und Galle gegen ihn aus, aber sie konnte auf zwei Schritte nicht an ihn herankommen. Er kümmerte sich nicht um sie und ging, besah die Körbe mit den Vögeln; da waren aber viele hundert Nachtigallen; wie sollte er Jorinde nun wieder finden? Indem er so zusah, merkte er, daß die Alte heimlich ein Körbchen mit einem Vogel nimmt, und damit nach der Türe geht. Flugs sprang er hinzu, berührte das Körbchen mit der Blume, und auch das alte Weib, nun konnte sie nichts mehr zaubern und Jorinde stand da, hatte ihn um den Hals gefaßt, so schön, wie sie ehemals war. Da machte er auch die andern Vögel wieder zu Jungfrauen, und da ging er mit seiner Jorinde nach Hause, und lebten lange vergnügt zusammen.

Als Grundthema des Märchens begegnet einem die Gefangennahme beider Geliebten und die Verwandlung der Jorinde durch die Hexe. Der Machtbereich der Hexe ist deutlich gekennzeichnet. Er befindet sich tief im Wald und ist zudem durch eine unsichtbare Grenze markiert. Es handelt sich hier um das verbreitete Motiv des im Walde ansässigen Ungeheuers, wie es auch bei Hänsel und Gretel wieder zu finden ist. Im Gegensatz zu diesem Märchen findet sich hier aber nicht eine »Anlockung« und Verführung der Kinder, sondern es wird vielmehr ein magischer Bezirk beschrieben, der der Hexe zugeordnet ist. Näher als hundert Schritte darf man nicht herankommen, will man nicht Gefahr laufen, der Macht der Hexe zu erliegen und das heißt im vorliegenden Fall, verzaubert zu werden.

Es läßt sich in der Ortsbeschreibung des Märchens eine wichtige symbolische Figur, eine »Mandalastruktur« (ein radiär-symmetrisches Motiv, das einen wichtigen Ort kennzeichnet) ausmachen, in deren Zentrum das Schloß, die Wohnstätte der mächtigen Hexe liegt. Es handelt sich um den geheimen mächtigen Bereich der *Großen Mutter*, in der sie die unumschränkte

Herrscherin ist. Als mythische Gestalt tritt sie über ihre Attribute hervor und ist hieran erkennbar. So kann sie Wild und Vögel herbeilocken und sie schlachten und kochen. Hiermit erweist sie sich als »Herrin der Tiere«: Sie spendet das Leben, aber kontrolliert es auch und nimmt es zurück. Im Hinblick auf die Menschen haben wir es mit kontrollierenden, ernährenden aber auch zerstörenden Aspekten der Großen Mutter zu tun. Als Herrin der Tiere erweist sie sich als zuständig für den animalischen Bereich, für die Trieb-und Instinktseite der menschlichen Psyche. Es handelt sich um ein verbreitetes Motiv. In der griechischen Mythologie war es die Göttin Artemis, die als große Jägerin und Herrin der Tiere verehrt wurde. Auch die Mänaden, die Begleiter des Dionysos ernährten mit ihren Brüsten die Tiere, zerrissen sie aber auch und fraßen sie, womit die grundlegenden archetypischen Kräfte der Großen Mutter, der Ernährung und der Zerstörung, symbolisiert werden. Bei den Eskimos ist es die archetypische Figur der »Sedna«. Sie gilt als höchste Gottheit, als Schöpferin der Seetiere und Bringerin der Fülle. Als weibliches Prinzip des Universums beherrscht und bestimmt sie das Gedeihen des Lebens (H. v. Beit 1986, 648).

Man kann sich die Macht der Großen Mutter, ihre mythologische Dimension in der kindlichen Psyche, verständlich machen, wenn man sich vor Augen hält, welche Bedeutung die Mutter für die Entwicklung beziehungsweise Unterdrückung (»Ausmerzung«) der Triebsphäre des Menschen hat. Im Märchen sind es auch deutlich die negativ beherrschenden Seiten der großen Mutter. Daß es sich um negativ Kräfte handelt, wird im Märchen dadurch deutlich gemacht, daß sie als böse, furchterregende Hexenfigur, als eine »Erzzauberin« vorgestellt wird.

Neumann (1974 a) hat in diesem Zusammenhang eine wichtige Eigenschaft der Großen Mutter beschrieben. Es handelt sich um ihren sogenannten negativen Wandlungscharakter. Hierunter sind, wie schon ausgeführt wurde, Eigenschaften des Nichtzulassens einer eigenen Entwicklung und einer Wandlung der Kinder zu verstehen, was ja auch eine Loslösung von der Mutter hieße. Die Große Mutter gibt nicht frei, läßt nicht in die

Wandlung los und zeigt hiermit bedrohlich-destruktive Aspekte hinsichtlich der Reifung und des Zuwachses an Autonomie.

Beschrieben wird im Märchen eine Situation des Überganges. Die beiden Liebenden befinden sich an der Schwelle zum Erwachsenwerden. Jorinde ist hierbei noch im Stadium einer »keuschen Jungfrau«. Beide befinden sich in ihren Brauttagen und wollen nun miteinander an einem verschwiegenen Ort, dem Wald, »vertraut zusammen reden«. Joringel warnt noch Jorinde, nicht zu nah an das Schloß zu kommen. Hier entspricht er auch einem inneren Anteil, einem Animus der Jorinde, der davor warnt, nicht ins »Gehege« mit der festhaltenden Mutter zu kommen, die ihre Tochter nicht preisgeben will.

Prinzipiell können ja Märchen, worauf Jung (GW 13, § 240) nachdrücklich hingewiesen hat, auch wie ein Traum behandelt und interpretiert werden. Man kann bei der Trauminterpretation die einzelnen handelnden Figuren sowohl als Teile und Repräsentanten eigener innerer Figuren, psychischer Systeme, oder Teilsysteme auffassen (sog. Deutung auf der Subjektstufe), oder sie auf der Beziehungsebene abhandeln (Deutung auf der Objektstufe). Joringel als Animus würde einer mahnenden, Vorsicht gebietenden Funktion der Jorinde entsprechen, sich im vorliegenden Fall vor der Großen Mutter zu hüten und in acht zu nehmen. Im Wald, diesem Ort der intimen Begegnung, kommt es aber nun zur Verwirrung der Liebenden. Sie verlieren die Orientierung und die Selbstbeschützung.

Die Orientierungslosigkeit, die sich im Märchen zeigt, in der den beiden Partnern alles fremd vorkommt, kann auf einem erheblichen inneren Konflikt basieren, der der Tendenz, sich partnerschaftlich zu binden, entgegensteht.

Angesichts der Schwelle zur Wandlung (sexuellen Einlassung) erweist es sich nämlich, daß die verinnerlichten Botschaften der Mutter eine magische Wirksamkeit entfalten und beide zurückhalten. Was genau bei Jorinde und Joringel zum inneren Konflikt und damit verbunden zur inneren Orientierungslosigkeit führt, ist im Märchen nicht näher ausgeführt. Ein häufig anzutreffendes Motiv bei Verselbständigungs- und Ablösungsschritten ist eine noch starke Fixierung an Elternfiguren. Bei Joringel könnte diese im Unbewußten verankerte Botschaft lauten: »Laß' Deine arme alte Mutter nicht im Stich und hüte Dich vor den Frauen«. Ähnlich könnte die hemmende und lähmende Botschaft bei Jorinde, etwa seitens eines Vaterkomplexes lauten: »Laß' dich nicht auf Männer ein, die wollen ja immer nur das Eine«. Dies kann zu Verwirrung und zur Orientierungslosigkeit führen: Was ist nun richtig für mich? Psychologisch kommt es bei beiden zu einem intrapsychischen Konflikt, indem einerseits in der Pubertät und Adoleszenz, die in uns allen angelegten archetypischen Strebungen zur sexuellen Reifung und zur Partnerfindung wirksam werden, und andererseits die magischen Botschaften, die geheime Bindung der Mutter, dem entgegenwirken.

Die Folge ist in diesem Fall eine Verwirrung, eine innere Desorientierung und eine *Depression:* Jorinde weint und klagt. Die hier beschriebene Verwirrung und Desorientierung mündet schließlich in einen Zustand der inneren Unfreiheit, was im Märchen sinnbildlich dargestellt wird. Jorinde wird in eine Nachtigall verwandelt, die schließlich von der Hexe in einen Korb eingesperrt und weggetan wird. Es findet also zunächst über die symbolische Ebene eine Reduktion auf die hier psychologisch wichtige Figur statt, nämlich den Seelenvogel. Die »Vogelseite«, die hier für die expansiven Strebungen und erotischen Sehnsüchte und Phantasien von Jorinde stehen könnte, wird durch die negativ-magische Seite der (inneren) Hexe eingesperrt, also unwirksam gemacht, was sich als Symptom über die Regungslosigkeit ausdrückt. Wir haben es hier also mit den typischen Symptomen einer Depression zu tun. Es herrscht eine eingekerkerte Regungslosigkeit und Lähmung der vitalen Sphäre.

Die symbolische Darstellung der Seele, oder mancher ihrer Eigenschaften durch einen Vogel ist weit verbreitet. Bei den alten Ägyptern wird die Seele in manchen Malereien als »Seelenvogel« dargestellt. Ein flüchtiges Element, das sich nach dem Tod in befreiende Sphären aufschwingen kann.

Dieser Seelenvogel ist nun im Märchen von der Hexe überwältigt worden. Wir kennen Parallelen zu diesem archetypischen

Motiv auch in entsprechenden neurotischen Konfliktsituationen. Hier reagieren dann die Betroffenen, »wie gelähmt«. Männer lernen dann zwar Frauen kennen, reagieren aber im entscheidenden Moment mit erstaunlicher Passivität und wirken handlungsunfähig, bis hin zu Potenzstörungen und Empfindungsstörungen, wenn mehr Nähe, Sexualität, oder beides ansteht. Es ist »wie verhext«, aber man kommt sich nicht näher. Die innere Hexe hat die diesbezüglichen seelischen Impulse lahmgelegt. Die Nachdrücklichkeit dieser Verzauberung wird im Märchen durch den magischen Akt der dreimaligen Umkreisung der Nachteule, einem allmächtigen Attribut der Hexe, ausgedrückt. Die Eule ist nach altem Glauben ein dämonisches Tier, ein Hexenvogel, der Unheil und Verderben verbreitet. Es ist ein Tier der Nacht, das damit seine Zugehörigkeit zum dunklen Bereich unterstreicht. Die dreimalige Umkreisung markiert einen Zauberkreis um Joringel: »Joringel konnte sich nicht regen; er stand da wie ein Stein, konnte nicht weinen, nicht reden, nicht Hand noch Fuß regen.« Dieses hier geschilderte »Syndrom« verweist wiederum auf eine ausgeprägte Form der Depression, bei denen sogar die Affekte und Gefühle erstarrt sind. Nichts »geht« mehr. In der Psychiatrie kennt man ausgedehnte Affektstörungen, bei denen nicht mehr gehandelt werden kann, man nennt sie einen depressiven Stupor.

Nun kann die Hexe in Ruhe mit ihren magischen Sprüchen, die wir hier als zwingend wirksame Botschaften verstehen können, die Nachtigall einfangen und sie in ihren endgültigen Machtbereich forttragen. Betrachten wir das bisher Geschehene als einen innerseelischen Vorgang des Joringel, dann hätten wir psychologisch folgenden Sachverhalt vor uns: Joringel schickt sich an, die Schwelle zu einer eigenständigen männlichen Identität zu überschreiten. Hierzu bedarf er neben einer positiven Identifikation mit dem männlichen Bereich, etwa über eine positive Vaterfigur, auch einer einigermaßen intakten und das heißt von der Mutter unabhängigen Animafunktion. Die Anima übernimmt ja als eine komplexe psychologische Beziehungsfunktion bei Männern eine steuernde und lenkende Aufgabe in der Begegnung mit dem Weiblichen. Die ersten und prägnanten Erfahrungen mit dem Weiblichen macht jeder Junge in der Regel zunächst mit der eigenen Mutter. Diese Muttererfahrungen können sich bei negativer Entwicklung bahnend und bindend auf die Mutter beziehen, den Jungen auf sie fixieren und die Partnerfindung im Extremfall unmöglich machen. Die Mutterfigur gibt dann psychologisch gesehen, mit allen hier möglichen graduellen Unterschieden, nicht den Blick und die Impulse »frei« für andere Partnerinnen. Im entscheidenden Augenblick, nämlich der intimen Einlassung, verliert daher Joringel seine Anima. Die Begegnung mit dem Außermütterlich-weiblichen scheitert, die Anima geht verloren und kehrt magisch gebunden zurück zur Großen Mutter. Durch einen Zauberspruch wird der Bann von Joringel zwar genommen; er ist scheinbar wieder frei, aber ohne seine Anima.

Eine moderne Verzauberung
– Behandlungsbeispiel aus einer Gruppentherapie

In einer Therapie erlebte ich einen 35jährigen Mann mit einem pathogenen Mutterkomplex, der sich vor einem Jahr erstmals an eine Frauenbekanntschaft »gewagt« hatte. Bislang hatte ihn die Mutter immer versorgt, indem sie ihm die Wäsche besorgte, den Geschirrabwasch erledigte und ansonsten auch erwartete, daß er nach getaner Arbeit zum Essen nach Hause kam. Als der Patient die Freundin etwas näher kennenlernen wollte, schaltete sich die Mutter ein und sprach, ohne den Patienten zu informieren, ein »ernstes Wort« mit der Freundin. Sie machte ihr klar, daß es für ihren Sohn noch »zu früh« sei für Bindungen, worauf sich die Freundin (»auf so eine dominante Schwiegermutter laß ich mich nicht ein«) mit der Bemerkung aus der Partnerschaft zurückzog: »Es ist besser für uns«. Der Patient reagierte hierauf mit einer depressiven und funktionellen Symptomatik. Er wurde depressiv, als Verlustreaktion aber auch im Sinne der Abwehr seiner anflutenden aggressiven Energien, die er aber als aggressionsgehemmter braver Sohn nicht zeigen durfte. Außerdem entwickelte er eine erstaunliche funktionelle Symptomatik. Als er sich zu einem »Abschiedsgespräch« mit seiner Freundin traf, verschob sich sein Unterkiefer durch eine plötzliche Muskelverspannung auf einmal äußerst schmerzhaft zur Seite. Es handelte sich um eine sogenannte psychogene Kiefersperre. Er konnte nichts mehr sagen und tun, sondern mußte sich »den Mund halten«. Da er sich nicht mehr fangen konnte, mußte ein Krankenwagen bestellt werden, der ihn in die Ambulanz einer Klinik brachte. Er mußte liegend abtransportiert werden. Er hatte also seiner Freundin zum Abschied noch »etwas sagen« wollen – vermutlich etwas Aggressives – wozu er aber wegen der Symptomatik nicht mehr kam. Auf magisch geheimnisvolle Weise war er wie Joringel zur Regungs- und Tatenlosigkeit, sowie zur Sprachlosigkeit verdammt.

Das Symptom tauchte auch anfangs in den Therapiestunden auf, wenn er auf negative Seiten seiner Mutter zu sprechen kam. Im Mittelalter hätte man ihn sicherlich als von einem »bösen Dämon« besessen bezeichnet, während wir heute für Dämon eben Komplex sagen. Es war der negative Mutterkomplex, mit seinen zugehörigen Angstassoziationen, etwa Angst vor Auseinandersetzung, die ihm den Mund verschloß.

Hier findet sich eine Ohnmacht des Mannes angesichts einer übermächtigen Mutterfigur. Er ist zur Regungslosigkeit verdammt und muß sich seine eben erwachte und auf die Freundin projizierte Animafunktion, die etwas mit Loslösung von der Mutter und mit Selbstfindung zu tun hatte, verzaubern und wegnehmen lassen.

Animus und Anima fungieren bei beiden Geschlechtern als Vermittlungsfunktionen. Sie vermitteln eine Beziehung zu bislang im Unbewußten schlummernden und brachliegenden Funktionen. Sehr häufig werden diese Bereiche zunächst auf hierfür geeignete Partner projiziert, die diese Bereiche dann »verkörpern«, bis sie schließlich verinnerlicht und damit zu einer eigenständigen Funktion werden können. Dazu kam es aber beim Patienten erst gar nicht. Seine Freundin wirkte nämlich nach dem Gespräch mit seiner Mutter »wie verwandelt« und trennte sich von ihm. Wie bei Jorinde und Joringel war die Figur der Freundin in den Bannkreis der Hexe geraten und ihm weggenommen worden. Er stand nun allein da.

Hier war die Therapiegruppe gut geeignet, einzuspringen und eine neue Animafunktion zu übernehmen. Sie wirkte nämlich im wahrsten Sinne des Wortes »animierend« auf den Patienten, man traf sich gelegentlich nach den Stunden zu einem Bier, machte ihm Mut, etwas selbständig zu unternehmen etc. Wie ich an anderer Stelle ausgeführt habe (1995), kann bei tiefergehenden Therapien regelmäßig beobachtet werden, wie Teile der Gruppe oder die ganze Gruppe wichtige archetypische Funktionen übernehmen, die sich haltend oder wandelnd auf den einzelnen Teilnehmer auswirken. Die Anima wurde im Gruppengeschehen gewissermaßen Stück für Stück wiedererobert; aber nicht über eine Person, etwa eine Freundin, sondern in apersonaler Hinsicht als ein Weltbezug. Der Patient entwickelte allmählich und langsam auf der Impulsebene betrachtet mehr Expansivität, Initiative und Freude und schloß sich beispielsweise einer Sportgruppe an. Diese vielen Verselbständigungsschritte führten schließlich zur Loslösung von der Mutterfixierung und zur Loslösung aus der Depression.

Im Märchen finden wir bei Joringel einen parallelen Vorgang. Nachdem ihm die Anima verlorenging, geht er zunächst einmal in die Expansion, in ein fremdes Dorf und hütet dort Schafe. Dies ist ein sehr schönes Bild für innere Sammlung und Konzentration. Dabei werden die inneren Gedanken und Motive »wie Schafe« zusammengehalten und vor Zerstreuung bewahrt. Sammlung bedeutet innere Rüstung. Im Gegensatz zu meinem Patienten beschreitet Joringel nun aber einen anderen möglichen Erlösungsweg, nämlich den der introversiven Sammlung. Immer wieder umkreist er das Schloß.

Dieser Umkreisung der Mitte entspricht in der alchemistischen Symbolik die *circumambulatio* des *temenos,* die Umschreitung des geheiligten, hier des bedeutungsschweren Ortes. C. A. Meyer (1977, 178f) weist hier auf einen interessanten Aspekt mancher Mandalas hin, zu deren Motiv auch die »Umwandlung«, der Umgang, die Rotation, die circumambulatio steht, die das Problem »von allen Seiten« erhellt! Man kann auch im Märchenschloß, wie zu Anfang schon erwähnt, eine solche Mandalastruktur vorfinden, deren Inhalt die Gefangenschaft des Mädchens im Bann-Kreis der Hexe ist. Die Heldenaufgabe besteht darin, das Ungeheuer zu besiegen und das Mädchen zu befreien. Auf der Gedankenebene heißt es, daß Jorindes Gedanken immer wieder das Problem umkreisen. Die Circumambulatio bedeutet aber mehr. Es ist nicht nur eine Aufgabe des Denkens, das hier das Problem umkreisen soll, sondern die ganze Person muß sich auf das Ziel ausrichten, damit es zur Wandlung kommen kann. »Wandlung« heißt hier, neue Gesichtspunkte zu sammeln, sie innerlich zu integrieren, um zu einem neuen, stärkeren Standpunkt zu kommen. Auch die circumambulatio muß gekonnt sein. Sie kann dann aus der Depression herausführen.

Es gibt auch eine »falsche« circumambulatio. Wir finden diese oft bei zwangsneurotischen Störungen. Diese zeigen sich in Form von fruchtlosen Grübeleien und Umkreisungen eines Themas, aber die fruchtbare » Umwandlung«, die Entwicklung von alten zu neuen Standpunkten, gelingt nicht. Die alten Positionen werden festgehalten, der Sprung zu wirklich neuen Entschlüssen, Entscheidungen und Handlungen gelingt nicht; entweder, weil die neuen Gesichtspunkte nicht wirklich in sich aufgenommen werden. Das wäre eine Abwehr in einer sehr frühen Phase des Geschehens. Oder die Entwicklung gelingt nicht, weil die Umsetzung, also die Handlung blockiert wird, etwa weil der Wagemut fehlt. Es bleibt dann bei der falschen circumambulatio. Diese erstarrt dann zu einem leeren Ritus des Grübelns.

Jung (GW 9/1, § 44) bezieht sich auf diese grundlegende Thematik ausdrücklich, indem er sagt:

»Es gibt Probleme, die man mit den eigenen Mitteln schlechthin nicht lösen kann, und damit ist der Grund gelegt für eine kompensatorische Reaktion des kollektiven Unbewußten. Man wird auf bestimmte Träume achten, die sich in solchen Momenten einstellen, oder gewisse Ereignisse bedenken, die sich gerade zu dieser Zeit in uns abspielen.«

Joringel konnte das Problem nicht etwa deswegen nicht lösen, weil er ein fruchtloser zwangsneurotischer Grübler war, sondern weil ihm die innere Reife, die inneren Mittel für sein Ich noch nicht verfügbar waren zur Bewältigung des Problems. Erst die vertiefte Innenschau, die Sammlung führt einen dann an kollektive Bereiche des eigenen Unbewußten heran, in der grundlegende Verhaltensmuster bereitliegen.

Als Ergebnis dieser introversiven Besinnung, der gelungenen circumambulatio, erhält Joringel vom Unbewußten eine Botschaft: Er träumt. Inhaltlich geht es um eine »blutrote Blume, in deren Mitte eine schöne große Perle war; die Blume brach er ab, ging damit zum Schlosse; alles was er mit der Blume berührte, ward von dem Zauber frei; auch träumte er, er hätte seine Jorinde dadurch wiederbekommen«.

Wir haben es hier mit einer interessanten Funktion des Traumes zu tun. Es wird ein Handlungsentwurf, eine Lösung geschaffen. Dies nennt Jung die »prospektive Bedeutung des Traumes«. Joringel besinnt sich in der Zeit der inneren Sammlung allmählich auf ein zutiefst männliches Prinzip, das in seinem Unbewußten bereit liegt. Joringel träumt und richtet sich danach. Er verläßt sich also auf innere Bilder und vertraut nicht auf eine Entwicklung und Lösung des Problems von außen! Es ist zu beachten, daß im Märchen kein Hinweis zu finden ist auf eine vorgegebene männliche Identifikationsmöglichkeit, etwa auf eine positive Vaterfigur. Der persönliche Vater fehlt. Das macht die innere Entwicklung besonders schwierig. Persönliche Erfahrungen zur männlichen Identität stehen also nicht zur Verfügung, so kann auch das persönliche Unbewußte nicht bemüht werden. Es muß daher vielmehr eine Regression auf eine tiefere – archetypische – Grundlage erfolgen und von daher eine Lösung entworfen werden, die als allgemeine Reaktions- und Verhaltensbereitschaft (»das Männlich-Sein Können«) allen Männern gemeinsam ist. Das Märchen gibt hierbei keine Auskunft über die tatsächlich erfolgten Handlungen, die Joringel unternimmt, um Jorinde wiederzugewinnen. Die rote Blume steht aber als ein phallisches Symbol für das zu erlangende männliche Prinzip, das für Joringel damit verfügbarer wird, wobei die Farbe Rot gesondert auf den Aspekt des Aggressiven, des Lebendigen aber auch des Eros hinweist. Es erweist sich schließlich als dem Erstarrung bringenden mütterlichen Zauber überlegen.

Joringel kann den Bannkreis, der um das Schloß gelegen ist überschreiten und in das Schloß eintreten. Er ist sogar gefeit gegen einen direkten Angriff der Hexe und schafft sich selbst einen Schutzkreis: Die Hexe kann nicht näher als zwei Schritte an ihn herankommen. Auch hier erkennen wir, daß Joringels Festigkeit und Geschlossenheit und sein Distanzvermögen, eben seine männliche Identität sich mittlerweile soweit entwickelt hat, daß er sich die Hexe zwei Schritte »vom Halse« halten kann, aber ihr auch entgegentreten kann. Schließlich gelingt es ihm, mit seinem magischen Phallus Jorinde aus dem Hexengefängnis zu befreien und der Hexe jegliche Zauberkraft zu nehmen. Der Bann ist gebrochen und Jorinde ist frei.

4.6 Versündigung und Schuld: Moralische Depression

Auf Probleme von Schuld und von Schuldgefühlen triff man bei allen Formen seelischer Störungen. Sie stellen überhaupt Grundkonflikte des Menschen dar und können sich bei entsprechenden Konstellationen besonders verdichten und zu einem beherrschenden Thema etwa in einer Depression werden und hier eine enorme moralische Dimension annehmen. Wir haben eine innere Instanz in uns, die unsere Gedanken unsere Gefühle und unsere Handlungen bewertet. Werden sie nicht für »gut« befunden, dann sind schlechte Gefühle, Gefühle des Verbotenen bis hin zu Selbstbestrafungen und Tendenzen zur Sühne möglich.

Bei Freud findet sich der heute allgemein eingebürgerte Begriff des Über-Ich. Diese Instanz entwickelt sich als notwendiges Anpassungsorgan schon früh beim Kinde und enthält die Summe der verinnerlichten Gebote und Verbote, etwa seitens der Eltern. Wie unter anderen Mentzos (1984, 137) meint, ist dieses Über-Ich für das Kind fast eine Notwendigkeit, schützt es doch das Kind vor Gefahren und hilft ihm, sich sozial anzupassen, da es für viele Dinge noch keine Einsichtsfähigkeit besitzt. Von diesem frühen Über-Ich wäre eine spätere reifere Entwicklungsstufe zu unterscheiden. Hier hat der Erwachsene es gelernt, eine persönliche Meinung zu bilden und zu entscheiden, ob eine eigene Handlung ich-gerecht oder wesensgerecht verläuft (Eicke 1976, 509, zit. b. Mentzos). Diese Unterscheidung ist sicherlich sehr nützlich. Denn man stößt hier auf Einstellungen und Haltungen, die etwas mit einer persönlich-individuellen Gewissensbildung zu tun haben. So kann es durchaus vorkommen, daß die erlernten elterlichen Gebote und Verbote, das Über-Ich im engeren Sinne, in ernste Kollision geraten können mit dem reifen persönlichen Gewissen, ja vielleicht sich als stärker erweisen als dieses, mit der Folge von Ratlosigkeits- und Schuldgefühlen. C. G. Jung (GW 10, § 840) hat diesen Umstand auch erkannt und in seinem Aufsatz »Das Gewissen« dargelegt, daß die Gewissensbildung mitsamt der Fähigkeit, moralische Kategorien zu entwickeln, auf einer archetypischen Struktur basiert, die letztlich dem erlernten Sittencodex vorangeht. Dieses persönliche (reife) Gewissen stammt aus der Tiefe der Persönlichkeit, vergleichbar der »vox dei«, der Stimme Gottes. Sie macht sich schöpferisch bemerkbar, wenn es etwa bei zwei sich widerstrebenden aber jeweils moralisch gerechtfertigten Standpunkten zur Schöpfung eines dritten, neuen Standpunktes kommt.

Bei Verstoß gegen diese Gewissensinstanzen macht man selbst die Erfahrung, daß sich einstellende Schuldgefühle etwas absolut Quälendes an sich haben können. Sie können als permanente »Gewissens-Bisse«, wie ein Angriff aus dem Unbewußten über einen hereinbrechen, sie können auch, wie bei manchen Formen von endogenen Depressionen, zu quälenden, marternden Selbstvorwürfen ausarten, die in keinem plausiblen Verhältnis zur geltend gemachten Ursache stehen. Sie bekommen dann eine pathologische Dimension. Das Gewissen ist eine solche mächtige Größe, daß es nicht so leicht ist, es auszuschalten. Bei depressiv strukturierten Menschen ist die Gewissensinstanz besonders leicht zu aktivieren. Das hat etwas mit dem geringen Selbstwertgefühl zu tun, das sie auch leicht empfänglich macht für eine Beeinflussung durch andere Menschen. Es gibt auch kaum stärkere »Bindekräfte« zwischen Menschen als über die Gewissensinstanz. Dies erklärt auch, daß sich manche Menschen nur schlecht trennen und abgrenzen können, da immer das Wohl des anderen vorangeht und dessen mögliche Rache bei Vernachlässigung zumindest unbewußt gefürchtet wird. Das Gewissen mancher Depressiver hat nach Beobachtungen Benedettis (1974, 116) etwas eigentümlich Starres, verkrampft Gesetzmäßiges an sich: »Wenn wir die unendlichen Selbstanklagen depressiver Kranker hören, so befremdet uns daran eine eigentümliche und verkehrte Verabsolutierung des moralischen Anspruchs«.

Wenn man sich dem Sachverhalt psychologisch nähert, so ist zu vermuten, daß sich ein *Schuldkomplex* gebildet hat, der dem Betreffenden so enorm zusetzt.

Wie kommt es zu solchen Entwicklungen, die manchmal die ganze Persönlichkeit, etwa im Rahmen einer psychotischen Depression, besetzen und dirigieren können? Hier hilft eine nähere Betrachtung des Komplexbegriffes weiter. Jung hat hinsichtlich der Breitendimension, die ein Komplex einnehmen kann, festgestellt: »Wo das Komplexgebiet anfängt, hört die persönliche Freiheit des Ich auf«. (Jung, GW 8, § 216)

Die Dämonen sind in uns

Die Aussage Jungs weist auf die schwerwiegende Tatsache hin, daß Komplexe ein solches Maß an Eigenleben und Autonomie entfalten können, daß das Ich förmlich darunter zu leiden hat und in seinen Handlungen weitgehend davon beherrscht wird, sobald der Komplex konstelliert ist. Diese freiheitsbeschneidende Wirkung kann sich geradezu »dämonisch«, also »bösartig« auswirken: Wir tragen dann, altertümlich ausgedrückt, einen *Dämon* in uns, gegen den wir uns kaum wehren können. Diese Phänomene sind erfreulicherweise nicht so häufig, verdienen aber doch eine vertieftere Aufmerksamkeit, weil man an ihnen sehr gut die Wirkungen von hoch aufgeladenen Komplexen vor Augen führen kann. Wir treffen diese Erscheinungen vor allem bei schweren depressiven Krankheitsbildern, den endogenen Depressionen mit ihren Mischformen aus wahnhaften und depressiven Anteilen an, aber auch bei ausgeprägteren anders gelagerten neurotischen Störungen (etwa bei schweren Zwangserkrankungen).

Freud und Jung haben hinsichtlich der Natur der Dämonen und der ihnen psychologisch verwandten Besessenheitsphänome vergleichbare Überlegungen angestellt. Wenig bekannt ist, daß Freud sich stärker und sogar anhaltend für Besessenheit, Hexerei und ähnliche Phänomene interessiert und wahrscheinlich seine ersten Anregungen hierzu während seiner Studien (1885-86) bei dem französischen Neurologen Charcot in Paris erhalten und eine interessante Studie über eine »Teufelsneurose« geschrieben (GW Bd. 7, 287) hat, die wegen ihrer Verzahnung mit einer melancholischen Störung ein besonderes Interesse verdient. Das Freud-Zitat lautet:

»Die Besessenheiten entsprechen unseren Neurosen, zu deren Erklärung wir wieder psychische Mächte heranziehen. Die Dämonen sind uns böse, verworfene Wünsche, Abkömmlinge abgewiesener, verdrängter Triebregungen. Wir lehnen bloß die Projektion in die äußere Welt ab, welche das Mittelalter mit diesen seelischen Wesen vornahm; wir lassen sie im Innenleben der Kranken, wo sie hausen, entstanden sein.«

Georg Luck (1990) hat dargestellt, welche geistesgeschichtliche Wandlungen der Begriff des Dämons erfahren hat. Bei Plutarch und Homer, sowie im Corpus Hermeticum verwendet, bedeutet *daimon* ursprünglich »göttliches Wesen«. Im späteren Hellenismus waren die *daimones* eher böse Geister.

Neben diesen klaren Wertkategorien nahmen aber die Götter und Dämonen in der frühesten griechischen Theologie wieder eher eine unbestimmte oder ambivalente Bedeutung ein. Sie waren weder eindeutig gut, noch eindeutig böse. Hier verhält es sich so ähnlich wie bei den machtvollen Wesenheiten und Geistern im orientalisch-arabischen Raum, den *dschinns,* von denen man auch nie so recht wußte, ob sie nun eindeutig gut oder böse waren. Erzürnte man sie, dann konnten sie recht böse werden. An anderer Stelle konnten sie einem wieder wohlgesonnen sein und einem machtvoll helfen, wie wir dies aus der Märchensammlung »Tausend und eine Nacht« kennen. Sie können aber auch ihre Qualitäten rasch wechseln, wie im Märchenmotiv vom Geist in der Flasche (Dieckmann 1974).

Eine eindeutig positive Wertung eines eigenen inneren *daimonions* findet sich bei Sokrates, der ihn als eine Art innere Stimme erklärte, die ihn jedesmal warnte, wenn er im Begriffe stand, etwas Unrechtes zu tun. Diese Anschauung wurde ihm sogar zum Verhängnis, denn er berief sich auf diese innere Stimme. In der gegen ihn erhobenen Anklage wurde ihm vorgeworfen, er habe »neue Götter« (daimonia) eingeführt.

Im frühen Christentum gerieten die daimonia vollends zu schädlichen Wesenheiten, die in den Körper eindringen konnten und allerhand Krankheiten und geistige Verwirrung mit sich brachten, was ja an sich im heutigen Lichte betrachtet im Grunde eine sehr subtile Feststellung war. Es stimmt ja schon, daß viele psychischen Krankheiten auf »Dämonen« beruhen, nur sagen wir heute für Dämon »Komplex«.

Den verschiedenen Bedeutungen, die den Dämonen zuerteilt wurden, kann man entnehmen, daß hier wirksame Kräfte ausgemacht wurden, die den Menschen teils irritieren und sogar ängstigen, teils aber auch unterstützen und Gutes bewirken, stets aber sich mit archaischer Mächtigkeit äußern.

Hinsichtlich der Komplexwirkungen kann man auf psychologischer Ebene festhalten, daß es gute, günstige und motivierende, sowie schlechte und ungünstige (hemmende) Komplexauswirkungen gibt. In Abhängigkeit von der Aufladung des Komplexes und der vorhandenen Stabilität des Ichs finden sich graduell verschiedene Beeinträchtigungen des Bewußtseins und der Handlungsfreiheit des Ichs. Dieses Spektrum reicht von einer einfachen Komplexwirkung über die Komplexbesessenheit bis hin zum stabilen und unerschütterlichen Wahn.

Ein *Schuldkomplex* kann demnach so mächtig energetisch aufgeladen sein, daß die ganze Persönlichkeit davon überflutet wird. Man kann hierzu aus der Entwicklungspsychologie wichtige Befunde heranziehen, die noch genauer beleuchten, wie es im Rahmen schwerer Depressionen zu einer solchen destruktiven Wirkung des Schuldkomplexes kommen kann. Erich Neumann

(1980, 95) hat bemerkt, daß bei einer nachdrücklichen Störung in der Urbeziehung zwischen Kind und Mutter, etwa bei Liebesmangel, das Kind daraufhin keineswegs immer mit Vorwürfen den Menschen und der Welt gegenüber reagiert, sondern sich merkwürdigerweise beim Kind ein Schuldgefühl bilden kann. Er nennt es ein »primäres Schuldgefühl«. Das Kind sucht also den Grund für das Nicht-geliebt-Sein bei sich und hält sich etwa für nicht normal, wenig liebenswert, krank oder aussätzig und verbindet auch noch Vorstellungen, daß es aufgrund dessen zur Lieblosigkeit im Sinne einer Strafe »verurteilt« ist. Es entwickel sich also eine demütige Haltung, die schnell bereit ist, die Schuld bei sich zu suchen und schuldgefühlshaft zu reagieren. In manchen Fällen kann sich das Schuldgefühl ausdehnen bis zu einer unkorrigierbaren Überzeugung, abgrundtief »böse« zu sein. Diese Konstellation zeigte sich mir nachdrücklich in einer Behandlung einer jungen Frau, die einen ausgeprägten Schuldwahn entwickelte. Wegen des psychotischen Ausmaßes dieser Erkrankung würde man diese Depressionsform zum »endogenen Formenkreis« zählen und sie als eine affektive Psychose bezeichnen. Diese Kennzeichnung besagt aber nicht, daß hier nicht im hohen Maße psychologische Momente eine Rolle spielten.

Behandlungsbeispiel für einen Schuldwahn

Es handelte sich um eine 29jährige junge Frau. Sie kam zu mir zur Therapie nach einem nervenklinischen Aufenthalt wegen einer wahnhaften Depression. Sie hatte sich vor Beginn der depressiven Erkrankung von ihrem Freund gelöst, der an einer chronisch fortschreitenden Erkrankung litt. Es bestanden keine Heilungsaussichten. Grundsätzlich waren bisher ihre Beziehungen immer so verlaufen, daß sich ihre Liebesgefühle nach einer Weile zu wandeln begannen. Sie konnte dann nur noch kameradschaftliche Gefühle entwickeln. Über kurz oder lang kam es zu Trennungen, wobei sie jeweils den ersten Schritt machte. Auch in ihrer letzten Beziehung war es ihr so ergangen. Sie wollte sich Klarheit über ihre Gefühle verschaffen und auch eine Therapie machen, um die hier sichtbar werdenden Beziehungsprobleme anzugehen. So ließ sie die Tür noch einen kleinen Spalt offen, die Trennung war noch nicht absolut vollzogen, auch wenn sie die Erkrankung des Freundes außerordentlich belastete. Es kam aber anders. Der Freund suizidierte sich, nachdem sie ihm ihre Trennungsabsichten mitgeteilt hatte. Er hatte schon einige Suizidversuche hinter sich, doch diesmal war es absolut ernst gewesen. Er hinterließ einen Abschiedsbrief, in dem er betonte, daß sie sich keine Vorwürfe machen sollte, sie träfe keine Schuld, er könne ohne sie nicht leben, er wäre auch nach seinem Tod für immer bei ihr.

Nachdem sie davon erfuhr, bekam sie nach einigen Tagen das Gefühl einer absoluten Starre und ihr war so, als würde ihre Seele wie aus einem Trichter aus dem Kopf nach oben herausgezogen werden. Ihr war so, als spürte sie den Sog des Freundes aus dem Jenseits, der sie holen wollte. Dies wollte sie nicht zulassen und wehrte sich angstvoll dagegen. Sie hatte sich auch zuvor bei dem Gedanken ertappt, daß sie erleichtert war über seinen Tod, was sie aber aus moralischen Gründen sich sofort verbat. Sie bemerkte, daß sie nicht trauern konnte, daß etwas in ihr stecken geblieben war. Konkrete Schuldgefühle hatte sie keine. Nach außen schien sie seltsam ruhig und stark zu sein und beruhigte auch ihre Freunde, daß sie es schaffen würde, über diesen gewaltsamen Tod hinwegzukommen. Eine Passage im Brief des Freundes hatte sie stutzig gemacht, in der er geschrieben hatte, er wüßte, was er mit seinem Freitod anrichte: »Wenn ich dich so antreffen würde (wie sie vermutlich ihn), das wäre ein Schlag gewesen, von dem ich mich nicht erholt hätte«. Sie verdrängte aber bald wieder die hier enthaltene Aggression. Einige Tage später aber brach die Psychose vollends aus. Sie fuhr in der U-Bahn und hatte eine eigenartige Geruchswahrnehmung. Die ganze Umgebung war voll davon. Dieser erinnerte sie an Auschwitz. Sie entwickelte allmählich die Gewißheit, verantwortlich zu sein für all das Leid, das auf der Welt geschehen war und noch geschah. Sie hielt sich für eine Inkarnation des Bösen. Jetzt war es ihr klar, sie war die Inkarnation Adolf Hitlers. Die Menschen schienen sie so merkwürdig anzuschauen, als erwarteten sie von ihr, daß sie ihre Taten sühnte. Sie hatte nicht mehr das Recht zu leben. Sie sollte sich umbringen. Sie spürte aber die Kraft nicht hierzu und machte sich darüber Vorwürfe. Unterwegs geriet sie in eine Fahrkartenkontrolle und hatte keinen Fahrausweis bei sich. Als sie nach ihrem Namen gefragt wurde, sagte sie, sie wüßte es nicht, sie hätte ihn vergessen. Sie dachte bei sich: »Der Name ist nicht mehr legitim, deine Persönlichkeit ist verändert, du bist nicht mehr die Alte«. Als man die Polizei holen wollte, sagte sie schnell ihren Namen, um Ruhe zu haben. Es kam nicht mehr darauf an. Sie fand es aber quälend, daß sie es nicht fertigbrachte, sich umzubringen und begab sich »zur Strafe« in eine nahegelegene Nervenklinik, wo sie auch aufgenommen wurde. Die Psychose hielt noch einige Wochen an.

Sie hielt die erste Zeit noch unkorrigierbar fest an ihrer Vorstellung, eine Inkarnation des Bösen zu sein. Auch keine noch so gut gemeinten Gespräche seitens ihrer Freunde, die sie besuchen kamen, konnten sie von ihrem Schuldwahn abbringen. Erst allmählich lockerte sich das Krankheitsgeschehen, auch mit Hilfe von Medikamenten, wieder auf.

Als sie nach dem Klinikaufenthalt zu mir kam, wirkte sie wieder geordnet. Es überwog vom Affekt und Antrieb her aber noch eine depressive Grundstimmung. Zur eigenen Vorgeschichte war bemerkenswert, daß sie unehelich geboren war, den leiblichen Vater nicht kennengelernt hatte und von der eigenen Mutter bald an die Großmutter abgegeben worden war. Schon früh müssen sich bei ihr Schuldgefühle gebildet haben der Art, daß sie nicht zur Last fallen und nicht zu viel beanspruchen durfte. Die Großmutter vermittelte nämlich bei Gelegenheit, daß sie selbst nie Kinder haben wollte, weil sie eine Last wären. Auch neigte sie zur Depressivität und vermittelte der Patientin: »Wenn du nicht wärst, dann würde ich schon längst nicht mehr leben.« Hier lastete eine große Bürde auf meiner Patientin. Sie war für das Wohl und Wehe ihrer Großmutter verantwortlich. Das bedeutet eigentlich auch, viel Macht – auch zum Bösen – zu haben. Eine positive, herzliche Nähe hat die Patientin nicht erfahren. Die Großmutter konnte nämlich nur schlecht Gefühle zeigen und machte diesen Mangel mit vielen Süßigkeiten wett.

Bei der psychologischen Würdigung der Tatbestände ist sicherlich davon auszugehen, daß die Patientin ein »primäres Schuldgefühl« entwickelt hatte, wie es bereits in diesem Kapitel ausgeführt wurde. Sie war kein Wunschkind und wurde von der Mutter nicht angenommen, sondern war bald nach der Geburt abgeschoben worden und wuchs mit der Überzeugung auf, nicht zur Last fallen und viel beanspruchen zu dürfen. So hat sie sicherlich schon früh einen Bescheidenheits- und Minderwertigkeitskomplex gebildet, der zudem von der Großmutter vorgelebt wurde. So konnte sich kein gefestigtes Selbstbild entwickeln, es war überlagert von zumindest unbewußt negativen Vorstellungen über sich selbst. Sie konnte sich nicht vorurteilsfrei annehmen.

Die Großmutter band die Patientin mit erheblichem moralischen Druck an sich (»ohne dich wäre ich schon aus dem Leben
geschieden«), was im Resultat zur Ausbildung einer überstren-
gen Gewissensinstanz, einem archaisch sadistischen Über-Ich,
führte. Hiernach war die Erfüllung ureigener »selbst-bewußter«
Bedürfnisse, etwa auch nach Unabhängigkeit von der Großmutter, nachhaltig, nämlich schuldgefühlshaft behindert. So wurden
bereits Grundlagen für eine *depressive Struktur* gelegt als poten-
tieller Boden für eine spätere Depression. Hier haben sich früh
höchst wirkungsvolle archetypische Vorstellungen über den eigenen Wert (bzw. Unwert) gebildet, die eine gute Selbstwertregulation nachhaltig behinderten. Es überrascht nicht, wenn man
sich vorstellt, daß sie später in Partnerschaften Einlassungsäng-
ste entwickelte, mit einem regelmäßig sich einstellenden Wandel
der anfänglichen Liebesgefühle hin zu Freundschaftsgefühlen.
Dieser Wandel der Gefühle kann als Abwehr gegen übermächtig
anflutende *symbiotische Verschmelzungssehnsüchte* verstanden
werden, stellt also einen Selbstschutz gegen krasse Abhängigkeit
dar.

In ihrer letzten Beziehung geriet sie in einen erheblichen innerseelischen Konflikt: Sie löste sich aus einer abhängigen Verbindung (der Freund sagte immer, ohne sie könne er nicht leben) und
entwickelte Autonomie, was sie eigentlich nicht durfte. Prompt
suizidierte sich der Partner, was die Trennung zu einer Exekution
an einer im Grunde geliebten Person werden ließ. Bewußt erlebte
sie zwar keine Schuldgefühle, der Partner hatte sie sogar »frei«
gesprochen. Die Schuldgefühle erwiesen sich aber lediglich als
»abgespalten«. Auf unbewußter Ebene hatte sich gewissermaßen
ein »Großmuttermord« ergeben, dem großmütterlichen Intro-
jekt folgend: Wenn du nicht wärest, hätte ich mich schon umge-
bracht. Auch ihr Freund konnte ohne sie nicht leben. So stellte
sie, die sie eigentlich kein Lebensrecht, kein »Recht aus eigenem
Sein« hatte, auch noch gewissermaßen durch die Trennung ihr
Lebensrecht über das seinige. Hinzu kam, daß der Freund sie
durch seinen Suizid noch viel nachhaltiger verlassen hatte. Ihr
geschah etwas, dem sie bislang durch eigene Trennung immer

zuvorgekommen war. Während sie bei anderen Trennungen immer noch eine lockere Verbindung aufrechterhält, war hier nun gar nichts mehr zu machen. Der Verlust war perfekt. Die hieraus resultierenden enormen innerseelischen Spannungen konnten vom Ich nicht integriert werden, sondern konnten nur noch kollektiv abgebildet und in archetypische Bilder überführt werden in Form einer psychotischen Erkrankung. Wir finden hier eine »Archetypisierung« des Konflikts. Es entsteht ein Schuldwahn. Sie ist am ganzen Leid der Welt schuld und muß dafür büßen.

Wie verhält es ich hierbei mit dem Selbstwertgefühl, das als eine Qualität des Selbstwertkomplexes anzusehen ist? Ich denke, hier findet man sogar eine gewisse Stabilisierung, die stattfindet über das Ausmaß an Negativität. Dies klingt zunächst überraschend. Wie kann man sich über etwas Negatives stabilisieren? Man muß sich hier vor Augen führen: Sie ist absolut schlecht, sie ist eine Inkarnation Hitlers. Das heißt auch, über ein großes wenn auch sehr negatives Selbst zu verfügen. Ich mache öfter die Erfahrung, daß es bei schweren Belastungen zwei archaische Reaktionsformen gibt, die im Kern der Rettung, der Stabilisierung des Selbst dienen sollen. Bei Kränkungen und Infragestellungen des eigenen Wertes können sich zur Erhaltung des Gleichgewichts gegebenenfalls Größenvorstellungen und Größenphantasien, etwa über Tagträume bilden. Dies wäre ein sekundärer Narzißmus als Abwehrform, ein Rückzug auf sich selbst, wie er auch bei narzißtischen Störungen als grundlegendes Abwehrmanöver gegenüber Kränkungen und Verletzungen des Selbstwertes zu finden ist. Als weiterer Reaktionsmodus steht noch zur Verfügung ein Rückzug auf *negative Größenvorstellungen* (Battegay 1991, 90f), wie es bei schweren psychotischen Depressionen zu finden ist: Etwa im Falle eines *hypochondrischen* Wahns ist man der Größte in seinem Schmerz (Hypochondrie) oder, wenn man schon ein schweres Schuldpotential mit sich trägt, ist man der schlimmste in seinen Taten (Schuldwahn). Die Ausgestaltung des Wahns hängt von den Lebensthemen ab, die einen bewegen. Man kann sich also entweder auf ein positives Größenselbst, oder gelingt dies nicht mehr, auf ein negatives Größenselbst zurückziehen.

Was ist der Kern des Schuldwahns? Es ist die verwerfliche Tat. Psychoanalytischerseits würde man sagen, daß sich hier ein unbewältigter aggressiver Konflikt ausgedrückt hat. Die Patientin hatte sich – vielleicht erstmals in ihrem Leben – für sich entschieden, sich durch die Trennung »aggressiv« abgegrenzt, was sogleich verheerende Folgen hatte. Es kam zu einem Suizid, und damit verbunden zu einem *endgültigen Verlust.* Durch Suizid hatte sich der Partner in einer endgültigen, unwiderruflichen Weise getrennt. Dies hatte die Patientin bislang wegen der tiefsitzenden Verlustängste um jeden Preis vermeiden wollen. So hatte sie sich bei früheren Trennungen immer noch eine Restbeziehung, »rein kameradschaftlich«, aufrechterhalten. So war ihre Tat doppelt verwerflich: Wegen des Suizids und der selbst provozierten »endgültigen« Trennung.

C. G. Jung hat anstelle des Aggressionsbegriffes, der sich bei ihm praktisch nicht findet, den *Begriff des Bösen* eingeführt, der einen Archetypus meint. Der moderne Aggressionsbegriff in der psychoanalytischen Literatur hat viel für sich, weil er natürliche expansive Herangehensweisen meint, die nicht notwendig destruktiv oder moralisch bewertet sein müssen. Mir ging es so, als ich dem Begriff des Bösen bei Jung begegnete, daß er auf mich altmodisch und etwas unhandlich wirkte. Und in der Tat ist es ein sehr alter Begriff. In ihm schwingen alte, archaische Vorstellungen und Assoziationen mit, die sich um das Faktum des Aggressiven und dessen Bewertung ranken. Tiefenpsychologisch betrachtet, können beim Aufkommen eigener Aggressionen *auch* Moralvorstellungen damit verbunden sein, die die Aggression als »böse« verwerfen. Hier bringt der Jungsche Begriff des Bösen durchaus eine Erhellung hinein und man kann mit ihm gut arbeiten. Gerade bei Depressionen psychotischen Ausmaßes findet sich eine enorm qualifizierende Gewissensinstanz, die in der Eigenbeurteilung ohne Gnade sein kann.

Bei meiner Patientin waren es gleich *drei archetypische Themen,* die in erheblicher energetischer Wechselwirkung miteinander standen und sich alle auf die Schuldproblematik zentrierten. Es war ein *Todesfall* eingetreten (es bestand symbolisch ein »Großmutter-Mord«), es hatte sich hiermit eine *Todsünde* ereignet. Auf ihre Trennung hin hatte sich der Freund suizidiert. Hier hatte sich das Faktum des *Bösen* ereignet, als deren Inkarnation sie sich fühlte und so mußte eine *archaische Sühne* angetreten werden: Das in die Umwelt projizierte archaische Über-Ich (die sie vermeintlich anstarrenden U-Bahn Fahrgäste) forderte eine Sühne, das in einem Selbstopfer bestand: Sie sollte sich selbst suizidieren.

Ich war beeindruckt von der Gewalt der inneren Vorgänge, die sich in der Patientin abgespielt haben mußten. Wenn man sich das Ausmaß der entstandenen intrapsychischen Spannungen und Beschädigungen vor Augen führt, dann wird verständlich, daß der Konflikt zunächst »archetypisiert« werden, also auf eine kollektive Ebene gehoben werden mußte. Der Konflikt konnte von ihrem Ich nicht gelöst werden. Es war mit dieser Aufgabe absolut überfordert. Dafür spricht auch, daß meine Patientin vorübergehend ihre *Identität* verloren hatte. Sie war aus der Kontinuität ihres Seins herausgetreten, war »nicht mehr dieselbe«, nicht mehr die alte. So konnte sie auch dem Kontrolleur nicht sagen, wie sie hieß, sie hatte keinen Namen. Sie hatte ihren Namen, ihre Identität verloren. Das heißt genau betrachtet, das alte Ich war hier gar nicht involviert. Es konnte dies alles nicht auf sich nehmen und es verarbeiten.

Für die Behandlung ergaben sich aus diesen Tatbeständen schwierige Zielsetzungen. Es ging um das Problem einer *Schattenintegration*. So lag ein Ziel sicherlich darin, an den abgespaltenen Schuldkomplex zu kommen und die abgewehrten Gefühle zu entwickeln und zuzulassen, die durch den Todesfall entstanden waren: Es ging um die Verarbeitung des Verlustes und die Verarbeitung der hiermit verbundenen Aggression gegen sie, die ja im Suizid des Partners enthalten war. All dies konnte sie in ihrem Erleben zunächst nicht erkennen und zulassen. So war es eine wichtige Aufgabe, allmählich die archetypische Signatur, in die das ganze Geschehen eingebettet war, in ein persönliches

Verstehen und in einen persönlichen Bezug und damit in eine persönliche Bewältigung zu überführen. Dies führt zu einer »Entmythologisierung« des Geschehens. Es wird persönlichkeitsnäher erlebt. Dies stellt oftmals eine wichtige Aufgabe in Therapien dar. Über einen längeren therapeutischen Zeitraum gelang dies der Patientin zunehmend besser.

Wegen seiner grundsätzlichen Bedeutung, die der Archetyp des Bösen beansprucht und in speziellen Konflikten eine Rolle spielt, erscheint eine genauere Erörterung des Begriffs angebracht.

Das Böse

Beschäftigt man sich mit dem Begriff des Bösen, so begegnet es einem in Figuren, die seit altersher diese Eigenschaft zu verkörpern scheinen, etwa in Gestalt von Hexen, Teufeln und Dämonen aber auch in Projektionen auf die Natur und der mit ihr verbundenen »Gewalten«. Dies entspricht einem grundlegenden Bedürfnis nach Veranschaulichung von Kräften des Destruktiven und Bedrohlichen, die in unserem Leben eine geheimnisvolle Macht ausüben. So entsprechen etwa Naturkatastrophen äußeren realen Bedrohungen, die uns »übel« wollen und uns heimsuchen. Sie werden aber von der erlebenden Psyche nicht einfach als Zufälle des Naturgeschehens hingenommen und verarbeitet. Wenn von der »blindwütigen Natur« die Rede ist, schwingt unausgesprochen ein Bild eines Dämons oder Drachens mit, der »Launen« hat und uns »heimsucht«. Schon in der unmittelbaren Objektwelt des kleinen Kindes ist die Tür, an der es sich stößt, »böse« und das Stofftier, das sich kraulen läßt »lieb«.

Die Geißeln der Menschheit, wie Epidemien, Vertreibungen, Hungersnöte, Feuersbrünste und Krieg, Erdbeben und Orkane, aber auch Erfahrungen des Einzelnen, wie etwa Verirrung in der Wüste, Ertrinken oder Begegnung mit gefährlichen Tieren gehören hierher. Ebenso stellen die symbolischen Figuren in Mythen und Märchen, wie etwa Hexen, Geister und Dämonen, und sei es bei uns »Zivilisierten« nur noch im Traum, kollektive Erfahrungsmöglichkeiten des Bösen und Unheimlichen dar. Auch direkte Erfahrungen mit »typisch menschlichen« Verhaltensweisen wie Neid, Haß, Eifersucht und Rachsucht, die sogar zur Triebfeder von Mord und Totschlag werden können, liegen in derselben Linie. Wir haben es hier *mit archetypischen Erfahrungen des Bösen* zu tun, die sich in archetypischen Bildern äußern. Diese Bilder können auf einer animalischen Ebene abgebildet werden, etwa als »falsche Schlange«, oder als phantastische Mischwesen – halb Mensch halb Tier – in Erscheinung treten. Marie Luise v. Franz (1985, 166) weist bei den Personifikationen des Bösen auf die Neigung der menschlichen Psyche hin, solche Geschöpfe als halb menschlich halb unmenschlich (tierisch) darzustellen. Am bekanntesten ist die Figur des Teufels. Über ihn sagt Jung (GW 16, § 388):

> »Die Kirche hat die Lehre vom Teufel, eines bösen Prinzips, das man sich gerne als bocksbeinig, gehört und geschwänzt vorstellt, das Bild eines Halbtiermenschen und chthonischen Gottes, der einem dionysischen Mysterienverein entlaufen zu sein scheint, eines noch bestehenden Bekenners sündhaft-fröhlichen Heidentums. Dieses Bild ist trefflich und charakterisiert genau den grotesk-unheimlichen Aspekt des Unbewußten, dem man nicht beigekommen ist und das deshalb noch im ursprünglichen Zustand unbeherrschter Wildheit verharrt.«

Bei diesen Mischwesen begegnen uns kollektive Projektionen unseres Unbewußten, wobei sich die Erscheinungsformen dieser Wesen keineswegs nur auf die symbolische Wiedergabe des Bösen beschränkt, sondern eben Mischungen verschiedener Aspekte und Eigenschaften wiedergeben, etwa den Menschen mit seinen jeweiligen animalischen Attributen. Wir haben es hier mit echten Symbolen zu tun, die also ganz *unterschiedliche* Bedeutungen und Aussagen in einem Bild vereinigen. Nymphen etwa symbolisieren einen Entwicklungszustand des Weiblichen, der noch zu einem größeren Teil dem Unbewußten angehört und noch nicht abgeschlossen ist. So fehlt bei der Nymphe noch ganz der weibliche Unterleib, also die Sexualität. Das Motiv der kleinen Seejungfrau im gleichlautenden Märchen von Andersen ist uns allen geläufig. Ein bedrohliches, ja fürchterliches Symbol stellt wiederum die Medusa mit den Schlangenhaaren dar. Sie versteinerte alle, die sie ansahen. Erst dem Helden Perseus war es möglich, ihr das Haupt abzuschlagen und sie damit zu entmachten. Er mußte hierzu magisch aufgerüstet werden. So bekam er von den Nymphen Flügelsandalen und eine Tarnkappe. Von den Göttern, den wohlgesonnenen Kräften, erhielt er das Sichelschwert, um ihr das Haupt abzuschlagen und schließlich mußte er sich eines Spiegels bedienen, um sie nicht direkt ansehen zu müssen. Erst über den sichernden Schutz des Spiegels konnte er sich mit der Medusa konfrontieren und ihr das Haupt abschlagen. Hier haben wir es mit der bildhaften Projektion einer kollektiven Erfahrung des Bösen zu tun. In psychologischer Hinsicht scheint die Medusa eine Projektion der »Depression« zu sein, die jeden, der ihr begegnet, mit steinerner »Erstarrung« heimsucht.

Im Christentum findet sich die Anschauung, daß das Böse ein Mangel an Gutem (privatio boni) sei. Jung wendet sich aus psychologischen Gründen gegen die hierin enthaltene Tendenz, das Böse nur als eine Verminderung des Guten zu sehen, statt in ihm wesenhaft einen Gegensatz, im Sinne eines echten Antipoden zum Guten, zu erkennen:

Folgt man dem Begriff der Ganzheit, dem »Selbst« im Jungschen Sinne, indem sich ja alle Aspekte – gute und böse – wiederfinden müssen, dann gilt das eben nicht mehr uneingeschränkt für das Christussymbol, als einem transpersonalen Symbol für allumfassende Ganzheit, worauf auch Jung (GW 9/II, § 74) wiederholt hinweist:

»Die ursprüngliche christliche Anschauung der imago dei, verkörpert in Christus, bedeutet zweifellos eine umfassende Ganzheit, welche sogar die animalische Seite des Menschen (pecus!) in sich begreift. Trotz alledem ermangelt das Symbol Christi der Ganzheit im modernen Sinne, indem es die Nachtseite der Dinge expressis verbis nicht mit ein-, sondern als luziferischen Gegenspieler ausschließt.«

Jung folgt also vor allem zwei Gedanken. Zum einen fordert er eine stärkere Profilierung und Differenzierung des Bösen als echtem Antagonisten des Guten. Hier müssen wir bedenken, daß man natürlich zwei entgegengesetzte Zustände über den Mangel *eines* Zustandes erklären kann. So könnte man den Zustand »kalt« als Verminderung von »warm« ansehen. Diese Betrachtungsweise ist Jung aber zu »lau«. Er möchte das Böse wesenhafter und substantieller sehen. Er sagt hierzu (GW 10, § 879):

> »Der Teufel unserer Zeit ist etwas ganz Furchtbares! Wenn man unsere heutige Lage übersieht, so ist nicht abzusehen, was noch alles geschehen kann. Durch die Nuklearspaltung ist Ungeheueres geschehen. Ungeheueres der Macht des Menschen überlassen. Es sind Gotteskräfte in unsere Hände gekommen, in unsere gebrechlichen Menschenhände. Das ist nicht zum ausdenken. Es handelt sich dabei um Mächte, die nicht an sich böse sind. Aber in den Händen der Menschen sind sie eine furchtbare Gefahr, in den Händen des bösen Menschen. Und da soll das Böse in der für uns erlebbaren vordergründigen, für uns realen Welt keine Wirklichkeit sein? Wenn man das Prinzip des Bösen als wirklich ansehen will, kann man ebensogut sagen: Teufel. Mir persönlich fällt es schwer, die Idee der privatio boni noch als gültig zu betrachten«.

Der zweite Gedankengang dem Jung folgt: Er möchte es nicht bei der Polarität bewenden lassen, sondern sie als Teil einer übergeordneten Ganzheit umschlossen sehen. Auf die Ganzheit des Menschen angewandt bedeutet dies, daß auch im Menschen das Böse als ein Antipode seiner lichten Persönlichkeit angelegt ist. Es sollte nicht ausgegrenzt und nach außen projiziert werden, nach dem Motto: »Das Böse ist vor allem bei den anderen«. Ferner weist auch Jung, wie schon anklang, daraufhin, daß auch in der *früheren christlichen Anschauung* des Gottesbildes, der Imago dei, verkörpert in Christus, sich eine allumfassende Ganzheitsvorstellung finden läßt, die sogar die animalischen Seiten des Menschen miteinbegreift. Wenn wir das Prinzip des Bösen als nicht zu uns gehörig aus der Ganzheit ausschließen, dann begeben wir uns der Möglichkeit der Integration dieser Anteile in uns selbst. Diese bleiben dann unentwickelt »draußen«, das heißt, sie entfalten uns gegenüber eine Autonomie, die uns zum Schaden gereicht. Und schlimmer noch, *wir projizieren die eigenen Schattenseiten in andere Menschen* und bekämpfen sie sogar dort. Das Böse, Minderwertige, Unentwickelte *gehört aber zu unserer Natur* und ist Teil unseres psychischen Bereiches, den Jung mit dem Terminus des »Schattens« belegt, als jenen Teil der Psyche, der die noch unentwickelten und minderen Seiten enthält. Es ist Aufgabe des Individuationsprozesses, des menschlichen Reifungsprozesses, zu einer Integration solcher bislang unbewußten Persönlichkeitsanteile zu kommen. So war es eine unverzichtbare Aufgabe in der Therapie meines obigen Beispiels, an das »Böse« meiner Patientin, an ihre »Schattenseiten« heranzukommen. Die Aufgabe lag darin, zu erkennen, daß der Freund sie zu sehr belastet hatte, daß sie sogar instinktiv erleichtert war über seinen Tod als Form einer »Schicksalslösung«, sich das aber zunächst nicht eingestehen konnte. Sie verurteilte sich aber heftig hierin. Sie mußte auch die Tatsache verkraften, daß sie durch ihre Abkehr von ihm Unglaubliches angerichtet hatte, nämlich hierüber zur Herrin seines Schicksals geworden war, was sie ja persönlich nie im Sinn gehabt hatte. Auch darum ging es, die Dimension der wirklichen Verantwortung und der ihr zugewachsenen Macht herauszuarbeiten. Schließlich galt es zu erkennen, daß sie ein Recht auf Trennung hatte. Hier saßen die tiefsten Schuldgefühle: Sich zu trennen war im Grunde böse, sie hatte eigentlich kein Recht dazu, im Sinne ihrer Erfahrungen der Kindheit, daß sie froh sein konnte, angenommen worden zu sein – wenigstens von der Großmutter. Sich in allen Einzelheiten mit diesen Aspekten, aber auch mit der unbedingt notwendigen Relativierung dieser Rollen zu beschäftigen, benötigte einfach viel Zeit. Zeit zur Besinnung und Zeit zur Reifung.

Wir müssen in uns das *Prinzip der Verstrickung* mit dem Bereich des Bösen ausdrücklich erkennen und anerkennen. Nur in der inneren Auseinandersetzung damit kann es zu einer Weiterentwicklung der Persönlichkeit kommen.

Typologische Aspekte

Die Entwicklung, die schließlich aus der Depression herausführte, nahm noch einen interessanten Verlauf. Der erste Entwicklungsschritt hatte zunächst darin gelegen, den eigenen Schatten anzunehmen, ihn weiter zu entwickeln und zu integrieren. Schuld und Minderwertigkeitserleben hatten ja seinerzeit nach dem Suizid des Freundes eine unheilige Allianz gebildet und sich enorm, bis zum Schuldwahn gesteigert: In der Psychose war sie zu einer Inkarnation Hitlers und damit zum Inbegriff des Bösen geworden. Gerade wenn zwei negativ getönte Komplexe zusammen kommen, hat dies eine erhebliche dynamische Aufladung und Verdichtung im Unbewußten zur Folge.

Allmählich gelang es meiner Patientin unter der Therapie dazu zu stehen, daß sie ein Recht auf Selbstbestimmung auch in Partnerschaften hatte. Diese Einstellung war eben nicht »böse«, wie sie bislang unbewußt geglaubt hatte. Dem anderen zuliebe durfte nicht die eigene Autonomie geopfert werden. Sie konnte akzeptieren, daß der Suizid eine freie Entscheidung des Freundes gewesen war. Dies führte zu einer »Entbindung« aus ihren tiefen schuldgefühlshaften Fixierungen und Abhängigkeiten an die Figur des Freundes, die auch nach seinem Tod noch fortbestanden hatten.

Trotz dieser Erkenntnisse und der sich einstellenden Änderung in der Einstellung blieb aber eine Restdepressivität übrig. Es fehlte noch etwas im Leben. Die Antwort ergab sich überraschend zielstrebig aus dem Unbewußten. Nachdem der Schuldkomplex überwunden worden war, wurde gewissermaßen die »Bühne frei« für neue Inhalte. Meine Patientin begann sich allmählich mehr für ihre eigenen Bedürfnisse zu öffnen. Sie fing an sich stärker zu erleben und zu »spüren«. Es wurden neue Bereiche ihrer Ichfunktionen wirksam. Zu den Ichfunktionen zählen unter anderem die Orientierung und das Gedächtnis, die Aufmerksamkeit und die Entschlußfähigkeit und die sogenannten Abwehrmechanismen, wie Verleugnung, Verdrängung Projektion etc. Schließlich gehört hierher auch die Wahrnehmung von Außen und Innenbezügen. Hierzu zählt vor allem auch *die Art und Weise*, in der ich mich den inneren und äußeren Objekten zuwende. Entsprechend unterscheidet die Analytische Psychologie (GW 6, § 913) kurz gefaßt vier »Funktionstypen«, wobei meist ein Funktionstypus, eine »Hauptfunktion« überwiegt und bevorzugt zur Geltung kommt. Diese Funktionen scheinen angeboren zu sein, unterliegen aber auch deutlich erzieherischen Einflüssen. Es handelt sich um das Denken, das Fühlen, das Empfinden und das Intuieren. Sie entsprechen unterschiedlichen Erfassungs- und Herangehensweisen an die innere und äußere Welt. Zu diesen vier Funktionstypen kommen zwei unterschiedliche Einstellungstypen hinzu, nämlich die der Introversion und die der Extraversion, die jeweils mit einem Funktionstyp gekoppelt sind. So lassen wir uns entweder primär von inneren Einstellungen und Befindlichkeiten (Introversion) leiten oder sind primär nach außen gerichtet und orientieren uns an anderen (Extraversion). Ein »Denktyp« bewertet *bevorzugt* die (innere und äußere) Welt nach den Kategorien »richtig« und »falsch«. Der »Empfindungstyp« ist durch eine sehr genaue Wahrnehmungs- und Differenzierungsfähigkeit etwa der Beschaffenheit von Objekten und Tatbeständen ausgezeichnet. Der Intuitive schließlich besitzt ein gutes Ahnungsvermögen, das schnell generelle Aspekte, Sinnzusammenhänge und Hintergründe erkennt. Während der »Fühltyp« als wertende Funktion mehr nach inneren Maßstäben, wie »angenehm« oder »unangenehm« vorgeht. Das Fühlen ermöglicht einen guten Zugang zur ureigenen Bedürfniswelt: Etwa was man »gerne« oder »nicht gerne« tun möchte. Meine Patientin hatte sich bislang als (extravertierter) Denktyp erwiesen. Sie hatte viel nachgedacht, ja das Denkprinzip überstrapaziert, was ihr zunehmend bewußt wurde. Sie sagte wörtlich: »Ich hab zuviel nachgedacht über alles und jedes. Ich wollte immer alles klären und hab' es begrübelt.« Entschieden zu kurz war hierbei ihre Fühlfunktion gekommen. Sie spürte nun ein starkes Bedürfnis nach Erholung, nach Urlaub. Sie freute sich regelrecht darauf. Der Gedanke an Urlaub war sehr angenehm besetzt. Schließlich war sie schon seit einigen Jahren nicht mehr verreist gewesen. Gemeinsam mit einer Freundin und deren Kind reiste sie in die Ferien und konnte endlich tun und lassen was sie wollte. Behilflich war ihr dabei, wie sie später nach der Rückkehr in der Therapie berichtete, ihre Beschäftigung mit kleinen Kindern, die reichlich im Hotel vorhanden waren und mit dem Kind der Freundin spielten. Sie ließ sich von ihren Lebensimpulsen anstecken und lernte von ihnen mehr Spontaneität, die ihr schon länger abhanden gekommen war. Wenn man so will, hatte meine Patientin das »Kind in sich« wieder entdeckt. Sie konnte wieder im besten Sinne »regressiv« sein. Auch der Einstellungstyp änderte sich. Meine Patientin wurde für manche subjektiven Bereiche im Sinne der zunehmenden Introversion zugänglicher und sensibler. Sie kam weg von ihrer einseitigen Ausrichtung, von ihrer Orientierung am äußeren Objekt (Extraversion).

Ich habe öfter beobachtet, daß unter der Rückbildung von Depressionen bestimmte Funktionstypen stärker zum Tragen kommen. Es sind dies die Empfindungsfunktion und die Fühlfunktion. Sie stehen im Dienste einer verbesserten Erlebensfähigkeit. Die Objektwelt wird deutlicher »empfunden« und wahrgenommen, es wird mehr »gefühlt« und die Subjektwelt kommt stärker zum Tragen, wodurch der Mantel der Depression allmählich weicht.

4.7 Das Opfer: Regressive und progressive Aspekte

Auf einen interessanten Aspekt im Rahmen der Depressionsentstehung aus der Sicht der Analytischen Psychologie Jungs hat Ute Dieckmann (1974) hingewiesen. Es ist der Umstand, daß depressive Patienten sich nicht lösen können von kindlichen Fixierungen an die Elternfiguren, was psychologisch betrachtet ein Opfer bedeuten würde. Es ist die Opferung des kindlichen Aufgehobenseins bei einer Elternfigur, etwa bei der Mutter, die aber in bestimmten Fällen nicht stattfinden kann. Fällt die Mutter weg, etwa durch einen plötzlichen Tod, dann wird der Verlust nicht verarbeitet, weil der Schritt in die Autonomie nicht getan werden kann. Der Depressive ist auf einer bestimmten Bewußtseinsstufe stehen geblieben, ist hieran fixiert und kann und will sich davon noch nicht lösen (es nicht opfern). Im Grunde bleibt der Betreffende psychologisch weiter bei der Mutter.

Ich denke in diesem Zusammenhang daran, daß man sehr stark über einen Mangel, etwa an erfahrener Liebe und Zuneigung fixiert bleiben kann und so nicht den Loslösungsschritt, den

Verzicht, das »Opfer« bringen kann, sich von den Elternfiguren innerlich angemessen zu lösen.

Welche Kräfte stecken dahinter? Ich meine, wir treffen hier auf ein tief im Unbewußten liegendes Prinzip. Was vielleicht zunächst überrascht: Es ist das Prinzip der Hoffnung, wie es der Philosoph Gabriel Marcel (1957) sehr eindrucksvoll geschildert hat. Die innere Einstellung: »Ich werde es schon noch erlangen« kann aber die innere Entwicklung festhalten. Das Prinzip Hoffnung kann ein energetisch mächtig aufgeladenes Motiv sein. An sich ist das Prinzip Hoffnung ja ein sehr wertvolles Prinzip und verleiht den Menschen Mut, Tröstung und oftmals erstaunliche Energien. An der richtigen Stelle, im richtigen Augenblick können unter dem Aspekt der Hoffnung, der frohen Erwartung, erstaunliche Leistungen vollbracht werden. Aber in manchen Fällen hängt man fest an Illusionen und muß sich mit der harten Tatsache, mit den Schattenaspekten der eigenen Kindheit auseinandersetzen, um zu sich selbst zu kommen. Die Loslösung dieser Fixierungen erfordert ein Opfer, das aber nicht geleistet wird. Der Ausbruch einer Depression kann dann die Folge sein. Der Depressive ist hierbei unbewußt von illusionären Omnipotenzgefühlen beherrscht und wendet sich nicht der Aufgabe zu, selbstverantwortlich und erwachsen zu werden: »Es ist alles noch nicht das Eigentliche, das Wirkliche wird erst noch in Zukunft kommen, jetzt lege ich mich noch nicht fest« (Marcel 1957, 99). Die Aufgabe, ja Opferung dieser Vorstellungen ist die eigentliche Arbeit, die der Depressive leisten muß, wenn er seine Depression überwinden will.

Andererseits müssen wir uns bei der Psychologie des Opfers klar machen, daß hier verschiedene Aspekte einfließen. Es ist ein Archetyp und hat entsprechend positive und negative Seiten. Ich denke, der Depressive opfert unangemessen. An den Stellen wo er opfern sollte, tut er es nicht (Ablösung aus Elternfixierungen). An anderen Stellen opfert er viel zu viel von sich und seinen Möglichkeiten.

An dieser Stelle ist noch einmal eine genauere Betrachtung der psychologischen Situation des Kindes erforderlich: Schon in der frühen Kindheit macht es die Erfahrung, daß es durch ein Opfer, nämlich durch Zurückstellen bestimmter eigener Bedürfnisse, sich die Zuwendung der nahen Bezugsperson, meist der Mutter, sichern kann. Dies kann sogar in symbiotischen Abhängigkeitsbeziehungen, in der etwa eine Mutter sich eigene symbiotische Bedürfnisse über das Kind erfüllt, soweit führen, daß das Kind seine expansiven Impulse der Mutter zuliebe aufgibt, um den Preis des Verzichtes auf Eigenwerdung. Es »opfert« seine Eigenwerdung. Dies stellt natürlich ein sehr großes, ja ein zu hohes Opfer dar. Zu welchen Ängsten es auf Seiten des Kindes später »draußen im Leben« kommen kann, welche Schwierigkeiten sich im Selbstbewußtsein und im Durchsetzungsvermögen einstellen können, erfahren wir Therapeuten täglich aufs Neue in unserer Arbeit.

Die Struktur des Opfers begegnet uns auch auf einer religiösmythologischer Ebene wieder. Von jeher wurde das Opfer an die Götter praktiziert. Hier wird die alte – archetypische – Erfahrung ritualisiert, daß durch Verzicht und Hergabe, eben durch das Opfer, eine Partizipation an der Macht der Elternfiguren gesichert werden kann, wodurch auch gleichzeitig Beistand und Schutz der starken Figuren erlangt wird. Jung (1973, 532) sagt hierzu: »Durch das Opfer wird eine Fülle der Macht erlangt, die an die Macht der Götter heranreicht«. Das ist natürlich sehr verführerisch, aber der Preis besteht im absoluten Gehorsam und liegt meist in einer Zurückstellung der Eigenwerdung; diese wird zugunsten eines Verbleibens bei den starken Elternfiguren regelrecht »geopfert«.

Die Opferung des schwarzen Stiers, ein Behandlungsbeispiel

Eine 34jährige Erzieherin, die an Depressionen litt, seit sie vor kurzem ins Berufsleben eingetreten war, träumte folgenden Traum:

> »Ich befinde mich in einem halbdunklen Raum. Mit einem mal entdecke ich, daß mir direkt gegenüber ein großer schwarzer Stier steht. Er schaut mich nur an – wenn ich es mir jetzt recht überlege – ohne Angriffs-

absicht. Ich nähere mich ihm und habe dabei ein Messer in der Hand und steche es ihm kurz entschlossen tief in den Hals. Seine Augen kann ich nicht vergessen, sie schauten mich unendlich traurig an.«

Wir entdecken hier eine magisch-rituelle Handlung. Es wird ein Tieropfer durchgeführt. Zur Erklärung dieses seltsamen Traumes muß man sich vergegenwärtigen, wie es zur Depression der Patientin gekommen war. Sie hatte vor einigen Monaten an einer Kindertagesstätte angefangen mit ihrer Tätigkeit als Erzieherin. Es stellte sich heraus, daß sie es mit lauter Kindern zu tun bekam, die offensichtlich – so jedenfalls im Erleben der Patientin – nichts anderes im Sinn hatten, als sie zu provozieren und zu ärgern. Sie wollten ihre Anordnungen nicht befolgen und veranstalteten mit ihr allerhand Kraftproben. Die Lehrerin sah sich nun überhaupt nicht in der Lage, eine klare Linie zu finden und dort Grenzen zu setzen, wo sie angebracht gewesen wären. Sie ließ alles geschehen, im Vertrauen auf die Einsicht der Kinder, was nun gründlich schief ging. Sie reagierte schließlich mit Depressionen und es mußten längere Krankschreibungen erfolgen.

Zur Vorgeschichte war nun von großer Bedeutung, daß in ihrem Elternhaus eine äußerst aggressionsgehemmte Atmosphäre geherrscht hatte. Die Maxime lautete: Wir streiten uns nie. Beide Eltern wirkten wie ein monolithischer Block, gegen den man nicht ankommen konnte. Tatsächlich konnte sie sich nicht erinnern, die Eltern je streiten gesehen zu haben. Nur die Mutter reagierte des öfteren mit Migräne, die ja häufig als eine psychosomatische Reaktion zu werten ist, mit aufgestauten Aggressionen, die man gegen sich selbst wendet.

Auch die Depression kann man unter dem Blickwinkel der Abwehr der eigenen Energien ansehen. Die Depression bezeichnet das »Darniederliegen« der Energien, hier insbesondere der aggressiven Energien. Das finden wir im Tieropfermotiv des Traumes der Analysandin wieder. Sie hat den Stier, ihren Stier geopfert. Er stellt als archaisches Symbol ein Sinnbild der Stärke dar. Es verkörpert geballte Energie und Durchsetzungsvermögen. Wehe dem, der sich ihm in seiner Bahn entgegenstellt. Schon in der frühinfantilen Situation begegnet das Kind seinen animalischen Kräften und Bedürfnissen. Dies drückt es aus in Spiel und Phantasie. Aber schon früh hatte es die Patientin unternommen, ihre aggressiven Energien zu opfern, um die mächtigen Elternfiguren, die ihr ja ansonsten Schutz boten, nicht zu verlieren. Die Identifikation mit der Aggressionsabwehr hielt an bis zum Eintritt in den Schuldienst. Nach Eintritt in die Therapie wurde die Aggressionsthematik erneut mobilisiert und das Unbewußte bildete die zugrundeliegenden Konstellationen ab, indem es ein archetypisches Motiv, das Tieropfer schuf, das damit das persönliche Drama der Opferung der eigenen Anteile widerspiegelte. Die Patientin hatte die *Stiernatur in sich getötet*, was eine traurige Wahrheit darstellte. Dieses Ereignis im Traum zielt nun keinesfalls auf die historisch erstmalige Abtötung der eigenen aggressiven Impulse ab. Sondern als internalisierte (verinnerlichte) andauernde Bereitschaftshaltung ist das Ereignis mittlerweile »zeitlos« geworden.

Wie konnte sich die Patientin nun weiterentwickeln? In der Anfangsphase war sie noch identifiziert mit den Elternfiguren und verteidigte vehement ihre Aggressionslosigkeit. Über Argumente wäre ihr auf keinen Fall beizukommen gewesen. Das Stieropfer im Traum machte ihr hingegen schon mehr zu schaffen. Zeigten sich doch darin die traurigen Konsequenzen ihres Verhaltens. Je öfter sie sich mit dem Traum beschäftigte, um so mehr hatte sie Mitleid mit dem Stier.

Sich mit dem Stier zu verbünden schien aber nun ein weiteres Opfer zu kosten! Durch Opfer kommt man zur Teilhabe an der Macht der Götter, oder kann sich zumindest ihres Schutzes vergewissern. Ein genauso großes Opfer kostet es, wenn man sie verlassen will, um ganz auf sich gestellt, ureigene Erfahrungen zu machen. Das ist das Opfer, das jeder bringen muß, wenn er die bislang definierte Rolle des Kindes verlassen und erwachsen werden will. Es wird die Welt erlangt, indem man seine kindlichen Verhaltensweisen, seine Bindungen an die Kindheit, mit ihren Ansprüchen an Schutz und Geborgenheit, aufgibt. Das hieß im Falle der Patientin, daß sie auch ihre loyalen Identifikationen mit den Eltern aufzugeben hatte und sich bereit finden mußte, ihre eigenen Erfahrungen zu machen. Hatte das erste Opfer darin bestanden, daß sie ihre Stiernatur zugunsten einer Sicherung von Schutz und Geborgenheit durch die Eltern abgetötet hatte, so bestand jetzt das zweite Opfer in der Lossagung von der Kindheit. Es galt, den Stier wieder zu erlangen. Hilfreich hierbei war die Erfahrung der Patientin, daß sie sich tatsächlich wohler fühlte, als sie sich zu wehren begann. Änderungen müssen sich also lohnen!

5. VERLOCKUNG ZUR FREIHEIT, DIE WELT DER MANIEN

> »Ich komme gerade von einer Gesellschaft, in
> der ich die Seele war, der Witz strömte aus mei-
> nem Mund, alle lachten, bewunderten mich,
> aber ich ging, ja der Gedankenstrich muß so
> lang sein, wie die Radien der Erdbahn hin und
> wollte mich erschießen.«
> (Sören Kierkegaard, Tagebücher I, 49)

Diese Worte Kierkegaards geben in unübertrefflicher Weise die
innere Verfassung eines Menschen wieder, der sich in einer tragi-
schen Gespaltenheit befindet. Häufig habe ich diese Wechselhaftigkeit bei Menschen erlebt, die zu manischen und depressiven
Phasen neigen, wobei diese Phasen ganz unterschiedlich lang, von
kurzen mehrstündigen Episoden bis zu mehreren Monaten Dauer, anhalten können. Einerseits sind diese Menschen unterhalt-
sam, gesellig und können manchmal hinreißend komisch sein, andererseits können sie sich innerlich in Abgründen befinden, sind
zerrissen, leiden fürchterlich und haben ihren im Grunde schwer
depressiv-verzweifelten Zustand nur überspielt Es ist die Ausprägung und Auslenkung der Affekte und Gefühle und es ist ihre Wechselhaftigkeit, die auffällt. Diese innere Ambivalenz kann
einmal in ihren Polen abwechseln, man findet dann das Bild des
Himmelhochjauchzend zu Tode Betrübtseins. Die Ambivalenz
kann aber auch gleichzeitig vorhanden sein.

Manien kommen selten isoliert vor. Meist treten während
eines Lebens neben Manien auch eine oder mehrere depressive
Phasen auf. Die Erkrankung äußert sich dann »bipolar«. Die

Manien machen sich durch einen großen Tatendrang und expansive Pläne bemerkbar, denen jeder reale Boden abgeht. Die Menschen schlafen kaum noch, sind auch tagsüber scheinbar nicht müde und befinden sich in einer permanent unruhigen Getriebenheit. Auch ausgeprägte reizbar-launische und aggressive Haltungen sind zu beobachten. Hinsichtlich der illusionären Erwartungen steht angeblich entweder ein großer geschäftlicher Durchbruch bevor, oder es werden ganz neue geniale Schritte getan oder geplant. Große Projekte fallen an und es ist manchmal erstaunlich, was ein Mensch in einer manischen Phase alles ankurbeln kann, ohne daß der Umwelt – wenigstens in den Anfangsstadien – zunächst auffällt, daß hier eine Störung vorliegt. Bei genauerer Betrachtung fällt dann doch die relativ unkritische Art sich selbst gegenüber auf.

Es können viele und oberflächliche Kontakte geschlossen werden und es wird ein Haufen Geld ausgegeben. Ein Patient von mir gab innerhalb von einer Woche über DM 100.000 aus. Er gab an, daß er fest damit gerechnet hatte, im Lotto zu gewinnen, so daß er die Schulden sogleich hätte zurückzahlen wollen. Das euphorische, illusionäre, selbstüberschätzende Moment dominiert und ergießt sich in einem manchmal nicht endenwollenden Redeschwall. Hierbei ist aber, wie Kröber (1988) bemerkt hat, keinesfalls nur eine uferlose »Ideenflucht« zu konstatieren. Wird dem Redefluß genauer zugehört, dann kreisen die Gedanken um bestimmte charakteristische Themen, die allerdings in entnervend stereotyper Manier vorgetragen werden.

Zur äußeren Situation kontrastiert die innere Befindlichkeit während der Manie. Die Maniker fühlen sich während einer solchen Phase in der Regel keineswegs als »gestört« oder gar leidend. Gelegentlich bestehen auch Verzweiflungsgefühle, die aber schnell unter der manischen Symptomatik wieder zugedeckt werden. Auch im Rückblick – so fiel mir auf – fanden die Patienten die Manie eigentlich »schön«, wenn sie nicht zu heftig durch ihr Verhalten in Konflikte mit der Umwelt geraten waren. Sie waren voller Unternehmungsgeist, es ging ihnen »prächtig«. Die Sinnlichkeit war im weitesten Sinne gesteigert: Farben wurden intensiver gesehen, kleine Vorgänge, wie das Fallen eines Blattes vom Baum wirkten wie eine Offenbarung. Alle Sinneseindrücke verliefen farbiger, plastischer, intensiver. Auch die Sexualität kann gesteigert sein bis zur Hemmungslosigkeit und es kann viel Alkohol getrunken werden. Insgeheim wollen die Maniker nach einer abgelaufenen Krankheitsphase eigentlich nicht auf diese euphorischen Möglichkeiten verzichten. So erkläre ich es mir, daß so mancher Patient, der eine Manie erlebt hat, keine Medikamente einnehmen will, die etwa weitere Phasen verhindern könnten, auch wenn er formal der Notwendigkeit zustimmt, insbesondere wenn er seinen Angehörigen bereits viele Aufregungen und Blamagen beschert hat. Erinnerungen an direkt peinliche Auftritte sind aber oftmals schambesetzt und werden verdrängt.

Schwerer als die Manie werden depressive Phasen verkraftet, die sich oftmals an eine Manie anschließen können. Ich hatte hier oft den Eindruck, daß gegen Ende der Manie der alte und immer noch unbewältigte Konflikt wieder auftauchte und die ganze Misere nun doch noch hereinbrach, nachdem der ungestüme Aufbruch zu seinem Ende kam. Auch in freien Intervallen, nach abgelaufenen Krankheitsphasen, kann eine »hyperthyme« Persönlichkeitsstruktur bestehen, als Charakteristikum dieser Person, mit grundsätzlicher Umtriebigkeit, Unruhe und der Neigung, immer etwas mehr zu tun, etwas Größeres für sich zu beanspruchen, auch mehr auszugeben, als gut täte.

Beispiel

Einer meiner Patienten konnte unvermittelt in eine so ausgelassene Stimmung geraten, daß er etwa in einem Verkehrsbus laut anfing zu singen: Er schmetterte geradewegs so los, als säße er fröhlich in seiner Badewanne. Er konnte nur mühsam von seiner Frau gebändigt werden. Überhaupt haben die Partner sehr oft eine ausgleichende Funktion. Vielleicht bleibt ihnen nichts anderes übrig, vielleicht suchen sich auch die »Richtigen« zur gegenseitigen Kompensation. Mein Patient war ohnehin leicht aus der Ruhe zu bringen. Ein stetes Moment der inneren Unruhe herrschte vor. Er verglich sich einmal mit einem Pendel, das aber zu heftig, nämlich über die Seitenbegrenzungen des Uhrkastens hinaus, »ausschlagen« würde. Ein gelungenes Bild, für das »un-bändig« sein.

Oft habe ich den Eindruck, daß sie eigentlich zu sehr am inneren Kontroll-Bändel sind, in einem System voll von quälenden Selbstzweifeln und Selbstbeschränkungen, und dies über eine maniforme (manieartige) Gegenhaltung »abschütteln«.

Aber neben den Höhenflügen gibt es auch den Absturz. Es ist merkwürdig, aber es trifft zu, daß sich im tiefenpsychologischen Bereich von seiten der Fachwelt lange Zeit keine Gedanken gemacht wurde über eventuell hinter den manisch-depressiven Störungen stehenden psychologischen Ursachen. Zu sehr schienen erbbiologische Gründe im Vordergrund zu stehen, was sich ja auch in ihrer Kennzeichnung als sogenannte »endogene« Erkrankungen niederschlug. Hierfür gibt es durchaus überzeugende Gründe. So sprechen hierfür auch aus neuerer Zeit Ergebnisse aus Familien-, Zwillings- und Adoptionsstudien (Maier, Lichtermann 1993, 39) sowie genetische Untersuchungen und Befunde (Nöthen 1993, 41).

Es gilt hier aber zu bedenken: Neben einer gewissen Belastung und konstitutionellen Neigung lassen sich beim Zustandekommen von manisch-depressiven Erkrankungen regelmäßig auch *psychodynamisch relevante Auslöser* finden. In meinem Krankengut habe ich gefunden, daß die Manie zu einem großen Teil als eine Art archaischer Befreiungsschlag gegen eine drohende schwerwiegende Beeinträchtigung im Bereich des Selbstwertgefüges – und hierzu gehört auch die eigene Identität – fungiert. Eine tragende und stabilisierende Beziehung zum eigenen Selbst ist in diesen Zuständen – wo es darauf ankäme – fundamental behindert und auch schon in gesunden Zeiten nicht gut ausgebildet. Es muß dann gewissermaßen ein Notprogramm absolviert werden, mit dem Ziel der Wiederherstellung zumindest des Selbstgefühls. Dieses ist in der Manie sogar außerordentlich, ja unangemessen hoch. So stellt die Manie natürlich keine adäquate Lösung für den Konflikt dar, aber sie kann psychologisch als Wiederherstellungsversuch des inneren Gleichgewichts, angesichts nicht adäquat zur Verfügung stehender Bewältigungsmechanismen verstanden werden. Wir finden hier in den zentralen psychologischen Ursachen eine Parallele zu den Störungen im depressiven Bereich: *Bei der Depression und der Manie handelt es sich lediglich um zwei unterschiedliche, eigenständige Reaktionsformen auf eine vorausgegangene schwerwiegende Infragestellung der eigenen Person.*

Es stellt sich die Frage: Warum nicht immer Manie, warum nicht immer Depression? Wie kommt es, daß sogar bei einer Person manchmal sowohl Manien als auch Depressionen sich abwechseln können? Mentzos (1991, 91) hat hier die These aufgestellt, daß bei den bipolaren affektiven Psychosen zwei unterschiedliche, von zwei Elternteilen stammende Über-Ich Aspekte eine Rolle spielen könnten. Im einen Falle wöge etwa ein von der Mutter stammendes Über-Ich schwerer und führte im Konfliktfall zur Depression, während in einem anderen Fall ein vom Vater stammendes Über-Ich im Sinne der sich einstellenden Manie leichter »über Bord« geworfen werden könnte. Ein Bild, das schon Freud für die Vorgänge bei der Manie verwandte. Erste Untersuchungen scheinen für die These zu sprechen.

Im eigenen Krankengut konnte ich finden (1994, 239), daß im Sinne der Betrachtungsansätze der Analytischen Psychologie jeweils *unterschiedliche archetypische Konstellationen* hinter einer depressiven und einer manischen Phase standen. Dies muß sich aber nicht notwendig auf verschiedene Elternintrojekte, auf Verinnerlichungen bestimmter elterlicher Botschaften zurückführen lassen. Es können auch Botschaften von *einem* Elternteil stammen, mit unterschiedlichem Gewicht für die Psyche des Betreffenden. So kann etwa ein entstandenes Problem, ein beruflicher Mißerfolg mit Leistungsversagen eventuell leichter im Sinne einer manischen Reaktion »über Bord geworfen« werden, als etwa eine Zurückweisung und Verletzung im Beziehungsbereich, worauf dann nur noch depressiv reagiert werden kann. Manie hieße dann: Es kann noch gerade unter Mobilisierung aller Energien mit einem Schritt nach vorne – hinein in die euphorische »Größen-Geste« – reagiert werden. Depression hieße dann: Zurücksinken in eine »Kapitulations-Geste«, verbunden mit einem energielosen, depressiven Zustand.

Ich denke, es muß überhaupt eine »Fähigkeit« zur Manie angelegt sein. Diese stelle ich mir als genetisch mitbedingt vor. Hier müssen sicherlich noch manche wissenschaftliche Studien erstellt werden. Auch ist zu bedenken, daß es mit der Reaktionsbasis der Patienten und ihrer jeweiligen Konstitution nicht immer gleich gut bestellt ist. Sie sind manchmal durch andere Umstände schon ziemlich angeschlagen und haben vielleicht nicht immer die Energiereserven zur Verfügung, die sie für eine Manie benötigen.

Behandlungsbeispiel für eine
bipolare affektive Psychose

Zu mir kam ein 29jähriger Patient mit bisher zwei depressiven und drei manischen Phasen. Die letzte Manie mußte klinisch behandelt werden. Im Untersuchungsgespräch zeigte es sich, daß allen Phasen Konfliktbereiche zugrunde lagen, die für die Entstehung der Krankheitsphasen einen entscheidenden Anteil hatten Es handelte sich einmal um einen Beziehungskomplex und um einen Leistungskomplex; eine Kombination wie sie häufig bei diesen Störungen zu beobachten ist. Zum Leistungskomplex ergab sich, daß mein Patient mit mehreren Ausbildungen nicht zurecht gekommen war. Er hatte sie jeweils abgebrochen. Hierauf stellten sich jedesmal manische Phasen ein, die Tage bis einige Wochen andauerten. Er litt unter großen Versagensängsten und hatte kein Selbstvertrauen. So geriet er über kurz oder lang in erhebliche innere Spannungszustände und konnte die enormen Leistungsanforderungen an sich nicht erfüllen, was ihn in größte Bedrängnis brachte. Erschwerend fiel eine zwanghaft-perfektionistische Seite ins Gewicht, die oftmals kompensatorisch zum beherrschenden Minderwertigkeitskomplex gebildet wird, um es »besonders gut« zu machen. Dieser Perfektionismus ist aber meist wenig hilfreich und übt nur noch mehr Leistungsdruck auf die geschundene Seele aus. Mein Patient knickte unter den hohen selbstbereiteten Anforderungen an sich eher ein und ließ in seinen Leistungen nach. Schließlich warf er alles hin. Manchmal drohte auch ein Rauswurf seitens des Ausbilders, dem er durch Kündigung zuvor kam.

Als Hintergrund konnte ein sich negativ auswirkender Vaterkomplex ermittelt werden. Der Vater hatte ihn immer entmutigt und ihm etwa bei Reparatur- oder Bastelarbeiten, die er ihm auftrug, gleich alles wieder aus der Hand genommen mit der Bemerkung: »Laß mal, das kannst du doch nicht.« Man kann sich denken, daß der Sohn diese Botschaft verinnerlichte. Es funktionierte später wie von selbst. Nahm er sich eine Aufgabe vor, dann hieß es innerlich: laß mal, das kannst du doch nicht. Als archetypische Konstellation im Hintergrund wäre also der negative Aspekt – der »negative Wandlungscharakter« (der keine Entfaltung zuläßt) des Großen Vaters – konstelliert. Mythologisch gesehen: Mit diesem großen und mächtigen Patriarchen und Vatergott darf man sich nicht anlegen, sonst wird man vernichtet. Oder doch nicht? In der Manie bäumte er sich auf! Bei der letzten manischen Episode entwickelte er ein enorm umtriebiges Wesen. Er legte sich eine dunkle Sonnenbrille zu und machte Kurzreisen zu allen möglichen Zielen. Zuletzt legte er sich bei einer öffentlichen Musikaufführung mit der Konzertleitung an, drängte ans Mikrophon, sprach in mehreren Sprachen – mal französisch mal deutsch – und wollte auftreten, was aber verhindert wurde. Er wurde von mehreren Männern abgedrängt, gegen die er sich heftig wehrte. Hier hatte er endlich seinen Kampf mit den Männern, die ähnlich wie Vater – zu verstehen gaben: »laß mal, das kannst du doch nicht«. Er kam dann im deutlich erregten Zustand in die Klinik.

Man kann im manischen Verhalten meines Patienten unschwer eine Auflehnung gegen ein patriarchales Prinzip erkennen. Er legt sich mit der Konzertleitung an und drängt auf seinen Auftritt. Hier setzen sich alte und immer unterdrückte Impulse nach Geltung, nach Gesehenwerden, nach Anerkennung und Bewunderung durch. Alles Dinge, die er sich – entmutigt durch seinen negativen Vaterkomplex – schon freiwillig versagt hatte. Es läßt sich hier ein schlummerndes Größenselbst konstatieren. Schon früh während der Entmutigungen in seiner Kindheit haben sich reaktiv Größenphantasien gebildet im Sinne eines Überwertigkeitskomplexes, der sich regelmäßig neben einem Minderwertigkeitskomplex finden läßt, wie auch Verena Kast (1990, 46) bemerkt, der aber nie aktuell zum Tragen kam. Im Falle der Manie werden dann alle Einschränkungen und Behinderungen über Bord geworfen. Gewissermaßen wird der einschränkende große Vater »über Bord« geworfen. Der Überwertigkeitskomplex bläht sich auf und übernimmt die »Steuerung« und es kommt zu einer manischen Überflutung, zu einer

»*Komplexidentität*« *des Ich mit einem Größenwahn* und all den anderen Erscheinungen einer blühenden Manie.

Ich möchte hierzu ein Modell bilden: Schon früh kann ein Kind offenbar neben Vorstellungen von eigener Kleinheit und Minderwertigkeit im Sinne eines Minderwertigkeitskomplexes auch Übewertigkeitsideen oder Größenphantasien – einen Überwertigkeitskomplex – entwickeln. Beide Vorstellungsformen über die eigene Wertigkeit liegen im Unbewußten dann »dicht beieinander«, um es räumlich auszudrücken. Vermutlich wird schon früh eine Reaktionsbereitschaft in der einen oder anderen Richtung gebahnt und später bei gegebener Auslösung aktiviert. Im Erkrankungsfall kann es dann entweder zur Manie oder zur Depression kommen. Das heißt, es kommt zur Inflation mit positiven oder negativen Größenvorstellungen. Und es ist die besondere Radikalität dieser Inflation, die den entscheidenden Unterschied zwischen neurotischer und psychotischer Erkrankung markiert. Inflation bedeutet einen Zusammenbruch der regulierenden Ich-Selbst Achse.

Bellerophon

Mein Patient bäumte sich bei Versagenserlebnissen im Leistungsbereich nun eher auf. Das erinnert an die *Mythe von Bellerophon*. Bellerophon war ein Königssohn und zählte zu den größeren Heroen. Doch hatte er häufig Taten zu vollbringen, die ihm ein stärkerer auferlegte! Ähnlich verhielt es sich mit meinem Patienten, dem der Vater – auch ein stärkerer – Arbeiten auferlegte, die dann allerdings nicht zu dessen Zufriedenheit ausfielen. Hier ist an die Heldenaufgaben zu denken, die Heroen, wie etwa Herakles – zu erfüllen haben. Es sind Aufgaben, die wegen ihrer schikanösen Begleitumstände kaum zu schaffen sind. Man muß sich notfalls auch mit einem mächtigen Herrscher anlegen können, um seine tyrannische Herrschaft abzuschaffen. Eine ödipale Auseinandersetzung hatte aber bei meinem Patienten mit seinem Vater nie stattgefunden. Es gibt und gab aber aufbäumende Momente im Leben meines Patienten, der sich mit seiner Entmachtung nicht geschlagen geben wollte. Sie konnten sich aber wegen der tiefsitzenden Hemmschwellen nur impulsartig und per Symptom in Form der Manie äußern.

Wie erging es Bellerophon? Bellerophon wurde eines Tages übermütig und wollte mit seinem Pferd Pegasus bis zum Himmel hinauffliegen. Das war für Zeus zuviel. Es erzürnte ihn und so veranlaßte er eine Fliege, das Pferd zu stechen und es warf Bellerophon ab. Er fiel buchstäblich herunter von seinem »hohen Roß« und irrte seither lahm in der Welt herum. Hier findet sich wieder der Absturz mit seinen depressiven Folgen, wie es häufig nach manischen Höhenflügen gefunden werden kann.

Die auslösenden Momente, die den *Depressionen* meines Patienten zugrunde lagen, wogen hingegen noch schwerer. Hier konnte nicht mehr manisch reagiert werden. Es waren jeweils Liebesenttäuschungen gewesen, die ihn noch stärker narzißtisch kränkten als das Leistungsversagen. Ich lernte den Patienten in einer depressiven Phase kennen. Eine Freundin hatte sich von ihm getrennt und wandte sich nicht lange darauf einem früheren Freund von ihm zu. Der Patient entwickelte hierauf – mit Zeitverzug von einigen Wochen – allmählich eine tiefgründige Depression. Ein Zeitverzug in der Reaktion ist nicht selten und bei schweren Formen der Depression immer wieder anzutreffen. Ich habe noch keine plausible Erklärung hierfür finden können. Vielleicht ist es zunächst eine Art »Totstellreflex«, der sich einstellt. Die Wucht einer Trennung erscheint in diesen Fällen so gewaltig, daß zunächst einmal gar nicht reagiert wird. Der Verdrängungsmechanismus kann das Geschehen aber nicht endlos lange bannen und die tieferen Auswirkungen auf die Gesamtpersönlichkeit machen sich dann doch breit.

Ich fand meinen Patienten in einer schweren depressiven Verfassung vor. Er konnte kaum sprechen und verbreitete etwas Düsteres und Negatives. Er war sehr unselbständig geworden und versorgte sich nicht mehr. Er hatte etwas Entmachtendes an sich. Versuchte ich irgend etwas Positives, »Animierendes« zu sagen, etwa, daß er doch immerhin schon seine Wohnung verlassen hatte, konterte er sofort, daß dies alles nichts wert wäre. Er verbesserte mich praktisch bei allen Feststellungen und Interpretationen seines Zustandes. Ich durfte also nicht den Fehler machen, und ihn loben, das rief sofort eine negative Reaktion hervor. Hier darf man aber nicht aufgeben, auch wenn die Mut- und Hoffnungslosigkeit manchmal niederschmetternd wirkt. Es fand sich bei ihm eine völlige Selbstentwertung, verbunden mit Selbstanklagen, die zunächst durch nichts zu mildern waren. Ich habe bei diesen schweren Krankheitsbildern den Eindruck, daß die Betreffenden sich eine gewisse Größe und Autonomie bewahren, zumindest in ihrer radikalen Krankheitshaltung. Sie lassen niemanden an sich heran und übertreffen jeden möglichen Kritiker hinsichtlich ihrer Selbstanklagen. Hier findet sich im Kern also ein »negatives Größenselbst«. Ein dynamisch wichtiges Moment kam in der Behandlung sicherlich hinzu: auf mich wurde zeitweilig auch der Vaterkomplex übertragen. Aber diesmal wurde der Spieß umgedreht. Streckenweise wurde ich entmachtet und konnte nicht an ihn herankommen, so wie es der Vater mit ihm gemacht hatte. Diese Entmachtung der Vaterfigur war sicherlich ein weiteres unbewußtes Motiv für die kategorisch negative Haltung des Patienten, was aber in diesem Stadium der Depression nicht hätte fruchtbar gedeutet werden können.

Meine Geduld als Therapeut und sicherlich auch seine wurden auf eine harte Probe gestellt. So manche Sitzung saßen wir zusammen, ohne daß ein Fortschritt zu spüren war. Alles schien sinnlos zu sein. Und doch: Er kam regelmäßig in die Stunden. Wie mir Patienten nach durchgemachten schweren depressiven Phasen immer wieder bestätigt haben, ist es von essentieller Bedeutung, sich als Therapeut nicht den depressiven Entmachtungen des Patienten zu beugen und ihnen etwa recht zu geben (»Ja, es ist wohl hoffnungslos«), auch wenn es einem schwer gemacht wird. Das Stehvermögen wird meistens gedankt. Denn bei den endogen-depressiven Phasen ist es charakteristisch, daß sie wieder spontan – ja sogar ohne Behandlung – abklingen. Der depressive Patient benötigt den Therapeuten während der Krankheitsphasen aber dringend als Anlaufstation, auch wenn sich scheinbar während der Therapiegespräche – wie lang sie auch immer jeweils sein sollten – nichts tut.

Anders sieht es mit *negativen depressiven Reaktionen* aus, die sich erst unter einer Therapie entwickeln und offenbar sich eindeutig gegen therapeutische Veränderungen richten, vielleicht weil eine Überforderung vorliegt und der Patient die nötigen Schritte einfach nicht tun kann, vielleicht auch, weil es dem Therapeuten nicht gelang, einen positiven Draht zu seinem Patienten zu bekommen. Hier gehört viel Fingerspitzengefühl und vor allem eine große therapeutische Erfahrung dazu, um diese Bilder richtig zu werten und notfalls die Therapie zur Entlastung beider – des Patienten und des Therapeuten – zu beenden.

Nach einigen Monaten begann mein Patient nun allmählich aufzuklaren. Es konnte besser herausgearbeitet werden, daß er sich nicht ausreichend bestätigt und geliebt gefühlt hatte von seiner Mutter, die offenbar sich ohnehin mit Männern schwer tat. Sie war in seinen Augen prüde. Auch verabscheute sie »männliches Gehabe« wie sie immer sagte. So lernte er bald, sich still und bescheiden zurückzuhalten. Das ging soweit, daß er auch sich einstellende Erektionen in der Pubertät schlimm fand und schnell versuchte sie, wieder »los zu werden«. Seine männliche Identitätsbildung wurde zunehmend blockiert.

Im Sport hatte er immer schlechte Noten. Er war einfach zu gebremst dazu. Schlimm war es nun, daß die Freundin ihn verlassen hatte und sich einem für sie attraktiveren Mann zugewandt hatte. Hier kam er mit seinem System – der Mutter gefallen allenfalls schwache und bescheidene Männer – durcheinander. Er fühlte sich durch die Zurücksetzungen und Kränkung verlassen und zutiefst minderwertig. Er begann sich zu hassen und begann alle Lebensimpulse einzustellen oder gegen sich zu richten. Die Selbstanklagen waren im Grunde gegen sich gerichtete Fremdanklagen gegen die negative Mutterfigur, die sich hier archetypisch konstelliert hatte.

In der Therapie kam es darauf an, ein stabiles Standbein zu erlangen. Es war naheliegend, mit dem »leichteren Problem« umzugehen, nämlich mit seiner behinderten Leistungsseite. Hier kam es darauf an, ihn in seiner tyrannischen Selbstbeurteilung zu mildern, damit er sich nicht zu viele Steine in den Weg legte.

Hier gelangen ihm wichtige Entwicklungsschritte. So hatte er eine bessere Basis, um sich nun auch mit seinem Beziehungsproblem auseinandersetzen zu können.

Heroische Aspekte

Betrachtet man beide Reaktionsformen, die manische und die depressive, dann scheint es so, daß die Manie in ihrer Motivation tatsächlich etwas *Heroisches* an sich hat, wie auch Mentzos (1995, 87) bemerkt. Es findet nicht mehr die ängstliche Berücksichtigung des Gegenüber statt, wie es der (rein) Depressive tut. Es wird eben keine Rücksicht mehr genommen.

»Es ging ums Ganze«, wie mir ein Patient nach einer abgeklungenen Manie sagte. Er hatte mit wenigen und treffenden Worten das zentrale Moment der Manie charakterisiert. Die Ganzheit der Person, ihre Unversehrtheit und Integrität ist so leicht störbar und verletzbar und bricht sich in Momenten höchster Gefährdung erregt ihre Bahn.

Heroische Standorte findet man aber bei genauerer Betrachtung bei beiden Polen der manisch-depressiven Erkrankungen: Geht der Manische vorwärts, nach draußen, geht »aus sich heraus«, bis hin zu ekstatischen (griech.: ek-stase, herausgehen) Zuständen des Außer-Sich-Seins, so geht der Depressive nach Innen – bis hin zur Selbstverleugnung, ja bis hin zum Selbstopfer. Diese beiden Extrempole, die hier sichtbar werden, bewirken in der Tat einen erheblichen Spannungsbogen für die Existenz des Einzelnen.

Ein Gott, der diese ganze Lebensfülle – hinsichtlich menschlicher Niederlagen und menschlichen Triumphs – in besonderer Hinsicht verkörpert, ist Dionysos, der im folgenden Abschnitt näher beleuchtet wird. Als archetypische Figur lehrt er uns die Tiefe besser zu verstehen, aus der die beiden Pole des Depressiven und des Manischen stammen und die an die Grundlagen unserer menschlichen Existenz rühren.

5.1 Dionysos: Symbol des unzerstörbaren Lebens

Dionysos (lat. Bacchus) ist ein seltsamer Gott. In ihm finden sich alle menschlichen Höhen und Tiefen wieder. Er inspirierte Dichter und Philosophen zu tiefgreifenden Aussagen über sein Wesen, die letztlich zu Aussagen über das Wesen der menschlichen Natur selbst wurden. Im Mythos von Dionysos begegnet uns ein Gott der Fruchtbarkeit, der Vegetation und des Weines. Es lohnt sich, auch aus der Sicht der affektiven Störungen, sich mit der Gestalt des Dionysos zu beschäftigen, denn in ihm finden sich archetypische Züge wieder, wie sie auch bei den affektiv-emotionalen Störungen gefunden werden. Zunächst einmal verkörpert Dionysos lebenszugewandte Eigenschaften. Er ist ein Gott der Freude, ja der Ekstase und der Inspiration. Aber er hat zwei Seiten. Das charakterisiert ihn besonders deutlich. *Er ist ein Gott der Gegensätze.* Er tritt in den mythischen Berichten plötzlich in Erscheinung, um ebenso unvermittelt wieder zu verschwinden. In den Mythen segelt er einmal frohgemut über die Meere, ein anderes mal befindet er sich in tiefer Depression auf dem Meeresgrund. Er greift triumphal an, befindet sich aber auch bald wieder auf der Flucht. Oft hat er im Gefolge die Mänaden oder Bacchantinen, rasende Weiber, die im ekstatischen Taumel tanzen und auf dem Höhepunkt der Raserei Tiere zerreißen und auffressen. Andererseits ernähren sie mit ihren Brüsten die Tiere im Walde.

Das Phänomen der Gegensatzbildung beansprucht in der Analytischen Psychologie eine hohe Aufmerksamkeit. C. G. Jung hat sich zwar nur an wenigen Stellen speziell zu den manisch-depressiven Erkrankungen geäußert, dort aber interessante Feststellungen gemacht. Auch hier stieß er auf das Phänomen der Gegensatzbildung, das so charakteristisch für das Krankheitsbild ist. So fiel ihm die innere Widersprüchlichkeit etwa des Manikers auf, dem offenbar der klare innere Standort, die verläßliche Basis fehlt und nach vielen Seiten pendelt. In seinem Vorwort zu der Autobiografie von John Custance, einem manisch Kranken, der seine Erlebnisse minutiös beschrieb, weist Jung (GW 18/1,

§ 830f) auf die sichtbar werdende Gegensatzstruktur im manischen Erleben des Autors hin:

> »Die Manie hebt die vom Bewußtsein auf das Unbewußte ausgehende Hemmung auf: das Resultat ist eine krude und durch nichts gemilderte, in allen Farben und Formen schillernde Gegensätzlichkeit«, und weiter: »infolgedessen zeichnen sich die Werte in einem undifferenzierten Schwarz-Weiß-System ab.«

Jung fiel ferner auf, daß eine Manie auch weit entfernt ist von einer Selbstreifung, einer Individuation, da ihr alle Merkmale der Beziehungsfähigkeit und der kritischen Selbstauseinandersetzung fehlten.

Diese Feststellung ist sehr zutreffend. Beide Seiten, sowohl die manische als auch die depressive Position sind gekennzeichnet von einer relativen Beziehungslosigkeit nach außen. Bei beiden Krankheitsbildern kreisen die Menschen um sich selbst. In der Depressivität ist es das entleerte und erschöpfte Ich, das keine Außenkontakte aufnehmen kann, aber auch keine zuläßt. In der Manie ist es die grandiose ereignisreiche Eigendrehung, die ebenfalls nicht zum anderen finden läßt. Die andere Seite, die Fähigkeit zur Kontaktnahme, zur Beziehung liegt bei beiden buchstäblich im Schattenbereich des Unbewußten. Es herrscht eine Zerrissenheit und Zwiespältigkeit vor. Dionysos weist diese beiden Merkmale in besonderer Weise auf.

Im Mythos von Dionysos wird deutlich, daß die grundlegenden psychologischen Probleme der Menschen schon immer bekannt waren und sich in mythischen Gestalten ihren Ausdruck suchten. Die Götter spiegeln die wichtigen Motive und Konflikte durch ihr Verhalten sogar in besonderer Klarheit – nämlich archetypisch – wieder. »Es ist die Art des griechischen Mythos, Grundgestalten des Seienden zu erfassen«, wie Walter Otto (1989, 110) in seinem bemerkenswerten Buch über Dionysos sagt.

Die Uneinheitlichkeit seines Wesens zeigt sich bei Dionysos schon an den merkwürdigen Umständen seiner Geburt: Dionysos wurde nämlich gleich *zweimal geboren*. Die eifersüchtige Hera, die Frau von Zeus, stachelte dessen Geliebte Semele an, daß sie darauf bestehen sollte, Zeus in seiner wahren Gestalt zu sehen, um seiner sicher zu sein. Semele forderte dies von Zeus, konnte dann aber seinen göttlichen Anblick nicht ertragen und verglühte zu Asche unter den Blitzen von Zeus. Zeus, die große Vaterfigur, rettete das Kind aber aus ihrem Leib und nähte es mit goldenen Nadeln in seinen Oberschenkel ein, wo er seinen Sohn Dionysos austrug. So findet sich zunächst ein konflikthaftes und gespaltenes Mutterbild: Semele verkörpert gute lebensbejahende Kräfte, sie ist aber auch eine früh abwesende Mutter, während Hera, die ihrem Stiefsohn nicht wohlgesonnen war, sehr präsent ist. Sie verkörpert die destruktiven finsteren Kräfte, die sein Leben bedrohen. Sie entspricht damit dem negativen Teil des Mutterarchetypus: Sie schlug ihn sogar direkt mit Wahnsinn als sie ihn später wiedererkannte. Er erinnerte sie an die Fehltritte ihres Mannes. Schon in frühesten Kindheitsjahren war er also vital bedroht.

So berichtet der Mythos (Edinger 1972, 162): Als Dionysos mit allerlei Gegenständen spielte, sah er sich auch in einer Spiegelscherbe, er fühlte sich sehr davon angezogen und eilte darauf zu, doch bevor er »sich finden konnte«, das heißt seine Identität und sein Selbstbewußtsein bilden konnte, wurde er auf Befehl der Hera von den Titanen zerrissen und von ihnen verschlungen. Die Titanen galten als Vertreter ungebändigter Naturkräfte. In der Szene mit der Spiegelscherbe wird ein früher Konsolidierungsaspekt der sich entwickelnden kindlichen Psyche beschrieben. Sich sehen und erkennen können bedeutet, sich als eigenständiges Wesen als »unverwechselbare« Person wahrnehmen zu können. Hierüber drücken sich die so wichtigen Funktionen der Identitätsbildung aus, die die Voraussetzung für ein kohärentes einheitliches Selbstbild schaffen. Findet aber keine konstante und »selbst-bestätigende« *Spiegelung* durch die frühen Bezugspersonen statt, dann kann sich ein gestörtes unscharfes und uneinheitliches, ja zerrissenes Selbstbild entwickeln. Die Betreffenden fühlen sich selbst »fremd«. Es besteht dann eine »Frühstörung«, wie es analytisch heißt. Über das Bild mit dem Spiegel wird im Dionysosmythos in mythischer Sprache das Drama der inneren Zerrissenheit, der fehlenden Ganzheit von frühester Kindheit an erzählt. Destruktive Impulse zerstören ihn, so daß er zerstückelt ist.

Wie stark springt hier die Parallele zum Narzißmythos ins Auge. Beiden – Narziß und Dionysos – gelang es nicht, zu einer einheitlichen Identität zu gelangen. Aber es gibt auch deutliche Unterschiede zwischen beiden Mythen. Während der Narziß-mythos wie zur Belehrung als ein tragisches Beispiel für eine miß-glückte Selbstfindung dient, kommt es bei Dionysos anders: Er wurde zwar zerstückelt und verschlungen. Aber etwas überlebte: Es war sein Herz, das Athene rettete. Zeus wies dann Semele an, das Herz zu essen, dadurch wurde Dionysos erneut empfangen und es kam zur Wiedergeburt. Hier stößt man auf eine wichtige Variante, die das Gemütsleben stärker berücksichtigt und auch einen Heilungsvorgang anzeigt. Im Symbol des Herzens trifft man auf den so wichtigen Faktor des Gemütes, der lebendigen Gefühle, die auch Liebe bringen können. Bei den emotionalen Störungen in der Depression und der Manie ist das »Herz« gestört. Es erscheint manchmal zerbrochen, wie in der Depres-sion oder es befindet sich in rasender Unruhe, wie in der Manie. *Es fehlt ein ruhig schlagendes Herz als tragende emotionale Mitte.* Zu leicht sind manisch-depressive Menschen aus der inne-ren Ruhe zu bringen, zu leicht sind sie zu ängstigen, zu verletzen. Aber der Mythos sinnt auf Ausgleich: Immer wieder sind es bei Dionysos wohlgesonnene Frauen, die um ihn herum sind, ihn beschützen und sein Herz wieder heil werden lassen. Man kann die Frauen als Animagestalten sehen, die die andere – weibliche – Seite in ihm verkörpern.

Er hat aber auch einen schützenden Vater erlebt. Wie wichtig es ist, über einen hilfreichen Vater zu verfügen, wenn die eigene Integrität durch negativ-mütterliche Konstellationen bedroht ist, zeigt sich immer wieder in der Beschäftigung mit menschlichen Schicksalen. Im Behandlungen von Manien war es oft wichtig, daß eine positive Übertragung auf mich als Therapeuten statt-fand. Es mußte eine feste Bastion her, um die Verwirrnis nicht grenzenlos werden zu lassen.

Dionysos, durch die Errettung des Zeus, ein Doppeltgeborener, erweist sich im Grunde als sehr vital. Er ist trotz aller Bedrohungen nicht wirklich untergegangen, sondern hat allen Gefahren getrotzt. So gilt er als ein Gott des Lebens und der Fruchtbarkeit, der den Tod gleich zweimal überwunden hat. Hier tritt die Ganzheit des Selbst als unzerstörbarer Kern hervor. Insofern verkörpert Dionysos das Prinzip des unzerstörbaren Lebens. Diese mythischen Strukturen tragen wir alle in uns. Es ist die Libido, reine seelische Energie, die sich auch in Zeiten der Bedrohung – und der Maniker ist bedroht – austobt, oder zumindest unruhig getrieben »das Herz schlagen« läßt.

Gerade in der Manie findet sich eine archaische Äußerungsform des Lebens. Rasen und Toben *ist* eine Ausdrucksform des Lebens. Wir stoßen hier im psychiatrischen Bereich auf Grundformen der menschlichen Existenz, die auch in ihrer rudimentären, pathologischen Gestalt, in der sie uns entgegentreten, Zeugnis vom Lebenstrieb geben. Der manische Zustand kennt in diesen Stadien noch kein Du, keine Beziehung. Es muß sich in seiner chaotischen Äußerungsform erst selbst finden und zentrieren. Einen geordneten Dialog kann man mit einem Maniker kaum führen.

So befindet sich die Psyche in diesem Stadium im Zustande der Regression, sie ist nicht wirklich der Welt zugekehrt. Dionysos, ein rasender Gott, ein wahnsinniger Gott. Die archaische Raserei in den verschiedensten Kulturen, wie etwa auch bei den »Besessenheitspriestern« im Schamanismus, sucht eine Begegnung mit dem Leben als einem Prinzip des Göttlichen. Im Kult tritt Dionysos, um seine vitale animalische Seite hervorzukehren, in Bocks- oder Stiergestalt in Erscheinung, den Thyrsosstab in der Hand, mit Weinreben geschmückt, als Symbol der Sinnesfreude und der Trunkenheit. Daneben hatte er kriegerisch-aggressive Züge und führte viele Schlachten. Er war aber keineswegs nur ein Held, der immer siegte. Er konnte auch unvermittelt ausscheren und war dann auf lange Zeit verschwunden. Einmal trat ihm Lykurgos, ein König, mit Ochsenspeeren entgegen. Er konnte sich als einziger vor den wilden Schlägen, man kann sie auch als Schicksalsschläge betrachten, retten, indem er ins Meer floh. Er blieb dann eine lange Zeit versunken auf dem Meeresgrund, unbeweglich verharrend, bis er regeneriert wieder aufstieg. Die Depression tritt manchmal als letzte verzweifelte Möglichkeit in Erscheinung, um die gefährdete und bedrohte Seele zu retten. Man spricht dann von einer *Depression als Abwehr* gegenüber psychologischen Situationen, die den Charakter von »auslösenden Schicksalssituationen« bekommen, wie es auch in der Tiefenpsychologie heißt.

Ein Gott der kommt und auf unbegreifliche Weise für die Seinen wieder verschwindet. Schwere Depressionen (»Melancholien«) kommen manchmal wie aus heiterem Himmel, gewissermaßen über Nacht. Der Betreffende ist dann wie abwesend, er ist »nicht richtig da«, er ist »umnachtet«, um sich dann auch bei längerer Dauer der Depression ebenso unerklärlich wieder zu fangen. Dies macht das Krankheitsbild auch manchmal so unheimlich, als sei eine dämonische Kraft am Werke.

Das entspricht dem Wesen der manisch-depressiven Störungen: Sie haben einen zyklischen Charakter. Kerényi (1979, Bd 1, 204) spricht in diesem Zusammenhang von der »mania« bei Dionysos, einer Wut, die freilich alle Arten davon aufwies: Liebeswut und Zorneswut. Alle, die ihn liebten und die ihn begleiteten, mußten mit ihm das gleiche Schicksal teilen (Otto 1989, 49). Tatsächlich verstricken und belasten die manischen und depressiven Kranken die ihnen Nahestehenden – und dazu zählen ja auch Therapeuten – in außerordentlicher Weise, daß sie selbst in Leiden aller Art gebracht werden. Es ist häufiger so, daß ich bei schweren Krankheitsbildern die ganze Familie mitbehandeln muß und selbst aufpassen muß, nicht in den chaotisch-destruktiven Sog hinabgezogen zu werden.

Ekstase und Enthusiasmus

Die Gegensätzlichkeit als Kennzeichen des Lebens findet sich überall bei Dionysos. Wie hoch sein Rang als ein wichtiger Gott war, zeigt seine Aufnahme ins Orakel von Delphi, dem er neben Apoll vorstand. So kommt zur tiefen Weisheit und Besonnenheit des Apollo (das »Apollinische«) die dionysische rauschhafte, ekstatische Stärke des Dionysos hinzu.

Zur besseren Veranschaulichung der ekstatischen Kräfte ist ein Hinweis von Erika Simon (1969, 270) sehr hilfreich: *Ekstase und Enthusiasmus* sind zwei von uns aus dem Griechischen übernommene Begriffe, die auch das Verhalten der Mänaden und damit Dionysos selbst kennzeichnen. Sie bedingen sich gegenseitig wie Ursache und Wirkung. Denn das Heraustreten aus sich, die Ekstase, erschafft erst die Voraussetzung dafür (man wird innerlich leer und offen), daß man von einem Gott erfüllt wird (Enthusiasmus). So ist auch der Maniker von einem uralten spontanen archaischen Ritus erfüllt, der im Kern der Manie noch als pathologisches Rudiment erkannt werden kann. Durch »Enthusiasmus« wird er vom Prinzip des Lebens mit vitaler Energie erfüllt. Tatsächlich lernen es manche Maniker, sich hierin zu manipulieren. Sie können sich regelrecht in die Manie hineinsteigern.

Nur, diese Kräfte sind leider nicht in die Persönlichkeit integriert. Es fehlt an Verfügbarkeit und Beständigkeit. Es fehlt an Integration. Es fehlt der feste Kern. Es fehlt an Beziehung. Die vitale Lebenskraft führt ein Schattendasein im Unbewußten und kommt nur roh und raptusartig durch. So kann es am Ende nicht um Verherrlichung eines Prinzips gehen – wir würden am Leid der Manie verständnislos vorbeigehen – sondern wir entdecken hier ein Prinzip, *einen Archetypus des Lebens,* der sich in besonderen Situationen der Bedrohung (nämlich des Selbstwertgefüges) als archaische Antwort aus dem Unbewußten meldet. Dort, im Unbewußten, ist auch Dionysos beheimatet. Er ist ein Wesen der Tiefe. Er kommt aus dem Wasser, einem Sinnbild des Unbewußten, und kehrt auch dahin wieder zurück (Otto 1989, 47).

Wie steht es um das »Herz« des Dionysos? Dionysos ging tatsächlich eine einzige feste Bindung in seinem Leben ein, die zu Ariadne. Hier bewies er schließlich auch Beziehungsfähigkeit und Treue. Ariadnes Schicksal ist geprägt von Leid und Seligkeit. Sie half einst Theseus aus dem Labyrinth zu entkommen, das er mit dem Schwert aufsuchte, um das Ungeheuer, den Minotaurus zu töten, indem sie ihm einen Faden an die Hand gab, mit dessen Hilfe er wieder heraus fand. Er ließ später aber seine Geliebte auf einer Insel im Stich, wo sie treulos und verlassen ihrem Schicksal ausgeliefert schien. Aber mitten in ihr Klagen, in ihre depressive Verfassung, tauchte Dionysos auf mit seiner bacchantischen laut lärmenden Schar, errettete und heiratete sie.

Was haben wir zu entnehmen von diesem verwirrenden und verwirrten Gott?

Zerrissenheit ist das eine Kennzeichen. Ihm wurde aber auch Beständigkeit und lebensvolle Kraft verliehen: Nicht nur durch seinen »Enthusiasmus« und durch seine »Ekstase«. Seine Zerrissenheit wird zweimal regelrecht geheilt: Durch die Tatsache, daß sein Vater Zeus ihn früh vor dem Verderben rettete, indem er ihn aus dem Leib der sterbenden Mutter holte und ihn selbst austrug. Und durch die Errettung seines Herzens, die zu seiner Erneuerung, zu seiner Wiedergeburt führte. Hier sind »Heil-Mittel« beschrieben worden – in mythischer Sprache, die die Sprache des Lebens ist.

So geht es im Wesentlichen bei den manisch-depressiven Krankheiten um die Erlangung der emotionalen Mitte: Als Eintrittspforte für die Ruhe in sich selbst und als Austrittspforte für die mitmenschliche Beziehung. Fest zu werden, und über eine Mitte zu verfügen ist ein sehr hohes Ziel und muß oftmals erst in langen Zeiträumen entwickelt und erworben werden.

6. RESÜMEE UND AUSBLICK: DEPRESSION ALS CHANCE?

Das vorliegende Buch ist aus der täglichen Erfahrung der Praxis entstanden. Es war mein Anliegen, eine plastische Schilderung der depressiven und manischen Krankheitszustände zu bringen und Verständnis zu wecken für die verschiedenen Ursachen, die diesen Störungen zugrundeliegen. Denn bei aller äußeren Gleichheit depressiver Symptome verbergen sich doch dahinter Lebensschicksale mit ihrer unverwechselbaren Geschichte und ihren spezifischen Konflikten.

Es wurde gezeigt, daß die klassisch psychiatrische Einteilung der affektiv-emotionalen Störungen in einen psychoreaktiv, neurotischen Bereich und in einen endogenen Bereich, bei dem psychologische Gesichtspunkte scheinbar kaum von Bedeutung sind, sich bei einer tiefenpsychologischen Betrachtungsweise zu relativieren beginnt. Auch wenn bei den endogenen Depressionen und Manien ein erbbiologisch verankerter Reaktionsmodus eine Rolle zu spielen scheint, so zeigt sich doch, daß im Kern in der Mehrzahl der Fälle sich unbewältigte Lebensthemen finden lassen, die lebensgeschichtliche Ursachen haben. Die Entwicklungspsychologie hat uns gelehrt, daß ähnlich wie das körperliche Wachstum auch die menschliche Psyche im Sinne eines zugrundeliegenden natürlichen Individuationsprinzips Reifungs- und Wachstumstendenzen aufweist, die durch bestimmte Umgebungsbedingungen empfindlich gestört werden können. So liegen den meisten depressiven und manischen Störungen letztlich Behinderungen im Selbstwerterleben zugrunde. Selbstannahme und Selbstachtung und das Probleme der Wertschätzung durch andere sind ohnehin sehr sensible Bereiche bei uns allen und sie sind gerade bei entsprechend disponierten Patienten sehr leicht zu stören. Zum besseren Verständnis für das, was sich in Depressionen abspielt ist für mich die Komplextheorie von C. G. Jung sehr hilfreich gewesen. So regelt etwa der berühmte Minderwertigkeitskomplex im Falle von Depressionen über weite Strecken das seelische Geschehen und wuchert im Erkrankungsfalle aus. Im Mythos von Narziß, wie ich ihn wiedergegeben und gedeutet habe, finden sich diese psychologischen Tatbestände wieder und haben ihre Gestalt in der mythischen Figur des Narziß gefunden, der gewissermaßen exemplarisch die grundlegenden Probleme depressiver Störungen widerspiegelt.

So betrachtet, handelt es sich bei einem Großteil *aller psychischen* Störungen letztlich um »Werdensstörungen«: Es ist in diesen Fällen zu einer Blockade der seelischen Energien in bestimmten Bereichen gekommen, was sich über charakteristische Symptome ausdrückt. Hier ist der aus der Psychoanalyse stammende Begriff des unbewußten Konflikts von großer Bedeutung. Er zeigt an, daß die natürlichen Entfaltungs- und Wachstumstendenzen der Psyche in bestimmten Bereichen, etwa in der adäquaten Vertretung eigener Interessen, behindert wurden. Ein innerseelischer Konflikt, der sich über Krankheit äußert, ist das Ergebnis. Und es geht hier darum, den besonderen Modus der Verarbeitung des Konflikts zu verstehen, denn dieser Modus macht das Krankheitsgeschehen aus und ist charakteristisch für die betreffende Person.

Wenn nun ein Mensch seelisch zu leiden beginnt, dann ist dies immer ein untrügliches Zeichen dafür, daß er sich nicht mehr im Gleichgewicht mit sich befindet. Hierbei drückt sich das Leiden des Einzelnen in einer für ihn typischen Weise aus, etwa in einer bestimmten Form von körperlichen oder psychischen Symptomen. So müssen wir von einer engen Verbindung ausgehen zwischen der Oberfläche – das sichtbar werdende Symptom – und einem verursachenden lebensgeschichtlichen Hintergrund. So erkennen wir in den psychischen Erkrankungen und ihren Symptomen eine gewisse Sinnhaftigkeit. Sie enthalten eine Botschaft, die es zu entschlüsseln gilt.

Die Tiefenpsychologie hat uns hier einen neuen Weg gewiesen. Die Entdeckung des Unbewußten ist von unschätzbarer Bedeutung gewesen für ein tieferes Verständnis seelischer Störungen und Krankheiten. Man stößt auf den Umstand, daß der Mensch, wie es Jung (GW 18, 2 § 1803) ausgedrückt hat, ein »doppeltes Wesen« ist. Ein Wesen, das eine bewußte Seite hat, von der es etwas weiß und eine andere, unbewußte Seite, von der es nichts weiß, die aber durchaus andere Menschen bemerken können.

Bei der Beschäftigung mit depressiven Störungen bin ich immer wieder auf charakteristische Grundmotive und Lebensthemen gestoßen, die ich wegen ihrer Verbreitung als archetypisch bezeichnet habe und die eine bestimmende Bedeutung für den Einzelnen haben. Es sind nicht so sehr die Lebensthemen an sich, wie etwa Verlust eines Partners oder Autonomie und Abhängigkeitsprobleme, die psychologisch den Bereich der Depression kennzeichnen, sondern *es ist die Art, wie der Depressive mit diesen archetypischen Motiven umgeht*. Die Erforschung des Unbewußten hat uns hierzu wichtige Entdeckungen beschert, von der ich die Projektion als ein Beispiel erwähnen will. Projektionen als wesentliche konfliktträchtige Vorgänge kann man häufig in Partnerschaften beobachten. Es sind einmal die großen Erwartungen an den Partner, die oft in Enttäuschungen enden und die es oft unmöglich machen, den Partner so zu sehen, wie er wirklich ist. Man macht sich etwa ein festes Bild von liebevoller Hingabe und Annahme, die man erfahren möchte und kann es schlecht ertragen, wenn beim Partner auch Züge auftreten, die nicht ins Erwartungsschema passen. Hinzu kommt, daß neben Erwartungen an den Partner in ihn auch eigene Fehler projiziert und dort bekämpft werden. So geht es oft genug in tiefenpsychologischen Therapien für den Patienten darum, sich mit den eigenen Schattenseiten, zu denen auch Fehlerwartungen gehören, zu konfrontieren, die letztlich auch wegen der erfolgenden Enttäuschungen und Verletzungen krankheitsträchtig sein können.

Die Chance

Im Unbewußten liegen aber auch verborgene positive Kräfte, die sich nur wegen einer einseitigen Lebenseinstellung nicht entfalten konnten. Hier liegt eine Chance. Selbsterkenntnis fordert auch einen verantwortungsvollen Umgang mit sich und das bedeutet, daß der Depressive es lernen muß, sich nicht nur mit den eigenen dunklen Seiten fruchtbar auseinanderzusetzen sondern auch die eigenen positiven Seiten zu erkennen und *gelten zu lassen*, was ihm oftmals sehr schwerfällt. Er hat sich nämlich insgeheim darauf eingestellt, daß Impulse für sein Wohlbefinden von anderen kommen müssen.

Was in der tiefenpsychologischen Therapie angestrebt wird, ist also eine Auseinandersetzung mit dem Unbewußten. Denn nur durch die Konfrontation mit den tieferen Motiven, die unser Leben bestimmen, kann es zur Bewußtwerdung und damit zur Selbsterkenntnis kommen. Im Unbewußten liegen auch die Mittel bereit, um wieder herauszufinden aus der persönlichen Krise. Denn die Grundtendenz der Psyche liegt immer in der Wiederherstellung des Gleichgewichts. Dem trägt die moderne Medizin auch Rechnung, indem sie nicht nur Symptome kurieren will, sondern vor allem die im einzelnen Menschen angelegten Krankheitsursachen erkennen und beeinflussen möchte. Verhält man sich in seinem Leben zu einseitig, ist man zu stark von einem Komplex gefangen, so finden sich unweigerlich kompensatorische Tendenzen im Unbewußten, wie sie etwa in Träumen gefunden werden können, die einen Ausgleich schaffen wollen.

Gelegentlich werde ich gefragt, was man denn allein – ohne gleich eine Therapie machen zu müssen – für sich tun kann, wenn man etwa in einer depressiven Krise steckt. Ich gebe dann den Hinweis, daß man versuchen sollte, absolut ehrlich mit sich zu sein, und sich Rechenschaft ablegen sollte, woran man denn mit sich ist, ohne sich zu sehr leid zu tun, und sicherlich auch ohne sich zu entwerten, denn hier liegt eines der größten Hemmnisse auf dem Weg zur eigenen Stabilität. Bei Aufnahme meiner Praxistätigkeit fiel mir auf, daß sehr viele Menschen im Grunde wissen, woran es hapert, worauf es ankommt, wo sie etwa zu sehr klammern, oder sich und anderen zu viel abfordern und andererseits zu leicht verdrängen und Konflikten aus dem Weg gehen. In so manchen Fällen können daher Krisen – auch ohne therapeutische Hilfe – eine heilsame Wirkung entfalten, weil sie einen Anlaß zur Bilanz darstellen. Sitzen die Fehlhaltungen zu tief, dann ist oftmals eine professionelle Hilfe unumgänglich. Tiefenpsychologische Therapien sind natürlich nicht für jede Form seelischer Störungen geeignet oder überhaupt erforderlich. Leichtere Störungen aber auch schwere Krankheitsbilder bedürfen oftmals eines abgewandelten Verfahrens, das von einer Führung und Begleitung in der Sprechstunde bis zur stationären Behandlung mit einem komplexen Behandlungsprogramm reicht. Auch müssen wir anerkennen, daß es, wie sonst auch in der Heilkunde, chronifizierte Krankheitszustände gibt, die wenig oder gar nicht beeinflußbar sind. Damit leben zu lernen, stellt eine ganz besondere Herausforderung an alle Beteiligten dar.

Krisen stellen aber grundsätzlich Chancen zur Wandlung dar. Krise heißt immer, daß das Bisherige nicht weitergeht. Zu diesem Bereich gehört auch – und das mag überraschen – die *heilsame Resignation.* Das klingt vielleicht provozierend. Aber es zeigt sich manchmal – gerade in der Lebensmitte – worauf Dieckmann (1979, 145) besonders hingewiesen hat, daß sich bestimmte Lebensentwürfe und bestimmte Zielvorstellungen, die man über sich selbst gemacht hat, nicht erfüllen werden. Das ist regelhaft der Fall bei Depressionen! *So drückt die Depression als Botschaft aus, daß über bestimmte bisher eingenommene (illusionäre) Erwartungen und Lebenseinstellungen kein sinnerfülltes Leben zu erlangen ist.* Es ist dann eine Neuorientierung erforderlich. Resignation heißt dann nicht Selbstaufgabe, sondern heißt Aufgabe von bisherigen Zielsetzungen, die sich nicht umsetzen lassen. So stellt sich die Depression tatsächlich als Chance dar: Zum Loslassen von fixierten Wünschen und zur Umbesinnung. Auf diese Weise erfährt man den eigentlichen Sinn der Depression.

LITERATURVERZEICHNIS

Abraham, K.: Versuche einer Entwicklungsgeschichte der Libido
auf Grund der Psychoanalyse seelischer Störungen. Fischer, Frank-
furt/M. 1982

Asper, K.: Verlassenheit und Selbstentfremdung. dtv, München 1990

Bächthold-Stäuble, H.: Handwörterbuch des deutschen Aberglaubens.
10 Bde. Walter de Gruyter, Berlin 1987

Balint, M.: Die Urformen der Liebe und die Technik der Psychoanalyse. Klett, Stuttgart 1966

Battegay, R.: Depression. Huber, Bern 1991

Baumgardt, U.: König Drosselbart und C. G. Jungs Frauenbild. Walter, Olten 1988

Beit, H. v.: Symbolik des Märchens. Francke, Bern 1986

Benedetti, G.: Der psychisch Leidende und seine Welt. Kindler,
München 1974

Benedetti, G.: Analytische Psychotherapie bei affektiven Psychosen.
In: Kisker, K. P.(Hrsg.): Pychiatrie der Gegenwart. Bd. 5.
Springer, Berlin 1987

Benedetti, G.: Psychotherapie als existentielle Herausforderung.
Vandenhoeck und Ruprecht, Göttingen 1992

Blomeyer, R.: Symbole: Einstellungen – Definitionen– Wirkungen.
Analyt. Psychol. 7 (1976)

Bowlby, J.: Verlust, Trauer, Depression. Fischer, Frankfurt/M. 1994

Campbell, J.: Der Heros in tausend Gestalten. Suhrkamp, Frank-
furt/M. 1978

Cappiello McCurdy, I.: Manic-depressive Psychosis – A perspective.
Journ. of An. Psychol. 1987, 32, 309-324

Dieckmann, H.: Probleme der Lebensmitte. Bonz, Stuttgart 1968

Dieckmann, H.: Vergleichende Untersuchung über die Initialträume
von 90 Patienten. Analyt. Psychol. 1 (1969)

Dieckmann, H.: Träume als Sprache der Seele. Königsfurt, Krummwisch 2000

Dieckmann, H.: Methoden der analytischen Psychologie. Walter,
Olten 1979

Dieckmann, H. (Hrsg.): Übertragung – Gegenübertragung in der
Analytischen Psychologie C. G. Jungs. Gerstenberg, Hildesheim
1980

Dieckmann, H.: Der Zauber aus 1001 Nacht, Königsfurt, Krummwisch 2000

Dieckmann, H.: Komplexe. Springer, Berlin 1991a

Dieckmann, H.: Gelebte Märchen. Königsfurt, Krummwisch 2001

Dieckmann, U.: Ein archetypischer Aspekt in der auslösenden Situation von Depressiven. Analyt. Psychol. 5 (1974)

Dornes, M.: Der kompetente Säugling. Fischer, Frankfurt/M. 1996

Drewermann, E.: Tiefenpsychologie und Exegese. 2 Bde. Walter, Olten 1991

Edinger, F.: Ego and Archetype. Putnams Sons, New York 1972

Eicke, D.: Das Über-Ich – eine Instanz, richtunggebend für unser Handeln. Psychologie des 20. Jahrhunderts, Band II, 499-514. Kindler, München 1976

Eliade, M.: Schamanismus und archaische Ekstasetechnik. Rascher, Zürich 1954

Eliade, M.: Yoga. Insel, Frankfurt/M. 1973

Eliade, M.: Ewige Bilder und Sinnbilder. Insel, Frankfurt/M. 1988

Eliot, Alexander (Hrsg.): Mythen der Welt. Bucher, Luzern u. Frankfurt/M. 1976

Erikson, H.: Jugend und Krise: Die Psychodynamik im sozialen Wandel. Klett-Cotta, Stuttgart 1980

Federschmidt, H.: Wirksamkeit und Nutzen von psychotherapeutischen Behandlungsansätzen. Dt. Ärzteblatt 1996, 92, A 41-45

Franz, M. L. von: Der Schatten und das Böse im Märchen. Kösel, München 1985

Frenzel, E: Stoffe der Weltliteratur. Kröner, Stuttgart 1992

Freud, S.: Gesammelte Werke, Studienausgabe. Fischer, Frankfurt/M. 1982ff

Fromm, E.: Märchen, Mythen, Träume. Eine vergessene Sprache. Stuttgart 1980

Guardini, R.: Vom Sinn der Schwermut. Grünewald, Mainz 1996

Haesler, L.: Zur Psychodynamik der Anniversary Reactions. Jb. Psychoanal., 1985, 17, 211-266

Harding, E.: The Meaning and Value of Depression. Analytical Psychology Club of New York 1970

Hark, H.: Lexikon Jungscher Grundbegriffe. Walter, Olten 1988

Harrer, G. u. a.: Psychiatrie 86/87. Wissenschaftlicher Dienst »Roche«, Seeheim 1988

Hartmann, H.: Die Entwicklung des Ich-Begriffs bei Freud. In: Ich-Psychologie. 262-287. Stuttgart, Klett 1972

Haug, H. J. et al.: Die Diagnose affektiver Störungen nach
ICD-10 in der klinischen Praxis, Psycho 22, 274-281, Spitta Balin-
gen 1996

Heisig, D.: Die Anima. Walter, Zürich 1996

Helmchen, H., Linden, M.: Depressive Erkrankungen. In: H. E. Bock
et al. (Hrsg.): Klinik der Gegenwart. Urban & Schwarzenberg,
München 1981

Hillmann, J.: Anima (I). Gorgo, 1981, 5

Hobson, R. F.: Archetypal Themes in Depression. The Journal of Ana-
lytic. Psychology, Vol. I, 1955, London

Jacobi, J.: Die Psychologie von C. G. Jung. Rascher, Zürich 1967

Jacoby, M.: Individuation und Narzißmus: Psychologie des Selbst
bei C. G. Jung und H. Kohut. München, Pfeiffer, 1985

Jung, C. G.: Gesammelte Werke in 20 Bänden, hrsg. von Lilly Jung-
Merker, Elisabeth Ruef und Leonie Zander. Walter, Olten 1971ff

Kast, V.: Die Dynamik der Symbole. Walter, Olten 1990

Kerényi, K.: Die Mythologie der Griechen. 2 Bde., dtv, München 1979

Kielholz, P.: Diagnose und Therapie der Depressionen für den
Praktiker. J. F. Lehmans, München 1971

Kleespies, W: Analytische Psychotherapie bei affektiven Psychosen?
In: Die Psychoanalyse schwerer psychischer Erkrankungen,
Hrsg. von U. Streeck, K. Bell. Pfeiffer, München 1994

Kleespies, W: Gruppentherapie und Analytische Psychologie:
Innerer Gegensatz oder Vereinbarkeit? Analyt. Psychol. 1995,
26, 159-180

Kohut, H.: Narzißmus. Suhrkamp, Frankfurt/M. 1973

Kohut, H., Wolf, E.: Die Störungen des Selbst und ihre Behandlung.
Die Psychologie des 20. Jahrhunderts, Bd.10. Kindler, Zürich 1980

Kröber, H. L.: Bipolare Persönlichkeit und manische Aussage. In: Persönlichkeit und Psychose. Enke, Stuttgart 1988

Küchenhoff, J.: Psychotherapie bei Depressionen. Jatros Neurologie
12, 1996, Supplement 11, 44-52

Luck, G.: Magie und andere Geheimlehren in der Antike. Kröner,
Stuttgart 1990

Maier, W., Lichtermann, D.: Die familiäre Häufung affektiver Erkrankungen. Nervenheilkunde 12. Schattauer, Stuttgart 1993

Marcel, G.: Philosophie der Hoffnung. List, München 1957

Mentzos, S.: Neurotische Konfliktverarbeitung. Fischer, Frankfurt/M.
1990

Mentzos, S.: Psychodynamische Modelle in der Psychiatrie.
Vandenhoeck & Ruprecht, Göttingen 1991

Mentzos, S.: Depression und Manie. Vandenhoeck & Ruprecht, Göttingen 1995

Meyer, C. A.: Persönlichkeit. Walter, Olten 1977

Neumann, E.: Die Große Mutter. Walter, Olten 1974a

Neumann, E.: Ursprungsgeschichte des Bewußtseins. Kindler, München 1974b

Neumann, E.: Das Kind. Bonz, Fellbach 1980

Nichols, S.: Die Psychologie des Tarot. Ansata, Interlaken 1984

Nöthen, M.: Genetik der bipolar affektiven Psychosen, Nervenheilkunde 12. Schattauer, Stuttgart 1993

Otto, W. F.: Dionysos. Klostermann, Frankfurt/M. 1989

Ovid: Metamorphosen (Übertragung: Breitenbach) Reclam, Stuttgart 1971

Ovid: Metamorphosen (Übertragung: H. Voß) Insel, Frankfurt/M. 1990

Reimer, C.: Tiefenpsychologische Zugänge zu depressiv Kranken. Der Psychotherapeut, 40, 367-372, 1995

Riemann, F.: Grundformen der Angst: Eine tiefenpsychologische Studie. Ernst Reinhardt, München/Basel 1996

Samules, A., Shorter, B., Plaut, F.: A critical Dictionary of Jungian Analysis. Routledge & Keagan, London 1986

Schultz-Hencke, H.: Lehrbuch der analytischen Psychotherapie. Thieme, Stuttgart 1970

Schwartz-Salant, N.: Narcissism and character transformation. Inner City Books, Toronto 1982

Seidmann, P.: Narziss. Ein Mythos der Selbstliebe und der Grandiosität? Analyt. Psychol. 9, 202-212 (1978)

Simon, E.: Die Götter der Griechen. Hirmer, München 1969

Steffen, U.: Jona und der Fisch. Kreuz, Stuttgart 1982

Stein, M.: Narcissus. Spring Publications, New York 1976

Steinberg, W.: Depression: A discussion of Jungs Ideas. Analyt. Psychol. 34, 340-352 (1989)

Stevens, A.: Archetype. A natural history of the self. Routledge & Keagan, London 1994

Tellenbach, H.: Melancholie. Springer, Berlin 1983

Wehr, A.: Citalopram. Neue Impulse in der Therapie von Depressionen. Supplementband, Nervenheilkunde, 8/96. Schattauer, Stuttgart 1996

Wilke, H. J.: Neurosentheoretische Überlegungen zur Struktur und Dynamik depressiver Erkrankungen. Analyt. Psychol. 5 (1974)

Zander, W. u. E.: Die Neo-Psychoanalyse von Harald Schultz-Hencke. In: Die Psychologie des 20. Jahrhunderts, Bd. 3, Kindler, Zürich 1977

Weitere Titel
aus dem
Königsfurt Verlag

Weitere Titel aus dem Königsfurt Verlag

Weitere Titel aus dem Königsfurt Verlag

Frederik Hetmann: **Die Reise in die Anderswelt.**
Feengeschichten und Feenglaube in Irland.
ISBN 3-89875-009-4. Mit »Who is Who der Anderswelt«.

Frederik Hetmann: **Büffelfrau und Wolfsmann.**
Märchen, Mythen und Legenden
der nordamerikanischen Indianer.
ISBN 3-89875-008-6.

Frederik Hetmann: **Das Indianerlexikon.**
Die Welt der ersten Amerikaner von A – Z.
ISBN 3-89875-010-8. *Umfassendes Nachschlagewerk.*

Verena Kast: **Liebe im Märchen.**
ISBN 3-89875-012-4. *Psychologische Märcheninterpretationen.*

Hans Dieckmann: **Gelebte Märchen.**
Lieblingsmärchen der Kindheit.
ISBN 3-89875-015-9. *Märchen als Lebenshilfe.*

Ulrich Magin: **Ausflüge in die Anderswelt.**
ISBN 3-933939-25-9. *Bedeutungen rätselhafter Phänomene.*

Alfons Rosenberg: **Zeichen am Himmel.**
Das Weltbild der Astrologie.
ISBN 3-89875-013-2. *Christlich-humanistische Astrologie.*

Pierre Niccart: **Der Zauberladen. Du bist was du vergißt.**
ISBN 3-933939-23-2. *Das Erlebnisbuch.*

Barbarina Boso: **Die Kunst des Loslassens.**
ISBN 3-89875-021-3. *Reihe: Bewusster leben.*

Winfried Hille: **Die Kunst des Neuanfangs.**
ISBN 3-89875-024-8. Reihe: *Bewusster leben.*

Im Buchhandel erhältlich.